基于金融物理与贝叶斯方法的复杂金融系统价格预测研究

Price Forecasting for Complex Financial Systems via Econophysics and Bayesian Methods

李江城　徐艺榛　钟光艳　著

中国财经出版传媒集团

·北京·

图书在版编目（CIP）数据

基于金融物理与贝叶斯方法的复杂金融系统价格预测研究／李江城，徐艺榛，钟光艳著．-- 北京 ：经济科学出版社，2025.1. -- ISBN 978-7-5218-6659-9

Ⅰ. F830.2

中国国家版本馆 CIP 数据核字第 2025VR3610 号

责任编辑：李一心
责任校对：蒋子明
责任印制：范　艳

基于金融物理与贝叶斯方法的复杂金融系统价格预测研究
JIYU JINRONG WULI YU BEIYESI FANGFA DE FUZA JINRONG XITONG JIAGE YUCE YANJIU
李江城　徐艺榛　钟光艳　著
经济科学出版社出版、发行　新华书店经销
社址：北京市海淀区阜成路甲 28 号　邮编：100142
总编部电话：010-88191217　发行部电话：010-88191522
网址：www.esp.com.cn
电子邮箱：esp@esp.com.cn
天猫网店：经济科学出版社旗舰店
网址：http://jjkxcbs.tmall.com
北京密兴印刷有限公司印装
710×1000　16 开　13.5 印张　188000 字
2025 年 1 月第 1 版　2025 年 1 月第 1 次印刷
ISBN 978-7-5218-6659-9　定价：60.00 元
（图书出现印装问题，本社负责调换。电话：010-88191545）

前　言

金融系统是我国经济体系的重要组成部分，与其有关的研究受到多个领域的关注。作为一个复杂的动态系统，金融系统具有复杂性、波动性、风险敞口较大的特点，也呈现出许多与非线性物理系统一样复杂的动态行为特征。受到宏观经济政策、外部市场冲击、产业结构升级等诸多因素及其同步行为的影响，金融系统波动性的变化也将更加复杂。股票市场和原油市场是复杂金融系统的重要构成。近年来，股票市场和原油市场价格的频繁波动成为影响经济发展的不稳定因素。外部不确定性的增加、信息的随机作用、时间的延迟等都将可能诱发系统内非理性投资行为增加，造成价格的波动，价格频繁剧烈地波动也会给经济社会带来一定的负面影响，严重情况下将引起金融危机。当金融系统价格发生波动时，会影响系统内投资者的决策判断，也会影响金融风险监管部门的策略制定。面对充满不确定性和随机性的外部市场，对价格走势作出合理、正确的预测是极其重要的，既有助于在面对冲击时将损失降到最低，也能为投资者和风险监管部门制定策略提供支持。因此，对复杂金融系统价格走势进行合理的预测一直以来都是各领域研究的重要内容。物理和金融的新兴交叉融合形成了金融物理的研究方向，通过利用统计学和物理学方法来对金融系统内复杂、动态的特征进行研究是这一领域关注的焦点。贝叶斯方法是通过用主观概率估计得到的先验概率来对导致某结果发生的最大潜在因素进行概率推理，能够定量反映事物的先验概率与后验概率之间的联系。依赖于信息技术的快速发展，国内外学者

对贝叶斯方法进行了大量的研究和探讨，已有研究发现先验信息在参数估计中具有重要作用，贝叶斯方法在研究具有随机性、波动性和不确定性问题中具有较强的适用性，因而被广泛运用于概率预测方面的研究。

综上所述，基于金融物理与贝叶斯方法的复杂金融系统价格预测的研究是有必要的。本书主要基于作者已经发表的SCI、SSCI论文以及指导的硕士毕业研究成果开展写作，内容分为四个部分。第一部分主要介绍了本书所要研究的问题、相关概念、研究所采用的方法、不同状态的模型等基本内容。第二部分和第三部分重点探讨了基于贝叶斯方法的原油价格和股市价格波动预测、金融市场动态预测和流动性评估等。最后一个部分为结论与展望，对金融物理和贝叶斯方法的应用、复杂金融系统的价格预测等进行简单总结与展望。

本书撰写过程中，作者的部分研究生参与了收集和整理工作，其分工为：2023级研究生李亚兰同学：第二章、第七章；2023级研究生张亚琳同学：第四章；2023级研究生李怡霖同学：第五章；2023级研究生吴茂同学：第六章；2023级研究生李卓优同学：第八章。2023级博士研究生徐艺榛参与全书写作。钟光艳博士参与了全书的修订。部分章节内容源自原来合作发表论文以及指导硕士论文成果，在此感谢论文合作者李云仙教授和余彬博士以及我指导的研究生冷娜和王政同学的授权。此外，感谢国家自然科学基金委、教育部人文社科项目、云南省青年拔尖万人项目和云南省基础应用研究面上项目等的支持。最后，感谢家人的理解和支持。

李江城　等

2024年5月于云南财经大学

目　　录

绪　论

第一节　研究问题与意义

一、研究背景

金融系统是我国经济体系的重要组成部分，与其有关的研究受到多个领域的关注。作为一个复杂的动态系统，金融系统具有复杂性、波动性、风险敞口较大的特点，也呈现出许多与非线性自然系统一样复杂的动态行为特征。受到宏观经济政策、外部市场冲击、产业结构升级等诸多因素及其同步行为的影响，金融系统波动性的变化也将更加复杂。股票市场和原油市场是复杂金融系统的重要构成部分，近年来，股票市场和原油市场价格的频繁波动成为影响经济发展的不稳定因素。外部不确定性的增加、信息的随机作用、时间的延迟等都将可能诱发系统内非理性投资行为增加，造成价格的波动，价格频繁剧烈地波动会给经济社会带来一定的负面影响，严重情况下将引起金融危机。

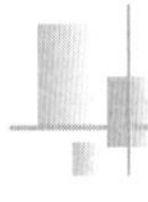

复杂金融系统稳定性是经济社会稳定发展的重要条件。股票和原油市场等系统受到国内外环境的影响，资产价格会发生剧烈的波动，进而引起金融危机。当金融系统价格发生波动时，会影响系统内投资者的决策判断，也会影响金融风险监管部门的策略制定。面对充满不确定性和随机性的外部市场，对价格走势作出合理、正确的预测是极其重要的，既有助于在面对冲击时将损失降到最低，也能为投资者和风险监管部门制定策略提供支持。因此，对复杂金融系统价格走势进行合理预测一直以来都是各领域研究的重要内容。此外，在金融市场特别是股票市场中，风险会被投资者的恐慌情绪放大，进而引起股市崩盘，因此金融市场风险的定价、预测和管理一直是多个领域的研究热点，而股市崩溃的表象和动态波动则是其中的重点内容。

物理和金融的新兴交叉融合形成了金融物理的研究方向，通过利用统计学和物理学方法来对金融系统内复杂、动态的特征进行研究是这一领域关注的焦点。贝叶斯方法是通过用主观概率估计得到的先验概率来对导致某结果发生的最大潜在因素进行概率推理，能够定量反映事物的先验概率与后验概率之间的联系。依赖于信息技术的快速发展，国内外学者对贝叶斯方法进行了大量的研究和探讨，已有研究发现先验信息在参数估计中具有重要作用，贝叶斯方法在研究具有随机性、波动性和不确定性问题中具有较强的适用性，因而被广泛运用于概率预测方面的研究。

2023 年中央金融工作会议上提出，要“全面加强金融监管，有效防范化解金融风险”①，根据研究以及现实情况，有必要引入金融物理与贝叶斯方法，对复杂金融系统价格进行预测研究，这既顺应“健全金融监管体系，守住不发生系统性金融风险的底线”的政策要求；也有助于为建立健全金融风防范机制、发展金融风险管理工具、调控复杂系统波动性、调整风险投资策略提供新的思路；同时能从理论上完善金融物

① 中华人民共和国中央人民政府网，https：//www. gov. cn/yaowen/liebiao/202312/content_6919834. htm。

理和贝叶斯方法的相关研究，为投资决策提供一定的方法指导；还能为经济政策有效调控提供一定的支撑。有鉴于此，本书内容分为四个部分。第一部分主要介绍了本书所要研究的问题、相关概念、研究所采用的方法、不同状态的模型等基本内容。第二部分和第三部分重点探讨了基于贝叶斯方法的原油价格和股市价格波动预测、对金融市场进行动态预测与流动性评价等。最后一个部分为结论与展望，对金融物理和贝叶斯方法的应用、复杂金融系统的价格预测等进行简单总结与展望。

二、研究意义

波动意味着风险产生的可能性，波动性则是衡量市场风险的重要指标，已有研究表明波动性的放大是市场崩溃的重要原因。价格频繁剧烈的波动会给经济社会带来一定的负面影响，严重情况下将引起金融危机。鉴于复杂系统具有的高波动性，有必要对价格及其波动性进行衡量。因此，引入金融物理和贝叶斯方法预测复杂金融系统的价格具有重要的理论意义和现实意义。

1. 理论意义

首先，研究结合了金融物理和贝叶斯方法，为理解金融市场中的非线性、非稳定和复杂动态，揭示市场运行的规律和复杂性提供了新的路径。贝叶斯方法能够有效地处理不确定性和更新信息，使预测模型更加全面和准确。

其次，有助于深入挖掘复杂金融系统中的信息传递机制、交易行为和市场动态。通过分析大量历史数据，并引入物理学中的动力学模型，可以更好地捕捉市场中各种因素之间的相互作用，揭示价格背后的潜在规律。这样既有助于捕捉复杂金融系统价格波动内在原因，也为预测未来价格变化提供支撑。

最后，传统的金融模型往往基于对理性市场和均衡状态的假设，而实际市场中存在的非理性行为、信息不对称等因素往往导致了模型的失真。通过引入复杂系统理论，充分考虑了不确定性的存在，可以更好地刻画市场中的异质性、路径依赖性和非线性等特征，提高模型的适用性。

2. 现实意义

复杂金融系统价格波动性是影响经济稳定性机制的重要内容，也是经济研究领域的重点关注内容，从金融物理的角度来看，价格波动性受到诸多因素的共同影响。本研究基于金融物理和贝叶斯方法，对我国复杂金融系统的价格预测方法进行探讨，在实际过程中，对随机动力学、微分方程、贝叶斯方法、信息熵等方面进行介绍和研究。研究结果一方面完善了对金融物理、贝叶斯方法和复杂系统稳定性的学术探索，是一项具有学科交叉融合价值和产学研用价值的项目；另一方面也吻合“牢牢守住不发生系统性金融风险的底线”，为金融监管和稳定部门管理和调控复杂金融系统价格波动提供新的思路和方法。

此外，由于金融市场的复杂性和不确定性，传统的预测方法往往难以胜任，而基于先进理论的模型能够更好地反映市场的真实情况、提高投资决策的精准度。本书的研究既有助于为投资者提供更为准确和可靠的市场信息，帮助其更好地制定投资策略，减少信息不对称和市场失灵现象，提高市场的透明度和效益；也有助于金融机构和监管部门较早察觉复杂金融系统价格的异常波动和风险因素，提前采取相应的风险管理措施，保障金融体系的稳健运行，促进金融市场的稳定和可持续发展。

第二节　研究动态概述

一、金融物理研究

作为物理学的一个新分支，利用物理概念和方法来研究金融或经济问题（Arthur et al.，1997；Mantegna & Stanley，2000），并被应用于经典的金融问题，对许多经济金融现象和问题提出了新的解释，由此产生的金融物理研究得到了极大的发展，已经成为物理与经济领域交叉研究的一个常见现象。周炜星（2007）和黄吉平（2013）对国内外金融物理学领域的发展进行了较为系统和全面的介绍。

金融物理学家通过微观研究对复杂金融系统的贡献主要体现在多个方面，包括基本面投资者与噪声交易者的博弈、逾渗模型、伊辛模型、少数者博弈模型、复杂网络模型、代理人模型以及市场导向的资源分配模型等。大量现有研究不仅涉及上述模型，还涵盖了由上述模型的各种变体和衍生模型（周炜星，2007；Abergel et al.，2017）。例如对市场数据的“尖峰厚尾”特征（Bouchaud & Potters，2000；Voit，2001）、长期记忆和波动性聚类（Gencay et al.，2001）等方面作出了全新的解释，或者分析了不同时期金融资产价格的统计特征（Gopikrishnan et al.，1996；Mantegna & Stanley，2000；Malevergne et al.，2005），并使用稳定 Levy 分布（Mantegna & Stanley，1996；Gencay et al.，2001）、幂律尾部分布和拉伸指数分布来解释“峰值厚尾”的特征。法马（Fama，1970）提出了与被广泛应用的有效市场假说不同的分形市场假说。彼得斯（Peters，1996）利用混沌和分形理论对金融市场进行了研究。蒙塔娜和斯坦利（Mantegna & Stanley，2000）使用了像湍流理论和临界现象等的概率论和物理学方法，来分析金融时间序列。布绍等（Bouchaud et al.，2000）利用统计物理学的方法对金融资产价格的统计特征进行了实证研究。同时他们还对中心极限定理的合理性提出了质疑。有学者对真实金融市场的收益率序列进行比较，通过构建统计物理价格模型，在一定程度上再现金融市场的主要波动特征（Jia et al.，2022），检测是否存在欺诈或者较为突出的金融市场操纵活动（Li et al.，2023）。

另外，物理学家通过运用物理学的思想和方法，拓宽了研究金融体系的传统途径。曼德尔布罗特（Mandelbrot，1999）从华尔街股市数据中观察到多尺度分形特征。也有学者研究了中国资本市场，发现了多尺度分形现象的普遍性（Jiang & Zhou，2008；Yuan & Zhuang，2008）。

黄（Huang，2015）系统地描述了实验金融物理学并使用受控的人体实验来研究金融或经济问题。同时，从逃逸时间的角度对涉及模型稳定性和崩溃状态的噪声增强稳定性现象进行了广泛的研究。蒙塔娜和斯帕尼奥洛（Mantegna & Spagnolo，1998）用实验数值讨论了周期波动亚稳系统中停留时间的概率分布。斯帕尼奥洛等（Spagnolo et al.，2004）发现随机开关分段亚稳态线性电位的稳定性增强。菲阿斯科纳罗等（Fiasconaro et al.，2005）分析了过阻尼布朗粒子的瞬态动力学中亚稳态的寿命。自从布肖和孔特（Bouchaud & Cont，1998）使用朗格万方程来模拟股市波动和崩盘以来，股市崩盘时的逃逸现象便得到了广泛的讨论。瓦伦蒂等（Valenti et al.，2007）、斯帕尼奥洛和瓦伦蒂（Spagnolo & Valenti，2008）分析了股票市场演化的不同模型命中时间的统计特性，找到了生存概率和平均退出时间的精确表达式（Masoliver & Perello，2008，2009）。通过研究，金融市场的平均逃逸时间被确定（Bonanno et al.，2004，2005），并且有学者利用逃逸时间的概念来分析投资风险（Li & Mei，2013；Li et al.，2015）。除了金融计量经济学之外，诺登和施卡勒（Norden & Schaller，1999）还使用制度转换计量经济学来讨论股市崩盘，并探索出两种截然不同的对历史股市崩盘的经济解释能力。李和斯图沃特（Li & Stewart，2006）分析了与股市崩盘相关的公司股价崩盘风险。佩莱（Pele，2012）用 AR－GARCH 模型讨论了布加勒斯特证券交易所的股市崩盘情况。艾雷斯和克雷帕尔迪（Aires & Crepaldi，2022）基于随机矩阵理论来研究金融时间序列的复杂性，探究金融危机期间的时间序列邻域。总的来看，金融物理仍然值得多个领域进行深入研究。

近年来金融物理领域研究的热点聚焦在利用代理人和复杂网络对金融系统微观进行建模，但现有研究仍存在值得深入探讨之处。从大量研究中可以发现，用统计物理来研究金融系统是一个有效的方法，能解释很多传统金融难以解释的问题。金融系统作为经济体系的重要组成部分，是一个复杂的动态系统，具有复杂性、波动性、风险敞口较大的特点，也呈现出许多与非线性物理系统一样复杂的动态行为特征。价格及价格波动性的变化受到诸多因素的影响也将更加复杂，面对充满不确定性和随机性的外部市场，对价格走势作出合理、正确的预测是极其重要的。因此，对复杂金融系统的不稳定效应进行解释及建模是金融物理学所面临的重要挑战之一（Abergel et al.，2017；Kutner et al.，2019），可以从金融物理角度探讨金融系统宏微观随机演化的动力学行为，进一步探讨复杂金融系统价格及其预测问题。

二、贝叶斯方法研究

贝叶斯统计学发展迅速，它的发展依赖于信息技术的快速发展。在贝叶斯方法计算过程中，最常用的模拟计算方法是马尔可夫链蒙特卡罗模拟（MCMC）。MCMC 方法的核心是抽样技术，其中抽样技术主要包括 MH 算法和 Gibbs 算法（Nugroho，2018）。

将贝叶斯应用于对金融市场的研究最初是在西方国家，有学者提出了贝叶斯理论，包括其相关的发展模型（Tiao & Zeliner，1964）。在此基础上，有学者对 MA、ARMA 模型采用了正态—伽马分析的共轭先验分布进行了贝叶斯分析（Shaarawy，2001；Broemeling，2017）。对于贝叶斯分析问题，莫纳汉（Monahan，1983）研究了时间序列自回归模型，包括对于参数的估计以及预测等。对于 MH 算法，最早的研究学者将其应用到研究 GARCH 模型当中，但是在研究该模型的过程中，发现采用 MH 抽样方法进行运算的过程很困难（Geweke，1999）。相对于 MH 算法，Gibbs 方法就有一定的优势，但是该抽样方法也有一定的缺点，就是当 GARCH 模型的联合后验分布是经典分布情形，Gibbs 方法才可以使用，才能对 GARCH 模型完成估计。对于 GARCH 模型的马尔可夫链抽样样本的研究，最开始是基于 MH 算法。国外很多学者都对贝叶斯当中的抽样方法进行了研究和探讨，并且他们涉及各个方面，包括对贝叶斯方法理论的推导，以及将传统学当中的策略和贝叶斯方法中的策略进行比较，当然也会采用 MCMC 来对相关的积分问题进行解决，将预测的结果和真实值进行对比分析，从而选择合适的模型。

国内对于贝叶斯方法的研究和探讨，主要集中在对贝叶斯理论以及它的推断发展（James et al.，2000；卢一强和茆诗松，2005）。为了更好地探究贝叶斯理论的发展，学者们也对模型进行了深入的研究和分析（林静等，2005；朱慧明等，2016）。早期的研究中，贝叶斯方法理论的研究主要集中于计量经济学领域。朱慧明和郝立亚（2007）在非寿险精算中运用了贝叶斯模型，进行了相关预测和研究。最近，在金融系统向实体经济让利的效果评估研究中，也引入了随机动态一般均衡模型和贝叶斯估计（项后军等，2024），通过宏观经济密度预测模型来研究中国产出的增加和通货膨胀密度（林娟，2024）。也有学者在研究过程中发现了贝叶斯方法在计量经济学中存在一定的问题，因此采用了 WinBUGSR 方法进行了探讨，并解决了相关模型和理论问题。随着大数据时代的到来，信息技术也在全面地发展，而国内外学者通过对贝叶斯方法的不断研究和探讨，进一步促进了贝叶斯理论的相关发展。

近年来，由于计算技术和贝叶斯推理软件的不断改进，贝叶斯方法得到了广泛运用，特别是在分析财务问题的过程中。例如，雅基耶等（Jacquier et al.，2002）提出了贝叶斯 MCMC 方法来估计随机波动率模型并分析股票收益（每日和每周）和汇率。由于贝叶斯 MCMC 方法可以很容易地通过软件 WinBUGS（使用 Gibbs 采样器的贝叶斯分析）执行（Spiegelhalter et al.，1995），这使得贝叶斯方法应用起来更加方便。从那时起，在许多研究中，贝叶斯方法和 WinBUGS 被用于随机波动率（SV）模型中（Meyer et al.，2003；Berg et al.，2004；Lancaster，2004；Selçuk，2004；Yu & Meyer，2006；顾标等，2021）。其中，SV 模型于 1993 年创建，是指资产价格的波动率是变化的而不是恒定的。作为一种 SV 模型，赫斯顿（Heston）模型使用统计方法来计算和预测期权定价，假设波动率是任意的，波动率是任意而非恒定的假设是使 SV 模型独一无二的关键因素。该模型使用波动率或多或少是随机的假设，并具有以下区别于其他 SV 模型的特征。第一，它考虑了资产价格与其波动性之间的相关性。第二，它将波动理解为回归均值。第三，它给出了一个封闭形式的解决方案，这意味着答案是从一组公认的数学运算中得出的。第四，它不要求股票价格遵循对数正态概率分布。

对复杂金融系统的价格预测研究是当前金融安全的重要工作内容，与现有研究不同，本书着眼于通过金融物理和贝叶斯方法，对股票市场和原油市场等复杂金融系统的价格预测进行研究。同时考虑到有限的数据，通过建立随机动力学方程的贝叶斯、随机波动模型的贝叶斯，并基于贝叶斯方法、似然函数方法、信息熵预测方法，对原油、股市、金融市场等金融系统的价格及波动进行预测分析，对所提出的模型和方法的动态预测性能进行测试和比较。本书的研究结果一方面可以为投资者决策提供一定的指导，另一方面也符合“健全金融监管体系，牢牢守住不发生系统性金融风险的底线”，为金融监管部门调控复杂金融系统的价格波动提供新的方法支持。

三、随机动力学研究

随机微分方程（SDEs）（Gardiner，1985）在物理学（Kloeden & Platen，1992；Wu et al.，1994；Kevlahan，2005；Vrettas et al.，2015；Süarkka & Solin，2019）、化学（Tacke et al.，2001；Haas et al.，2014；Rieth et al.，2019）、生物学（Chen et al.，2005；Champagnat et al.，2014；Leander et al.，2014；Burbano & Porfiri，2020）、生态学（Fujiwara et al.，2005；Ovaskainen & Meerson，2010；Moller et al.，2019；Lin & Gao，2019）、金融物理（Zhong et al.，2018；Zhong et al.，2019；Ding et al.，2019；Li et al.，2020）和经济学（Gallmeyer & Hollifield，2008；Ninomiya & Ninomiya，2009；Wang，2019）等领域得到广泛研究。近年来，随机动力方程受到了相当大的关注，帕尔杜和彭（Pardoux & Peng，1990）讨论了后向随机动力方程的解决方案。米斯拉等（Misra et al.，1999）描述了通过 SDEs 的传输控制协议流的稳态性能。

雅施克（Jaschke，2003）研究了非齐次线性插值。朱玛丽（Jumarie，2005）提出了一个分数布朗运动增长率的指数解决方案。在物理学方面，克洛登和普拉滕（Kloeden & Platen，1992）通过高阶隐式数值方法讨论了 SDE。有学者使用 SDE 研究了涡动力学模型的稳态分析（Wu et al.，1994）。凯夫拉汉（Kevlahan，2005）描述了涡合并和重联的 SDE。弗雷塔斯等（Vrettas et al.，2015）在对随机微分方程进行推理时引入了高斯变分平均场近似。叙阿尔卡和索森（Süarkka & Solin，2019）在《应用随机动力学方程》一书中写了诸如滤波、平滑、参数估计、机器学习等方法，以及在物理和电气工程中出现的广泛的随机微分方程应用实例。在化学方面，罗伯茨等（Roberts et al.，2001）开发了一种用于研究多孔介质中多相流的混合方法。哈斯等（Haas et al.，2014）分析了平衡状态下过阻尼 Langevin 方程的轨迹熵，里思等（Rieth et al.，2019）提出并应用了一种将小火焰列表与传输过滤密度函数（FDF）有限速率化学相结合的混合方法。在生物学方面，陈等（Chen et al.，2005）采用了一个新的模型来模拟酿酒酵母中的转录调控网络；尚帕尼亚等（Champagnat et al.，2014）讨论了达尔文进化论，该进化论是由表型变异和自然选择的相互作用产生的；利安德等（Leander et al.，2014）用新的模型正则化了连续时间动力系统的参数估计问题；布尔瓦诺和波尔菲里（Burbano & Porfiri，2020）证明了一个简约但强大的建模框架，可以准确模拟在不同咖啡因浓度下处理的斑马鱼的实验观察结果。

在生态学方面，藤原等（Fujiwara et al.，2005）采用了一个随机变量来分析大小轨迹数据；奥瓦斯凯宁和梅尔森（Ovaskainen & Meerson，2010）采用了一个随机变量来研究种群灭绝的随机性能；莫勒等（Moller et al.，2011）采用了一个简单的随机变量来研究浮游植物模型的参数估计问题；有学者对具有噪声和时滞的放牧生态系统植被模型中，植被生物量的概率分布和突变状态转变为荒漠状态的平均首次通过时间进行了理论分析（Zeng & Wang，2012）；有学者使用信噪比研究了时间延迟和噪声对植被生态系统中随机共振的影响，其中假设植被动态受到内在和外在噪声的干扰（Han et al.，2014）。另外，有学者构造了随机延迟微分方程来研究昆虫生态系统和湖泊富营养化生态系统中的状态转移（Zeng et al.，2015；Zeng et al.，2017）。林和高（Lin & Gao，2019）考虑了带扩散的单种群模型和捕食者—食饵模型的内禀增长率，分析了环境白噪声影响下的动态行为。王等（Wang et al.，2017）研究了一般一维非线性系统；王等（Wang et al.，2019）讨论了具有 sine – Wiener 有界噪声的生物分子网络模型；林等（Lin et al.，2019）分析了种群增长模型的稳定性；罗和曾（Luo & Zeng，2020）研究了惯性布朗粒子在具有周期性的对称势场中的输运现象。在经济学中，一些学者开发了一种新的算法，并将其应用于赫斯顿的亚式期权定价随机波动模型（Ninomiya & Ninomiya，2009）；加尔迈耶和霍利菲尔德（Gallmeyer & Hollifield，2008）研究了在具有异质信念的动态经济中，整个市场卖空约束的影响。王（Wang，2019）开发了交易随机方程，以揭示看似随机的大量数据背后的隐藏规则。考虑到 SDEs 的广泛应用，基于实验样本的随机微分方程拟合和估计方法具有重要的研究价值。

综合现有研究，关于 Fokker – Planck 方程的准平稳概率密度函数的贝叶斯推断尚未被考虑，随机动态方程中的贝叶斯方法研究是值得探索的。因此，本书考虑将 Gibbs 抽样器中的算法和统计物理方法中的 Fokker – Planck 方程相结合，建立一种贝叶斯方法对 SDE 进行统计推断，提出了一种估计随机动力方程未知参数的贝叶斯方法，利用 Fokker – Planck 方程的准平稳概率密度函数计算跃迁概率密度。本书建立的随机动力学方程的贝叶斯方法将进行多个仿真研究，对模型的性能进行检验，并将其运用到复杂金融系统价格动态预测研究中，丰富与金融物理和贝叶斯方法有关的研究。

第三节　研究思路、科学意义与应用前景

本书旨在通过理论和实证研究相结合，基于金融物理和贝叶斯方法，

深入研究和探讨复杂金融系统的价格预测。在当前金融市场的复杂和动态背景下，通过全面的研究，提供对金融市场未来走势更准确、更深入的理解，从而为投资者、决策者和学术界提供有益的信息和工具。研究的第一步是建立坚实的理论基础，详细阐述金融系统价格预测的基础理论、金融物理学基础和贝叶斯方法等内容，为后续研究提供清晰的理论方向。

对复杂统计模型的贝叶斯估计、贝叶斯变量选择等贝叶斯推断是近年来贝叶斯统计学研究的一个前沿，考虑到在有限数据中对构建模型和预测结果的有效性进行检验，本书拟用贝叶斯统计推断的方法进行研究。在大量现有研究的基础上，本书将首先探讨金融物理和贝叶斯方法在价格预测中的具体应用。具体包括构建随机动力学方程和随机波动模型的贝叶斯方法，对随机动力学、平均限时崩溃率、赫斯顿模型等进行深入探讨。结合金融物理的方法，基于逃逸模型来构建股票价格限时平均崩溃率模型，为深入探讨复杂金融系统价格波动提供新的思路和模型。

此外，金融物理学家常通过对股市投资者行为宏微观建模来进行研究，他们从宏观和微观的角度建立随机行为动力学模型，研究和预测股市投资者行为中的物理现象。本书结合统计物理方法，基于贝叶斯和似然函数，对我国股市和原油市场的价格波动及预测进行深入研究，分析所提出模型的稳定性，旨在为价格预测的决策提供可行性建议，助力投资者和金融监管部门规划和调整其投资策略和监管策略。另外，多维度的评价方法，包括基于损失函数、优越预测能力检验、赤池和贝叶斯信息准则方法等将被运用。通过这些方法，对金融市场进行动态预测和流动性评价，并测试动态预测模型的性能。不仅提供对市场动态特性和流动性变化的深刻理解，也有助于决策者更好地应对市场的不确定性。

本书有助于拓展复杂金融系统价格预测领域的理论和实证研究，通过综合运用金融物理和贝叶斯方法，能够更全面、更系统地理解金融市场的运行机制，为金融理论的发展提供新的视角。一方面，本书研究中提出了多个价格预测模型和动态预测模型，预测结果和调控方法将提高投资者投资决策效率，有助于监管机构更好地了解市场风险，采取相应的政策和措施。另一方面，对复杂金融系统的价格预测也将为我国金融市场价格波动性监测和管控提供实质性的参考，促进金融市场的稳定和可持续发展。

综上所述，本书通过深入挖掘金融物理和贝叶斯方法在价格预测中的应用，能够为金融领域的发展和决策提供有益的贡献。本书研究思路清晰、科学意义深远、应用前景广泛，是一个涉及统计物理、贝叶斯和金融学的交叉研究，也是一个具有学科交叉融合学术价值和产学研用实践意义的研究。

第四节 研究方案

本书拟采用定性和定量研究相结合、理论和实证研究相结合的方法，基于现有研究，旨在通过采用金融物理和贝叶斯方法，对复杂金融系统价格预测进行深入研究和探讨。有鉴于此，本书拟采用的研究思路如图 1 - 1 所示。具体而言，首先，通过阐述金融系统价格预测的基础理论、金融物理学基础和贝叶斯方法等核心概念和内容，形成研究开展的理论基础。其次，探讨金融物理和贝叶斯方法在价格预测当中的应用。通过构建随机动力学方程和随机波动模型的贝叶斯，对随机动力学、平均限时崩溃率、赫斯顿模型进行探讨，并研究了基于逃逸模型的股票价格限时平均崩溃率模型。再次，引入 Fokker - Planck 方程、GARCH 和 Heston 等经典金融计量模型，基于贝叶斯和似然函数方法，对我国股市和原油市场价格波动及预测进行研究，提出股价和原油价格预测的结论，比较分析所提出模型的稳定性，并为价格预测的实际应用提供可行性建议。又次，基于损失函数、优越预测能力检验、赤池和贝叶斯信息准则方法，基于金融物理和贝叶斯方法，对金融市场进行动态预测和流动性评价，并测试动态预测模型性能。最后，对金融物理方法、贝叶斯方法和复杂金融系统价格预测研究作出了简单的研究总结

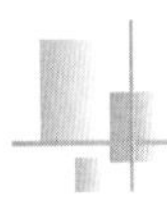

和展望。

综上所述，本书将丰富复杂金融系统价格预测的研究，拓展金融物理和贝叶斯方法的应用。一方面，研究结果将增强对基础理论的理解；另一方面，也为实际应用提供具有较强适用性的模型和方法。研究方法和结论将为金融领域的决策者和研究者提供有力支持，促进金融系统的稳定与可持续发展。

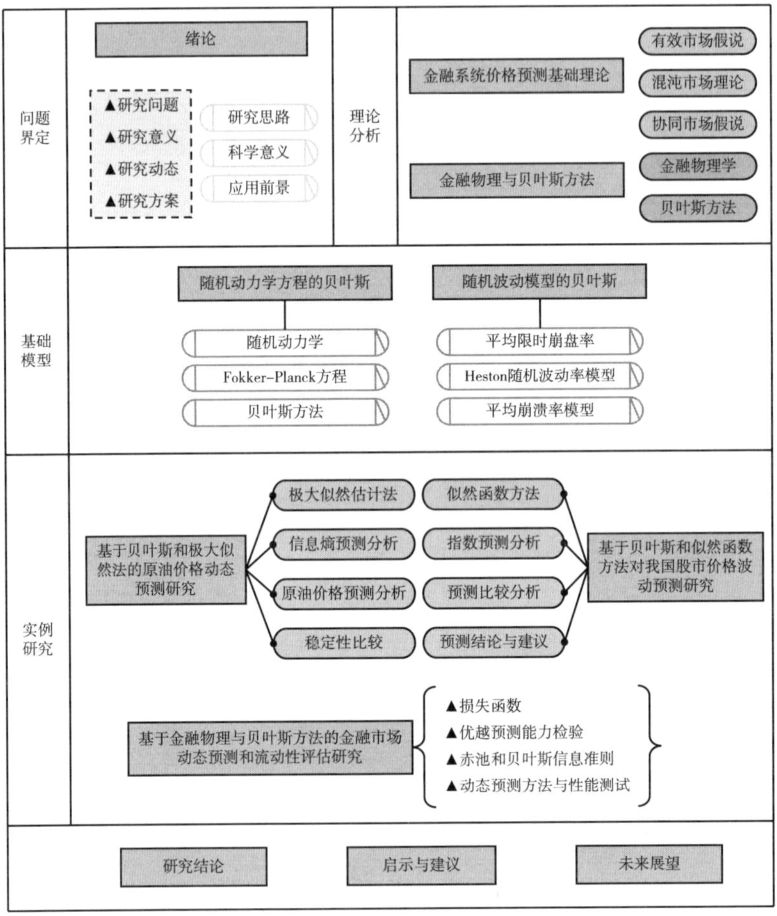

问题界定
绪论
▲研究问题
▲研究意义
▲研究动态
▲研究方案
研究思路
科学意义
应用前景
理论分析
金融系统价格预测基础理论
金融物理与贝叶斯方法
有效市场假说
混沌市场理论
协同市场假说
金融物理学
贝叶斯方法

基础模型
随机动力学方程的贝叶斯
随机动力学
Fokker-Planck方程
贝叶斯方法
随机波动模型的贝叶斯
平均限时崩盘率
Heston随机波动率模型
平均崩溃率模型

实例研究
基于贝叶斯和极大似然法的原油价格动态预测研究
极大似然估计法
信息熵预测分析
原油价格预测分析
稳定性比较
似然函数方法
指数预测分析
预测比较分析
预测结论与建议
基于贝叶斯和似然函数方法对我国股市价格波动预测研究
基于金融物理与贝叶斯方法的金融市场动态预测和流动性评估研究
▲损失函数
▲优越预测能力检验
▲赤池和贝叶斯信息准则
▲动态预测方法与性能测试

研究结论
启示与建议
未来展望

图1-1 本书拟采用的研究思路

第二章

金融系统价格预测基础理论

有效市场假说指出，金融资产的实时定价已全面整合市场参与主体可获得的信息。根据信息整合程度，该假说将市场划分为三种：在弱式有效市场中，价格反映了所有的信息，此时，通过技术分析无法获取超额收益；半强式有效市场则进一步将公开披露的财务报告、行业动态等基本面信息纳入价格体系，导致传统基本面分析策略失效；强式有效市场的理想化模型中，即便是未公开的内部信息也已被市场充分定价，任何信息优势都不会带来套利。有效市场假说既揭示了金融市场价格形成机制的内在规律，更提示投资者应基于市场有效性特征调整投资策略，注重资产配置的长期价值挖掘与风险管控机制建设。

技术分析是一种通过研究历史价格和交易量数据，利用图表和技术指标来预测未来价格变化的方法。该方法基于市场价格遵循一定规律的假设，认为通过分析过去的价格趋势，能够判断未来的价格走势。一般来说，通过采用趋势线、图表以及各种技术指标，投资者借此识别潜在的买卖信号，并据此制定交易决策。相比之下，基本面分析则侧重于通过研究经济、行业和公司的基本面信息，来推测资产价格的变动。基本面分析认为价格受供需关系和基本面因素的影响，因此通过对宏观经济、行业发展和公司财务状况的分析，投资者能够评估资产的真实价值，识别市场中的低估或高估机会。

随机漫步理论认为价格的变化是随机的，即过去的价格走势不能预测未来的价格走势。基于随机漫步理论，价格预测的基础是价格变化是随机的，因此预测方法应该基于随机性的分析。在全球经济一体化与自由化进程加速的背景下，现代金融体系已成为影响国家经济命脉的核心要素。成熟的金融架构不仅能为实体经济发展提供充足动能，更能在经济动荡时期发挥稳定器作用。股票市场在金融体系中占有非常重要的地位，一直是各个国家学者的研究重点。金融系统价格预测的基础理论和概念主要包括有效市场假说、技术分析、基本面分析、随机漫步理论、混沌市场理论、协同市场假说等，这些理论为价格预测提供了不同的方法和思路。本章中主要介绍有效市场假说、混沌市场理论、协同市场假说。

第一节　有效市场假说

早在1953年，就有学者通过研究相关数据探讨股价波动的规律，但结果发现由于股票市场处于动态变化中，股价波动无法被某种固定模式所描述，它呈现的是一种随机游走的特点（Kendall & Hill，1953）。当时，这一观点未获得广泛认同，但随后的研究中，另两位学者从不同角度对这一结论进行了验证，进一步支持了股价波动的随机游走特性（Roberts，1959；Oborne，1959）。在这一理论被提出后，法玛（Fama，1970）对其进行了进一步深化，并提出了有效市场假说（Efficient Markets Hypothesis，EMH）。该假说认为，市场上的资产价格已经完全反映了所有已知的信息，因此投资者无法通过分析这些信息来实现超额收益。有效市场假说的核心观点是，市场在信息流通和定价方面具有高度效率，投资者无法通过信息不对称或市场定价错误获取超额回报。有效市场假说主要包括三个方面的内容。

第一，每个市场上的参与者都被视为理性的“经济人”，投资者通过基本面分析评估公司未来的盈利能力，并以此为基础估算股票的现值，谨慎地权衡风险与回报。第二，股票的价格体现了这些理性投资者之间的供需平衡。这意味着，认为股票被高估的人和认为股票被低估的人人数相当。如果有人发现供需失衡，存在套利机会，他们会立即通过买入或卖出股票的行为，推动价格调整，直到供需重新平衡。第三，股票价格能够充分反映所有可用信息，体现出“信息有效性”。股票价格将对新信息的出现作出快速的反应。例如，当利好或利空消息发布时，股票价格会开始波动，并最终调整至一个新的平衡点。

实际上，有效市场假说强调了“天下没有免费的午餐”的观念，即在一个正常且高效的市场中，投资者不应期待轻易获利。因此，深入分析股票的价值未必能带来回报。这一假设虽然成立，但它并不完全反映现实，因为并非所有市场参与者都是理性的，且信息并不总是即时有效的。有效资本市场的定义有两种，一种是内部有效市场（internally efficient markets），也称为交易有效市场，它主要关注投资者在交易证券时支付的费用，如手续费、佣金和价差。另一种是外部有效市场（externally efficient markets），即价格有效市场，它讨论的是证券价格是否能及时反映所有与之相关的所有信息，包括内幕信息。

有效市场假说一般分为三种，分别是弱式有效市场、半强式有效市场，以及强式有效市场，分别代表了不同的市场信息。

弱式有效市场假说（weak-form market efficiency）认为，在一个弱式有效的市场中，所有历史的证券价格信息，如股票的成交价、成交量、融资金额等，都已经被市场价格充分反映。如果这一假设成立，则意味着技术分析无法有效预测股票价格，尽管基本面分析可能仍然帮助投资者实现超额回报。技术分析的有效性直接关系到弱式有效市场假说的成立与否。如果技术分析能够有效预测价格走势，则弱式有效市场假说就无法成立。此外，通过序列自相关分析，如果股票收益率表现出时间上的自相关性，意味着过去的收益率能够影响当前的收益率，那么技术分析也可以发挥作用，进一步证明弱式有效市场假说不成立。通过串检验，可以构建三种不同的“串”来检验证券价格的相关性。此外，采用“滤嘴法则”——即在股价接近阶段最低点时买入，接近阶段最高点时卖出，并观察是否能获得超过持有策略的回报——也可用于验证市场是否具备弱式有效性。

半强式有效市场假说（semi-strong form efficiency）认为，市场价格已经充分反映了所有公开的信息，特别是与公司运营前景相关的各类信息。如果投资者能够迅速获取这些信息，股价应该会迅速调整。若半强式有效市场假说成立，那么无论是技术分析还是基本分析都无法帮助投资者获得超额利润，反而可能是通过内幕信息获得超额回报。检验半强式有效性的一个方法是评估基本分析是否有效。通过采用事件研究法，即分析与公司基本面相关的事件发生时，股价是否会作出快速反应。如果股价能迅速反映这些信息，则表明投资者无法通过分析新发布的信息获得超额利润，基本分析失效，从而证明半强式有效市场假说的成立。

强式有效市场假说（strong-form of efficiency market）认为，市场价格已经全面反映了所有与公司运营相关的所有信息，包括公开信息和未公开的内幕信息。在这种市场中，没有任何投资策略能够帮助投资者获得超额回报，即使是掌握内幕消息的投资者或基金也无法例外。要检验这一假设，通常通过评估内幕信息的有效性来进行。如果能够通过内幕消息获得投资回报，或如果拥有可能获取内幕消息的基金经理的投资表现显著优于市场平均水平，那么这一假设就不成立，表明强式有效市场假说不成立。

有效市场假说的检验依赖于三个层次的推论。具体而言，若强式有效市场假说成立，则半强式有效市场假说必定成立；而当半强式有效假说成立时，弱式有效市场假说也必须成立。因此，检验的顺序应当从弱式有效市场假说开始，如果成立，再继续检验半强式有效，最后是强式有效假说，不能颠倒这一顺序。有效市场假说对投资者行为和金融理论

产生了深远影响，它揭示了证券市场有效性提升的关键在于信息披露、传输、解读以及反馈机制的优化，特别是通过建立强制性的上市公司信息披露制度。因此，完善信息披露制度不仅是提高资本市场有效性的基础，更是推动市场不断发展的起点，显示出有效市场假说在实践中的重要意义。

尽管如此，有效市场假说也面临着一些批评和挑战。首先，假设投资者完全理性并不现实，投资者常常表现出系统性的非理性行为，且这些偏离理性的行为往往是有规律的，行为金融学中的“投资者心态”理论正是揭示了这种现象。其次，即使存在套利者，非理性投资者的错误往往不会被完全修正，因为大多数证券没有适当的替代品。因此，依旧有投资者和学者尝试通过分析信息不对称与市场定价失衡来实现超额收益。尽管有效市场假说的争议依旧存在，但它依然是现代金融理论中不可或缺的一部分。

第二节　混沌市场理论

20 世纪 80 年代，系统科学与金融学的交叉融合诞生了混沌市场理论，这也是对传统的线性金融市场认知框架的一种革新。该理论认为，市场行为并非传统的理性行为或者完全随机，而是在一定的条件下呈现出高度的非线性动态特性。混沌市场理论的核心观点是，金融市场是一种复杂适应系统，其内部充满了不确定性、非线性互动和自组织特性，这使得市场具有一种“不可预测”的行为模式，即使在市场信息完全可得的情况下，市场的未来走向仍然难以准确预测。

在经典的物理学中，系统的行为是可以通过精确的数学公式进行预测的，但在混沌系统中，由于对初始条件的高度敏感性，系统的演化往往难以预测，哪怕是微小的初始差异也可能导致最终结果的巨大差异。这种现象符合洛伦兹（1963）发现的“蝴蝶效应”，即动态系统中微小初始条件差异可能引发指数级放大的结果分异。这也为理解复杂系统的内在随机性提供了全新范式。混沌理论来源于数学和物理学，它探讨的是看似随机但实际上是由确定性非线性动态系统所控制的现象。有效市场假说（EMH）长期占据主流地位，其核心假设将市场价格波动归因于外生冲击的线性叠加，但极端事件暴露了该理论对真实金融现象的解释局限，学者们开始将混沌理论引入金融分析，逐步形成以非线性动力学为核心的市场认知体系。将这一理论应用到金融市场中，可以发现市场的波动性并不是由简单的线性因果关系所驱动，而是由多种因素的交织作用形成的复杂非线性反馈系统。金融市场中的价格波动、投资者行为、宏观经济因素以及其他外部干扰因素相互作用，形成了一个复杂的系统，这使得市场走势既充满了不确定性，又具备某种规律性。

埃德加（1994）提出了分形市场假说，奠定了混沌市场理论的微观结构基础。传统的金融市场理论假设市场是由理性的投资者组成，且市场价格能够快速反映所有已知信息。但实际上，市场并非由理性决策者组成，投资者的行为往往受到情绪、偏见以及外部信息的干扰，导致市场的价格波动呈现出非线性的特征。但研究却发现了收益率分布具有显著的自相似特征：不同时间尺度（从分钟到年度）的价格波动呈现相似统计特性。这种分形特性揭示了市场参与者的异质性：短期交易者关注局部信息扰动，长期投资者聚焦基本面趋势，多时间维度行为的非线性叠加形成了持续的市场流动性。

混沌市场理论的应用主要体现在对市场动态的建模和分析上。通过混沌理论，研究者能够识别市场中的周期性波动、突发性价格波动以及泡沫的形成等现象。与传统的金融理论不同，混沌市场理论不强调市场的理性和均衡，而是侧重于市场的动态演化和非线性行为。

（1）预测市场波动性：混沌市场理论提供了一种新的方式来分析和预测市场波动性。传统的市场预测方法往往基于线性回归和统计分析，假设市场是可以通过历史数据来预测的。然而，混沌市场理论认为，市场是一个复杂的非线性系统，传统的预测方法无法有效捕捉市场

波动的深层次规律。通过混沌理论中的分形理论和吸引子理论，研究者可以识别出市场价格变化的内在结构，从而更准确地预测市场的波动性。

（2）泡沫与崩溃的分析：混沌市场理论对于资产价格泡沫的形成和崩溃也提供了深刻的见解。在一个自组织的市场系统中，当投资者集体行为引发过度乐观情绪时，可能会出现价格的大幅上涨，这种上涨往往会形成泡沫。然而，由于市场是一个非线性系统，这种泡沫并不会永远持续，而是可能在某一时刻因突发的负面信息或市场情绪的逆转而迅速崩溃。

（3）非理性行为与市场失灵：混沌市场理论也关注行为金融学中的非理性行为。投资者并非总是理性的，他们的决策可能受到情绪波动、过度自信、从众心理等因素的影响。混沌市场理论认为，市场中的这些非理性行为并不是孤立存在的，而是通过反馈机制与市场价格的波动密切相关。这使得市场的行为呈现出不确定性和不可预测性，进一步挑战了传统金融理论对市场理性和效率的假设。

尽管混沌市场理论为金融市场提供了一种新的分析视角，但它也面临着一些批评。首先，混沌市场理论强调市场的非线性和不确定性，但这些特征并不一定能够有效地应用于实际的投资决策中。由于混沌系统的高度敏感性，即使是微小的初始条件差异也可能导致截然不同的市场走向，这使得预测市场走势变得极为困难。其次，混沌市场理论过于侧重市场的动态过程和非线性特征，忽略了市场中的信息传递和政策调控等外部因素的影响。在实际操作中，政府的货币政策、财政政策和其他宏观经济政策对市场有着重要的影响，这些因素并未在混沌市场理论中得到充分考虑。

混沌市场理论提供了一种新的视角来理解金融市场的复杂性和动态演化。通过引入混沌理论和非线性系统的概念，能够揭示金融市场中的非理性行为、自组织现象和市场波动的内在规律。尽管该理论面临一些挑战和局限，但它无疑为金融学研究和实际投资决策提供了宝贵的参考。未来，随着计算技术和数据分析方法的进步，混沌市场理论有望进

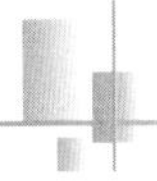

一步深化和完善，为理解和预测金融市场的行为提供更加精确的工具和框架。

第三节 协同市场假说

金融物理学家瓦加（Vaga，1990）提出了非线性金融市场理论框架，其核心在于将统计物理学中的相变理论与混沌动力学相结合，以解释资本市场中价格波动的复杂特征。该框架主张市场价格的形成本质上是投资者群体心理相互作用的动态结果，这突破了传统的有效市场假说的线性均衡范式。传统金融理论通常假设市场参与者具有理性预期且信息处理能力同质化，但协同市场假说认为投资者情绪具有传染性且决策过程存在路径依赖性。当市场处于低协同状态时，投资者行为呈现随机分布特征，此时价格波动符合随机游走模型；而当群体情绪通过媒体传播或羊群效应形成正反馈循环时，系统将进入高协同状态，导致价格出现持续性趋势或泡沫破裂现象。这种相变过程具有非线性阈值特征，微小扰动可能在临界点附近引发市场状态的剧烈转变。例如，2008 年全球金融危机期间，次级抵押贷款市场的局部风险通过信用衍生品网络的非线性传导，最终演变为系统性崩溃，这正是协同效应突破临界点后产生的相变现象。实证研究表明，市场波动率聚类、收益率“尖峰肥尾”分布等典型事实均可视为投资者群体协同行为在统计层面的涌现特征。

从动力学角度分析，协同市场假说定义了四种基本市场状态：随机游走、过渡市场、混沌市场和协同市场。首先，在随机游走状态下，信息传播效率低下且投资者情绪离散，价格变动呈现白噪声特性。其次，过渡市场表现为短期趋势与噪声的混合，反映投资者群体正在达成共识。此外，混沌市场对应非线性系统的敏感依赖性，微小事件可能被放大导致不可预测的剧烈波动。最后，协同市场则意味着投资者行为高度同步，形成自我强化的正反馈机制。这四种状态的转换受市场参与度、信息流动速度和政策干预力度等参数影响，其相图可通过蒙特卡洛模拟进行数值分析。例如，高频交易算法的大规模应用改变了市场微观结构，增强了信息传播效率，使得协同状态的持续时间显著延长，这解释了现代金融市场中动量效应和“闪崩现象”并存的矛盾特征。

在协同市场假说中，市场被看作是一个动态的系统，而非一个静态的均衡状态。它强调，市场中的每个参与者并不总是作出完全理性的决策，反而常常受到认知偏差、情感因素及群体行为的影响。这些因素在信息传播、决策制定以及价格形成过程中起到了重要作用。在这种复杂的互动环境中，参与者往往能够通过与其他参与者的合作与竞争，共同推动市场向某种状态演化，这种演化并不一定是完全的均衡状态，而是一个动态的“协同均衡”过程。该假说的关键在于“协同”这一概念，它不同于传统的市场理论中提到的竞争，强调市场中的各方参与者通过合作、协作甚至是竞争中的相互作用，达到一种系统层面的整体优化。比如，在信息传播的过程中，一些市场参与者通过共享信息、资源或者技术来提升整体效能，降低市场的不确定性与风险。在这种机制下，虽然每个参与者可能追求自己的局部利益，但他们的行为会因为相互之间的依赖性和互动性，最终推动市场达到一种比单纯竞争下更为高效的状态。在此过程中，协同效应并不是一种自发、自动的机制，它往往需要某些制度安排、信息平台或者激励机制来促进。市场的参与者不仅是独立的决策者，他们还会通过一定的规则和机制来协调彼此的行为，进而实现集体的利益最大化。例如，在一些创新型的行业中，合作竞争成为常态，企业之间的竞争不仅仅是在产品和价格上进行，更多的是在技术创新、市场开发等领域展开合作，通过共同的努力来推动行业的发展，最终实现资源的最优配置。

尽管协同市场假说为理解市场脆弱性提供了新视角，但其应用仍面临若干挑战。首先，投资者协同度的量化指标构建存在维度灾难问题，高维参数空间导致模型校准困难。其次，区块链技术催生的去中心化金融（DeFi）改变了传统协同机制，智能合约的自动执行特性可能创造新

型正反馈循环。最后，央行数字货币（CBDC）的推行将重塑货币政策的传导路径，影响市场协同状态的稳定性边界。最新研究尝试将深度强化学习与多主体建模相结合，通过构建异构投资者的人工金融市场，模拟不同监管政策对系统协同度的影响，为宏观审慎管理提供决策支持。这类计算实验表明，适度的交易税和熔断机制能有效抑制正反馈循环，但政策干预的时机选择需精确匹配市场状态参数。

协同市场假说并不是一种普遍适用的理论，在某些情况下，市场中的协同效应可能会受到多种因素的限制，如制度性障碍、信息不对称、市场垄断等问题都可能阻碍协同效应的发挥。此外，协同效应的实现也并非没有成本，参与者需要付出时间、精力甚至资金来协调行为，这些成本也可能会削弱市场的效率。因此，协同市场假说提出了一种更为复杂的市场模型，它无法简单地代替传统的市场理论，但却能够为理解复杂市场中的互动提供更深刻的洞见。

协同市场假说的重要贡献在于，它揭示了市场中复杂的行为模式，并挑战了传统市场理论中对理性与均衡的过于简化的假设。通过引入协同效应的概念，理论更加接近现实中的市场状况，尤其是在面对信息不对称、行为偏差、市场外部性等因素时，能够更好地解释市场的行为。它提供了一种新的思维框架，理解和分析市场中的合作与竞争动态，帮助政策制定者在设计市场机制时考虑到更为复杂的社会经济因素。

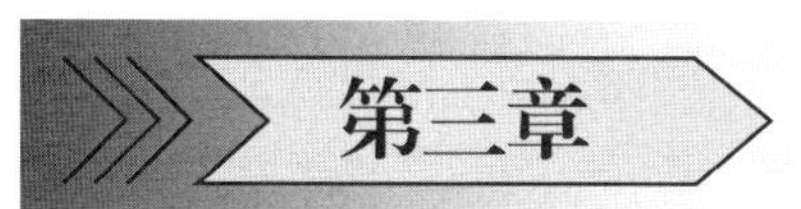

第三章

金融物理与贝叶斯方法

第一节　金融物理学基础

金融物理是将物理学的方法和工具应用于金融市场的研究中，发展源于20世纪90年代初。由于金融市场的复杂性和不确定性，传统的经济学模型在解释市场现象和预测市场行为方面存在局限，因此学者们开始寻求其他学科的方法和理论来解释金融市场中的现象。金融物理旨在通过采用物理学的方法和工具来研究金融市场中的价格波动、市场风险、交易行为等现象，以期提供新的视角和方法来理解和预测金融市场的行为。金融物理主要研究的内容包括：价格波动的统计性质、交易行为的建模、市场风险的评估、复杂系统的建模等。

一、价格波动的统计性质

金融物理通过对金融时间序列数据进行统计分析，研究价格、收益、波动性、相关性等统计性质。通过对价格波动的统计性质进行分

析，可以揭示金融市场中价格变动的规律性、分布特征以及相关性等重要信息。价格波动的统计性质有如下重要方面。

1. 随机性和非线性

金融市场中的价格波动通常被认为是随机的，即价格的变动是不可预测的。然而，价格波动并不完全是简单的随机游走，而是具有一定的非线性特征。通过对价格时间序列数据的分析可以发现，价格波动存在自相关性、长记忆性等非线性特征。

2. 分布特征

金融市场中价格的波动通常被描述为具有“厚尾”分布的特征。传统的正态分布并不能很好地描述金融市场中的价格波动，而更适合的分布包括泊松分布、幂律分布、指数分布等。通过对价格波动的分布特征进行统计分析，可以更好地理解价格波动的性质。

3. 波动率聚集性

价格波动的波动率通常表现出聚集性，即大波动往往会聚集在一起，形成所谓的波动率聚集效应。这种波动率聚集性是金融市场中重要的统计性质，对于风险管理和市场预测具有重要意义。

4. 多重分形特征

价格波动的多重分形特征是金融物理学中的一个重要研究内容。多重分形理论揭示了价格波动的自相似性和分形结构，即价格波动在不同时间尺度上表现出相似的统计性质。通过多重分形分析，可以揭示价格波动的非线性特征和自相似性特征。

5. 长期相关性

金融市场中的价格波动通常表现出长期相关性，即价格的变动在时间上表现出一定的记忆效应。这种长期相关性意味着过去的价格波动会对未来的价格波动产生影响，这对于市场预测和交易策略具有重要意义。

通过对价格波动的统计性质进行深入研究，金融物理可以揭示金融市场中价格变动的规律性和特征，为市场风险管理、交易策略等提供重要的参考和依据。

二、交易行为的建模

交易行为建模是金融市场研究领域的重要课题，它旨在建立基于物理学的模型来解释和预测市场参与者的交易决策和行为特征，以及这些行为对市场价格形成和波动的影响。以下是交易行为建模的一些重要方法和技术。

1. 基于行为金融学的模型

行为金融学试图通过对投资者心理特征和行为偏好的研究，揭示市场参与者的非理性行为对交易决策的影响。建立在行为金融学理论基础上的模型，可以考虑投资者的心理偏差、情绪因素、认知失调等，从而更好地解释交易行为的非理性特征。

2. 基于信息传播和传导的模型

这种模型试图通过对信息在市场中的传播和传导过程进行建模，来解释市场参与者对信息的反应和交易行为，包括信息传导模型、信息博弈模型等。通过考虑信息的不对称性、信息的时效性等因素，来揭示市场参与者的交易行为特征。

3. 基于市场微观结构的模型

这种模型关注市场的微观结构特征对交易行为的影响，包括市场的交易机制、市场的流动性、市场的深度等。通过对市场微观结构特征进行建模分析，可以揭示市场参与者的交易策略和交易行为模式。

4. 基于计量经济学和统计学的建模方法

利用计量经济学和统计学的方法，对交易行为进行建模分析，包括时间序列分析、回归分析、因果关系检验等方法，用于研究市场参与者的交易行为特征、交易决策的影响因素等问题。

5. 基于机器学习和人工智能的建模方法

近年来，随着大数据和机器学习技术的发展，越来越多的研究开始利用机器学习和人工智能的方法对交易行为进行建模分析。这些方法可以挖掘大规模数据中的交易行为模式和规律，从而揭示市场参与者的交易行为特征。

对交易行为进行深入研究和建模分析，揭示市场参与者的交易决策和行为特征，为理解市场价格形成机制、预测价格波动、制定交易策略等提供重要的参考和依据。

三、市场风险的评估

金融物理致力于开发新的方法来对金融市场中各种风险因素进行识别、测量和评估，包括波动率的预测、极端事件的概率分布等。通过使用统计物理学中的方法，如历史模拟法、蒙特卡罗模拟法、风险价值（value at risk，VaR）等，可以帮助投资者和金融机构对市场风险进行测量和评估，从而制定相应的风险管理策略。还可以通过信用评级、违约概率模型、债务工具定价模型等评估债务人或债务工具出现违约的风险。帮助投资者和金融机构对信用风险进行测量和评估，从而决定是否进行信用风险对冲，或者选择适当的债务工具。除此之外，还可以使用流动性风险指标、流动性厌恶模型等帮助投资者和金融机构对流动性风险进行测量和评估，从而制定相应的流动性管理策略。操作风险评估也是市场风险评估中的一部分，通过事件频率分析、损失事件数据分析、操作风险模型等可以帮助金融机构对操作风险进行测量和评估，制定风险管理策略、优化投资组合，从而改进内部控制和风险管理机制，降低风险并提高收益。

四、复杂系统的建模

金融市场是一个充满了各种不确定性、非线性和相互作用的复杂系统，金融物理试图通过数学、统计学和计算机科学等方法，对金融市场中的各种复杂现象进行描述、分析和预测，用复杂系统理论、网络理论

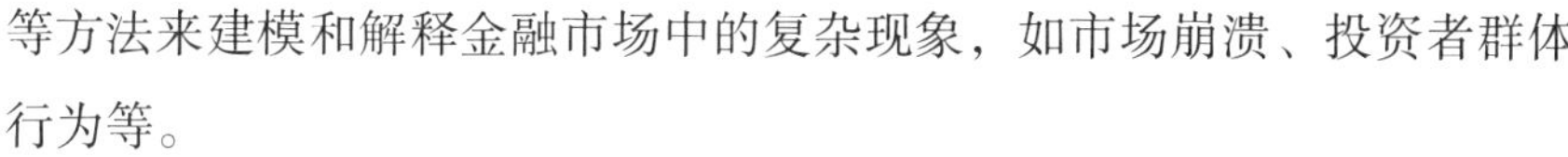

等方法来建模和解释金融市场中的复杂现象，如市场崩溃、投资者群体行为等。

1. 随机过程建模

金融市场中的价格波动通常具有随机性，因此可以使用随机过程来描述价格的变化。常用的随机过程包括布朗运动、跳跃扩散过程、随机波动率模型等。这些模型可以帮助分析价格的波动特征，预测未来价格的走势。

2. 时间序列分析

时间序列分析是对金融数据中的时间相关性进行建模和分析的方法。常用的时间序列模型包括 ARMA 模型、ARIMA 模型、GARCH 模型等。这些模型可以帮助分析金融时间序列数据的波动性、趋势性和周期性，从而揭示价格的规律和特征。

3. 复杂网络建模

金融市场中的各种金融资产和市场参与者之间存在复杂的相互关联和作用。因此，可以利用复杂网络理论对金融市场进行网络建模，分析市场参与者之间的联系和影响。复杂网络模型可以帮助揭示市场的结构特征、信息传播规律和系统性风险。

4. 人工智能建模

人工智能方法如机器学习和深度学习在金融复杂系统建模中发挥着越来越重要的作用。这些方法可以挖掘大规模数据中的模式和规律，对市场价格的预测、交易行为的分析等提供有力支持。

金融物理的发展为人们提供了一种新的思维方式和工具来理解金融市场中的现象。通过将物理学的方法和理论引入金融领域，金融物理学为人们提供了一种全新的视角和方法来理解金融市场中的复杂现象，为金融市场的风险管理、交易策略等提供了新的思路和方法。金融物理学的发展也为跨学科研究提供了新的范例，促进了不同学科之间的交流与合作。下面选取波动率模型进行进一步说明。

现有的波动率模型可以分为三类。第一类是基于历史时间信息来预

测未来的波动性，也就是历史波动率（historical volatility）模型，它包括 ARCH 模型、GARCH 族模型以及随机波动率模型。第二类是隐含波动率（implied volatility）模型，它是基于期权价格来进行估算，从而研究未来市场的波动性。第三类是已实现波动率（realized volatility），它是指随着信息技术的进步，基于高频数据和相关信息计算出来的波动率。

1. 历史波动率模型

随着研究市场波动性的深入，恩格尔（Engle，1982）提出了自回归条件异方差模型。通过大量的研究和探讨，众多学者发现该模型有一定的缺点。因此博勒斯列夫（Bollerslev，1986）提出了该模型的扩展形式，用来描述金融行业时间序列分析的波动性。

国内外学者通过不断的研究和学习，发现了相对于 ARCH 模型，GARCH 模型有着比较独特的优势。例如，GARCH 模型可以将波动性视为过去信息内容集的明确含义，并且以此获得了满足条件的似然函数。通过分析，它的相关参数可以用资产价格的数据计算出来，这些都避免了在计算过程中，因为模型而造成的误差，并且该模型还是连续时间模型中的一种精确度比较高的离散逼近模型。虽然 GARCH 模型有一定的优点，但是该模型也有一定的缺点。例如，在进行假设相关收益和方差的扰动项时，人们发现随机波动率模型的不稳定性并不来自资产价格这一个因素，还有可能来自其他因素，因为该模型在进行运算的过程中，并不能完全考虑到市场上所有的风险因素，因此该模型也不能够全面地阐述与波动率相关的风险溢价。国内也有许多的学者进行了相关模型的研究，其中对于 GARCH 模型的研究主要是集中在股市的波动性方面。

在对 GARCH 模型进行分析和研究之后，相关学者发现随机波动率模型（SV）有一些不同之处，如在进行波动率预测的过程中加入一个新的干扰项，并且这个干扰项和收益率的干扰项是有一定的联系，这样的随机波动率模型也有一定的优点，它可以很好地描述波动率的平均值回归，在研究过程中，对于资产收益和波动率之间的“杠杆效应”，随机波动率模型可以很好的拟合和处理，并且对于表达收益率的偏差也有非常重要的作用。同样地，随机波动率模型也有不足之处，因为随机波动率模型在研究和预测的过程中加入了新的干扰项，但是波动率是一个潜在的独立变量，并不能每时每刻观察到，必须通过高维积分来处理相关的似然函数，从而导致构造似然函数的过程比较复杂，这又加大了估计参数的难度。随机波动率模型一般用来研究期权定价相关方面的问题，但是这种模型有一定的缺陷，它需要很多的假设，当其中一种假设不严谨或者不符合实际情况时，这时候的误差将会非常大。

2. 隐含波动率模型

波动率的第二种阐述方法来自期权定价相关数据，该类波动率模型称为隐含波动率模型，由于隐含波动率是根据期权价格进行计算的，本章只做简单的介绍。隐含波动率是对价格的真实预测，从某一种程度上来说，可以理解为，隐含波动率的交易其实就是代表着期权市场发生的交易，它所反映的就是真实的价格。基于期权价格定价公式，拉塔内和伦德尔曼（Latane & Rendleman，1976）提出隐含波动率模型，当期权市场上的交易价格发生变化时，学者们通过对价格的变化，可以推断出未来市场价格将会发生变化，因此该模型也主要用来预测期权价格。随着研究股市的深入，隐含波动率越来越受到重视。巴杰和罗切（Bajeux & Rochet，1996）为了证明前人所提出的隐含波动率和期权价格有关联，分别进行了研究分析，结果表明，隐含波动率和期权价格之间存在对应关系。通过对于外汇期权的隐含波动率分析，在期限一定的情况下，处于价内和价外期权的隐含波动率高于平价期权，即“波动率微笑之谜”，通过对其进行研究，巴希和曹（Bakshi & Cao，1997）发现了隐含波动率更为复杂的“假笑”或偏斜形状。

国内对于隐含波动率的研究也有一定的发展。魏宇等（2010）以沪深 300 期货指数作为样本数据，进行了波动率的预测，并且在预测分析的过程中，发现常用于股市波动价格预测的 GARCH 模型以及将已实现波动率作为真实值的 GARCH 模型，都有一定的缺陷，这些模型并不能对选取的样本数据作出精准度较高的预测。黄金波和王天娇（2024）从上证50ETF期权价格中提取了无模型隐含波动率，推导和判定波动率风险的系统性。此外，隐含波动率存在期限结构相关问题，对于这些研究，因为相关的理论和模型都是处于不断完善的过程中，只有结合我国的实际情况，才能选取适合的模型和理论，从而进一步的研究分析。隐含波动率的研究过程中，包含了许多的市场价格信息，它包含的信息相对于其他波动率模型是比较多的，并且隐含波动率主要是对期权市场的价格进行预测分析。通过研究发现，对于中长期的波动率预测，采用隐含波动率模型的效果比较好，并且这已经成为金融工程领域里面一个重要的研究课题。

3. 已实现波动率模型

对于已实现波动率模型，现有研究大多数是以每日的数据作为样本数据进行相关分析，然后以GARCH族模型或者随机波动率模型作为基础模型，结合似然函数方法或者贝叶斯方法来进行相关的预测计算。但是在研究的过程中发现，因为波动率具有一些“尖峰厚尾”的特征，采用的模型并不能很好地将波动率的特征给表现出来，因此对于预测波动率方面需要更多的改进模型和相关数据。而随着大数据的发展，现在除了日度数据以外，还有月度数据和季度数据等。为了比较哪一种模型或者数据更好，可以进行多次的预测和模型拟合，因为对于数据的获取更加方便和全面，也加快了已实现波动率模型的发展。已实现波动率是基于非参数方法计算得到的，采用高频数据比采用低频数据的效果更好，这也是现代学者研究的重点。

默顿（Merton，1980）通过对数据的不同取样，发现了当取样次数足够高的时候，任意区间的方差都可以通过收益率平方和来得到精确的估计。随着学者的不断研究发现，当采用高频率的样本数据，如收益率来进行预测波动分析时，这个时候的预测结果较精准，前提是该方法和模型下，不考虑误差。因为在预测过程中，影响预测结果的因素有很多，所以通过该方法得到的已实现波动率并没有明显的波动效应。已实现波动率模型在预测的过程中要好于 GARCH 模型，能够弥补 GARCH 模型在预测过程中的缺点，所以已实现波动率模型在广大领域中都得到了应用。梅利诺和特恩布尔（Melino & Turnbull，1990）采用已实现波动模型研究了股票市场的波动率，其结果在高频数据的样本下，已实现波动率模型具有较强的拟合能力。

针对不同的研究领域以及对象，各个波动率的研究以及预测的模型都是不同的，因此需要根据不同的研究对象，选择合适的波动率模型进行研究分析，例如，切尔基克和厄金（Celik & Ergin，2014）经过相关的实证研究分析，表明了基于高频数据，采用已实现波动率模型的预测结果跟真实值更加接近，要优于采用 GARH 模型得到的结果。另外，加尔格和维普尔（Garg & Vipul，2015）就基于已实现波动率模型研究了短期样本数据波动性的表现。其结果表明，采用已实现波动率模型预测得到的结果要明显优于其他波动率模型得到的预测效果。在对我国股市的价格波动研究时，为了保证估计值的准确性，徐正国和张世英（2004）对已实现波动率的有效性进行了调整，唐勇和张世英（2007）提出了在考虑极大值和极小值的情况下的已实现极差波动率。基于已实现波动率，有学者对股市异常时序进行检测（朱映秋和张波，2023）、对投资组合进行优化（钱龙等，2023）。潘娜等（2023）实证检验了我国 A 股市场 15 年的高频交易数据，分析已实现波动、偏度、峰度和股票未来收益的关系。这些研究理论都推动了我国对于已实现波动率的研究发展。

因为已实现波动率是在日波动率一致性的前提下进行连续观察和测度的，所以不存在测量的偏差，但是因为在金融市场中，存在很多的变换因素，如受到交易频率的影响，所以得到的观测值一般都是离散的而非连续的。通过大量的实践表明，当样本的抽样次数越大的时候，离散就越接近连续值，那么已实现波动率的预测估计效果也会更好。相对于其他模型，已实现波动率模型操作比较简单，并且所包含的信息相对于其他模型来说比较全面，并且已实现波动率模型在进行预测估计样本的时候，有着更好的拟合效果。

随着金融计量学的不断发展，已实现波动率在该领域的使用也越来越多，在研究最初的阶段，因为缺乏梳理以及条件限制，高频数据的获取较为困难。所以当时的研究对象主要是低频数据，这和已实现波动率进行预测的前提是矛盾的，随着信息技术的快速发展，高频数据的获取渠道越来越多，对于数据的处理梳理越来越熟练，已实现波动率的使用也越来越广泛，从而进一步推动了金融市场和已实现波动率的发展。

第二节　贝叶斯方法

贝叶斯统计学发展迅速，它的发展依赖于信息技术的快速发展。在贝叶斯方法计算过程中，最常用的模拟计算方法是马尔可夫链蒙特卡罗模拟（MCMC），该方法的核心是抽样技术，其中抽样技术主要包括 Metropolis - Hastings（MH）算法和 Gibbs 算法。

通常 Gibbs 抽样的实现必须是后验相对密度的全面标准分析，但是在分析 GARCH 模型差异回归过程中，对于该分析是否可用，已有学者对该问题提出了研究。鲍文斯和卢布拉诺（Bauwens & Lubrano，2000）研究了一维可预测性积分与 Gibbs 抽样的结合，并将这种研究方法应用到后验相对密度，这些研究后来就形成了 Griddy - Gibbs 算法。首先预算出相关模型的主要参数，然后进行逆变换，从协同后验中获得主要的参数简单随机采样值。这种方法经过不断的探讨和研究，被证明是可行的。并且预算过程简单，效率更好，正好弥补了 MH 算法的缺点。

Griddy - Gibbs 方法是 Gibbs 抽样方法中的一种。而马尔可夫链蒙特卡罗模拟使用最广泛的数值积分方法，本质上是使用马尔可夫链进行蒙特卡罗积分。这是一个对马尔可夫链的模拟，这条模拟的链的稳定性和后验分布性是非常的相似。根据预先迭代的周期更新后，可以将马尔可夫链模拟的值视为从后验分布派生过来的单个样本，有很多种方法来构建这种马尔可夫链。由于 GARCH 模型无法获得全面的标准分析方法，因此，当采用 Gibbs 抽样方法时，无法完成对 GARCH 模型的贝叶斯估计。对此，有学者提出了 Griddy – Gibbs 抽样方法，因为 Griddy – Gibbs 方法能够对于马尔可夫链进行模拟，通过对马尔可夫链的模拟以及处理，通过该抽样方法能够对 GARCH 模型进行贝叶斯参数估计。在特定应用的整个过程中，通常使用的扩展不是单个变量。尽管 Gibbs 抽样将多个自变量的采样问题解决了，但是散布多个自变量的方法并不是最常用的方法。

总体来讲，特别是与欧美国家相比，贝叶斯统计在中国的应用趋势仍属于初级发展阶段。关键是以下几个方面，首先，现阶段中国大部分的统计分析作品或期刊文章都使用了频率类型的见解。很少有参考文献可以严格而系统地描述贝叶斯方法，这也就导致了对于贝叶斯方法并不是每个人都了解，并且主要参数不是全部都是先验的，先验的选择通常会影响主要参数，并且在分析贝叶斯的过程和计算时，都是比较困难的，尤其是在高维空间数据的统计分析中，由于缺乏相应的经验和软件开发技术，从而导致贝叶斯方法在实际问题中解决问题的能力下降，国内外学者通过对 MH 算法以及 Gibbs 抽样方法和 Griddy – Gibbs 方法的研究，也完善了贝叶斯相关的理论发展，为我国学者继续研究提供了理论支持。对于 GARCH 模型，Griddy – Gibbs 方法同样适合低纬度模型的拟合，并且拟合效果更好。与似然函数方法相比，该方法的计算效率更好，思路也更加简洁。

在贝叶斯框架下，将参数设定为随机变量，并且由先验分布来确定其分布特征。后验分布是通过先验分布和似然函数得到的，并且参数推断依据的是后验分布。MCMC 方法解决的就是数值积无从下手的模型，通过建立平稳分布为目标分布的马尔可夫链，以此得到来自目标分布的样本，这是 MCMC 方法的基本思想。当抽样足够多时，且在遍历性定理的保证下，样本均值可以收敛到其期望值，进一步根据平稳分布作出贝叶斯后验与期望的相关统计推断。Gibbs 抽样、Metropolis – Hastings 算法以及处理非线性参数的 Griddy – Gibbs 算法是 MCMC 方法中最为基本的采样方法。

Gibbs 抽样方法在高维随机变量的模拟中发挥了重要的作用，假定向量 $X=(X_1, X_2, \cdots, X_n)$ 的概率密度为 $\pi(x)$，在给定 $X'_{-T}=X_{-T}$ 的条件下，定义如下随机变量：

$$X'=(X'_1, X'_2, \cdots, X'_n) \tag{3.1}$$

而 X'_{-T} 具有密度函数 $\pi(X'_T|X_{-T})$，则对任一测度空间中的可测集 B，有：

$$P\{X' \in B\} = \int_B \pi(x'_{-T})\pi(x'_T|x'_{-T})dx' = \int_B \pi(x')dx' = \pi(B) \tag{3.2}$$

则可以得到，X' 的概率密度函数与 X 的概率密度函数相同，均为 $\pi(x)$。通过上面的原理，构造了一个由 X 到 X' 的转移核，规定平稳分布为 $\pi(x)$。这样进行的 MCMC 抽样方法称为 Gibbs 抽样。单元素 Gibbs 抽样是数量空间 T 中仅有单一元素。若 $T=\{i\}$，单元素 Gibbs 抽样要求在给定 $x_1, \cdots, x_{i-1}, x_{i+1}, \cdots, x_n$ 下，由 x_i 关于 $(x_1, \cdots, x_{i-1}, x_{i+1}, \cdots, x_n)$ 的满条件分布抽样。假设 X 具有密度函数 $\pi(x)$，对 X 进行 Gibbs 抽样的步骤如下：

首先从初始值 $x^{(0)}=(x_1^{(0)}, x_2^{(0)}, \cdots, x_n^{(0)})$ 出发，假定第 t 次迭代开始的时候抽样值为 $x_1^{(t-1)}$，则从第 t 次迭代过程可以表示为：

第 1 步：从满足条件分布 $\pi(x_1|x_2^{(t-1)}, \cdots, x_n^{(t-1)})$ 中抽取 $x_1^{(t)}$；

……

第 i 步：从满足条件分布 $\pi(x_i|x_1^{(t)}, \cdots, x_{i-1}^{(t)}, x_{i+1}^{(t-1)}, \cdots, x_n^{(t-1)})$ 中抽取 $x_i^{(t)}$；

……

第 n 步，从满足条件分布 $\pi(x_n|x_1^{(t)}, \cdots, x_{n-1}^{(t)})$ 中抽取 $x_n^{(t)}$，$x^{(t)}=(x_1^{(t)}, x_2^{(t)}, \cdots, x_n^{(t)})$，则 $x^{(1)}, \cdots, x^{(t)}, \cdots$ 为 n 维马尔可夫链的实现，其由 x 到 x' 的转移概率密度函数为：

$$p(x, x')=\pi(x_1|x_2, \cdots, x_n)\pi(x_2|x'_1, x_3, \cdots, x_n), \cdots, \pi(x_n|x_1, \cdots, x'_{n-1}) \tag{3.3}$$

根据以上步骤，容易得到 $\pi(x)$ 为此马尔可夫链的平稳分布。

Metropolis – Hastings 算法的主要思想为：任意选择具有不可约转移概率 $q(\cdot, \cdot)$ 的马尔可夫链，以及一个函数 $\alpha(\cdot, \cdot)$，对任意状态 (x, x')，定义：

$$p(x, x') = q(x, x')\alpha(x, x'), \quad x \neq x' \tag{3.4}$$

则 $p(x, x')$ 形成一个转移核。根据目前的情况出发，假定 t 时状态为 $X_t = x$，则根据某个任意选定的建议分布 $q(\cdot \mid x)$ 产生下一候选状态 $x \to x'$，随之根据构造的 M – H 比率 $\alpha(x, x')$ 决定是否转移。Metropolis 选择、独立抽样、单元素 Metropolis – Hastings 等三种方法是算法执行过程中分布 $q(x, x')$ 的选择。单元素 Metropolis – Hastings 算法的特殊形式可以看作 Gibbs 抽样，在 Metropolis – Hastings 中取 $q(x' \to x)$ 为 $\pi(x_i \mid x_{-i})$，此时，$\alpha(x' \to x) = 1$，当利用 Gibbs 抽样时，$\pi(x_i \mid x_{-i})$ 在抽样过程中可能十分复杂，但 Metropolis – Hastings 算法在抽取过程中比较方便，而且灵活性也很强，可以将建议分布选取为容易抽取的分布，因而利用 MCMC 方法时可以将诸多方法结合起来。

因为对联合后验分布函数解析形式的要求，贝叶斯 MCMC 方法中的 Gibbs 抽样方法，不能实现对 GARCH 模型的估计。因为 Griddy – Gibbs 技巧在二元后验分布的抽样中使用并且取得了比较好的结果，因此采用该方法能够完成 GARCH 模型的贝叶斯估计，并且在重要性抽样、M – H 和 Griddy – Gibbs 抽样三种方法中，Griddy – Gibbs 抽样的方法更加灵活，其具体的抽样方法如下：

将参数 θ 分为三个部分：$\theta = (\theta_1, \theta_2, \theta_3) = (\mu, \alpha, \beta)$，即 θ_{-i} 表示参数空间去掉第 i 个参数 θ_i 后的其余参数，选取与似然函数具有相同核密度的函数作为参数的先验分布。给定初始值 $\theta^0 = (\mu^{(0)}, \alpha^{(0)}, \beta^{(0)})$ 后，假定第 t – 1 次迭代的开始值为 $\theta^{(t-1)} = (\mu^{(t-1)}, \alpha^{(t-1)}, \beta^{(t-1)})$，则第 t 次迭代过程如下：

沿着格子 $(\theta_{i1}, \theta_{i2}, \cdots, \theta_{iG})$ 计算 $k_i(\theta_i \mid Y, \theta_{-i}^{(i-1)} \mid)$，$(i = 1, 2, 3)$，可以得到向量 $G_{ki} = (k_{i1}, k_{i2}, \cdots, k_{iG})$，其中：

$$k_i(\theta_i | Y, \theta_{-i}^{(i-1)} |) \propto k(\theta_i) \prod_{i=1}^{T} \left\{ \frac{1}{\sqrt{2\pi}\sigma_t} \exp\left[-\frac{(y_t - x_t')^2}{2\sigma_t^2} \right] \right\} \quad (3.5)$$

利用点集 G_{k_i}，可以计算 $G_{\Phi_i} = (0, \Phi_{i2}, \cdots, \Phi_{iG})$，其中：

$$\Phi_{ij} = \int_{\theta_{i1}}^{\theta_{ij}} k_i(\theta_i | Y, \theta_{-i}^{(t-1)} |) d\theta_i, \ j = 2, \cdots, G \quad (3.6)$$

由 $U(0, \Phi_{iG})$ 产生 u，对 $\Phi_i(\theta_i | Y, \theta_{-i}^{(i-1)} |)$ 进行逆变换，通过数值插值得到点：

$$\theta_i^{(t)} \sim k_i(\theta_i | Y, \theta_{-i}^{(t-1)} |) \quad (3.7)$$

重复上述步骤得到：$\theta_i = (\theta_i^{(1)}, \theta_i^{(2)}, \cdots, \theta_i^{(N)})$，可以用它来估计 GARCH 模型的参数 $\theta = (\theta_1, \theta_2, \theta_3) = (\mu, \alpha, \beta)$：

$$E(f(\theta_i')) = \frac{1}{N-m} \sum_{i=m+1}^{N} f(\theta_i^{(t)}) \quad (3.8)$$

随机动力学方程的贝叶斯

本章节重点介绍了一种用于估计随机动力系统中未知参数的先进贝叶斯方法。这种方法的核心在于应用统计物理中的 Fokker - Planck 方程来计算所谓的准定态概率密度函数，这一步骤在理解和建模动力系统的随机行为中至关重要。具体来说，Fokker - Planck 方程提供了一个强大的框架，用于描述动力系统中各状态的时间演化，从而能够准确地描绘出系统状态随时间变化的概率分布。

为了有效地进行贝叶斯估计，本章提出了一种结合了 Gibbs 采样器和 MH 算法的混合算法。这一方法的创新之处在于它结合了两种算法的优点，即 Gibbs 采样器在处理高维问题时的效率以及 MH 算法在探索参数空间时的随机性和灵活性。通过这种混合策略，算法能够更加高效和准确地探索复杂的参数空间，从而提供更为精确的贝叶斯估计。贝叶斯估计方法代表了一种强大且灵活的工具，不仅能够提供对动力系统参数的精确估计，还能够增进对复杂系统行为的理解。通过仿真研究的验证，该方法证明了其在实际应用中的潜力和有效性，为未来在更广泛领域内的应用奠定了基础。

为了验证所提方法的有效性和准确性，进行了三个仿真研究。这些研究涉及的是随机微分方程系统（SDES），是理解和建模现实世界中许多复杂系统动态行为的关键工具。研究结果表明，该贝叶斯方法能够非常准确地估计出未知参数，这一点从未知参数的贝叶斯估计值与其真实值的接近程度以及相应的小标准预测值可以看出。这一结果对于涉及需要精确参数估计的复杂动力系统的实际应用来说，具有重要意义。此外，本章的研究还指出，归一化参数的计算精度对贝叶斯估计的准确性有着显著影响，这表明，在实施此类贝叶斯估计方法时，对归一化参数的精确计算至关重要。精确的归一化参数计算不仅提高了估计结果的可靠性，而且增强了整个方法在各种应用领域的适用性和有效性。这一发现对改进和优化贝叶斯估计方法，特别是在高度不确定和复杂的系统中的应用，提供了重要的指导。

第一节　随机动力学简介

随机动力学源于20世纪初爱因斯坦（Einstein）等定量描述布朗运动的努力，20世纪40年代至60年代，相继发展了随机噪声理论，随机振动及随机结构动力学，以满足通信、航空航天、机械、土木及海洋等工程的需求。20世纪80年代初，从地球冰期的周期性研究中发现了随机共振现象，其后发现许多系统中都存在类似现象。近10年来，研究发现噪声在非线性系统中往往起着积极的作用，从而在化学与生物学中，随机学迅速发展起来。噪声诱发的、噪声支持的及噪声提高的效应有可能为神经系统中的信息传输、脑中信息处理、细胞水平上的过程及酶反应等某些悬而未决问题提供解释。另一方面，自20世纪60年代，数学家发展了随机稳定性和随机最优控制理论。近年来，随机分析与随机最优控制理论越来越多地被应用于经济与金融领域。自20世纪80年代数学家又发展了随机动态系统理论，包括随机分岔理论。线性系统的随机动力学与控制理论已于20世纪70年代趋于成熟，非线性系统的随机动力学与控制也已有相当多的理论方法，但尚存在许多困难有待人们去解决。

随机动力学中，马尔可夫（Markov）过程是一种比较重要的过程，主要是由于它能应用到许多实际随机过程的模型，并且已有的马尔可夫过程理论可以容易解决各种困难的随机问题，也比较容易生成和模拟。在金融系统中随机建模中常常用到随机动力学的马尔可夫过程。如果用 $X(t)$ 来表示马尔可夫过程，并且过程 X 的值和参数 t 都是离散的，那么就将它称为马尔可夫链。倘若 X 是连续的，而 t 是离散的，那么就称它为马尔可夫序列。在实际应用中由于 X 的值与参数 t 都是连续的，因此通常称为马尔可夫过程。

一、马尔可夫过程

如果一个随机过程只具有短暂记忆，也就是当下状态只受最近环境的影响，这类过程统称为马尔可夫过程。一个随机过程 $X(t)$ 如果称为马尔可夫过程，那么它的条件概率应该满足：

$$\begin{aligned} &P[X(t_n)\leqslant x_n \mid X(t_{n-1})\leqslant x_{n-1},\ \cdots,\ X(t_1)\leqslant x_1] \\ &=P[X(t_n)\leqslant x_n \mid X(t_{n-1})\leqslant x_{n-1}] \end{aligned} \tag{4.1}$$

其中 $t_1<t_2<\cdots<t_n$，随机过程 $X(t)$ 为马尔可夫过程的充分条件是它在不重叠的两个时间区间上的增量是独立的。也就是说，如果 $t_1<t_2\leqslant t_3<t_4$，那么 $[X(t_2)-X(t_1)]$ 与 $[X(t_4)-X(t_3)]$ 独立。如果 $X(t)$ 是一个高斯过程，那么两个增量不相关，也就是两个增量将满足：

$$E\{[X(t_2)-X(t_1)][X(t_4)-X(t_3)]\}=0,t_1<t_2\leqslant t_3<t_4 \tag{4.2}$$

对马尔可夫过程而言，还可以通过下列概率密度函数来表示：

$$p(x_n,\ t_n \mid x_{n-1},\ t_{n-1};\ \cdots;\ x_1,\ t_1)=p(x_n,\ t_n \mid x_{n-1},\ t_{n-1}) \tag{4.3}$$

利用条件概率密度的性质，可得到下式：

$$\begin{aligned} &p(x_1,\ t_1;\ x_2,\ t_2;\ \cdots;\ x_n,\ t_n) \\ &=p(x_n,\ t_n \mid x_{n-1},\ t_{n-1} \mid x_{n-2},\ t_{n-2}),\ \cdots,\ p(x_1,\ t_1) \end{aligned} \tag{4.4}$$

通过上述的分析和推导可以发现，高阶概率密度可以通过初始概率密度和条件概率密度获得。换句话说，马尔可夫过程完全由它的条件概率密度和初始概率密度来表述。

初始概率密度包括初始状态是固定，也就是初始概率密度是狄拉克δ函数的情况。量化马尔可夫过程 $X(t)$，条件概率密度 $p(x_k, t_k | x_j, t_j)$ 在量化马尔可夫的过程中是最重要的。条件概率密度又称为转移概率密度，如果它的转移概率密度不随时间的平移而改变，那么称该马尔可夫过程是平稳的，也就是对任一时间平移 Δt_1 个单位：

$$p(x_k, t_k | x_j, t_j) = p(x_k, t_k + \Delta t | x_j, t_j + \Delta t) = p(x_\tau, \tau | x_0, 0) \tag{4.5}$$

其中 $\tau = t_k - t_j$，x_T 和 x_0 分别是 $X(\tau)$ 和 $X(0)$ 的状态变量。这个时候，平稳概率密度可以通过转移时间区间趋近于无穷获得，也就是

$$P(x) = \lim_{\tau \to \infty} P(x, \tau | x_0, 0) \tag{4.6}$$

上面介绍的标量马尔可夫过程很容易推广到矢量马尔可夫过程：

$$X(t) = [X_1(t), X_2(t), \cdots, X_n(t)^T] \tag{4.7}$$

是 n 维的矢量马尔可夫过程，它应该满足：

$$p(x_n, t_n | x_{n-1}, t_{n-1} | x_{n-2}, t_{n-2}), \cdots, p(x_1, t_1) = p(x_n, t_n | x_{n-1}, t_{n-1}) \tag{4.8}$$

需要注意的是，矢量马尔可夫过程的分量可以是也可以不是标量马尔可夫过程。福克 - 普朗克 - 柯尔莫哥洛夫方程考虑三个时刻 $t_1 < t < t_2$，可以得到：

$$p(x_2, t_2 | y, t | x_1, t_1) = p(x_2, t_2 | y, t) p(y, t | x_1, t_1) \tag{4.9}$$

对 y 积分可得：

$$p(x_2, t_2 | x_1, t_1) = \int p(x_2, t_2 | y, t) p(y, t | x_1, t_1) dy \tag{4.10}$$

上式就是著名的查普曼柯尔莫哥洛夫斯莫拉伍斯基方程，它是决定转移概率密度的积分方程。为了更好地理解，上式可转换成等价的微分方程，即福克普朗克柯尔莫哥洛夫（Fokker - Planck - Kolmogorov，FPK）方程式，该方程可以表达为：

$$\frac{\partial}{\partial t}p+\sum_{j=1}^{n}\frac{\partial}{\partial x_j}(a_jp)-\frac{1}{2}\sum_{j,k=1}^{n}\frac{\partial^2}{\partial x_j\partial x_k}(b_{jkp})+\frac{1}{3!}\sum_{j,k,l=1}^{n}\frac{\partial^3}{\partial x_j\partial x_k\partial x_l}(c_{jklp})-\cdots=0 \tag{4.11}$$

其中 $p=p(x,\ t|x_0,\ t_0)$ 是转移概率密度，其余参数设置参考朱位秋和蔡国强（2017）所做的研究。当马尔可夫扩散过程到达平稳状态时，它的平稳概率密度就是转移概率密度的极限，从而可以得到简化的FPK 方程：

$$\sum_{j=1}^{n}\frac{\partial}{\partial x_j}(a_jp)-\frac{1}{2}\sum_{j,k=1}^{n}\frac{\partial^2}{\partial x_j\partial x_k}(b_{jkp})=0 \tag{4.12}$$

$p=p(x)$ 是平稳概率密度，a_j 与 b_{jk} 和时间 t 无关，上式又可改写成为：

$$\sum_{j=1}^{n}\frac{\partial}{\partial x_j}G_j=0 \tag{4.13}$$

$$G_j=a_jp-\frac{1}{2}\sum_{k=1}^{n}\frac{\partial}{\partial x_k}(b_{jkp}) \tag{4.14}$$

二、柯尔莫哥洛夫后向方程

FPK 方程中，$p(x,\ t|x_0,\ t_0)$ 代表的未知函数是 t 和 x 的函数，而 t_0 与 x_0 是参数。FPK 方程也称为柯尔莫哥洛夫前向方程，因为方程中的 $\frac{\partial p}{\partial t}$ 项是关于后一时间 t 的导数，与后一时间 t 相应的状态变量 x 称为前向变量。此外，$p(x,\ t|x_0,\ t_0)$ 也可以看作 t_0 与 x_0 的函数，t 与 x 则被看作参数。柯尔莫哥洛夫后向方程的具体推导可以为（Lin & Car，2004）：

$$\frac{\partial p}{\partial t_0}+\sum_{j=1}^{n}a_j\frac{\partial p}{\partial x_j}+\frac{1}{2}\sum_{j,k=1}^{n}b_{jk}\frac{\partial^2 p}{\partial x_{j0}\partial x_{k0}}+\frac{1}{3!}\sum_{j,k,l=1}^{n}c_{jkl}\frac{\partial^3 p}{\partial x_{j0}\partial x_{k0}\partial x_{l0}}+\cdots=0 \tag{4.15}$$

上式中 a_j，b_{jk}，c_{jkl}，…还是导数矩，只是它们是 x_0 与 t_0 的函数。对于马尔可夫扩散过程而言，上式可以转化为：

$$\frac{\partial p}{\partial t_0}+\sum_{j=1}^{n}a_j(x_0, t_0)\frac{\partial p}{\partial x_{j0}}+\frac{1}{2}\sum_{j,k=1}^{n}b_{jk}(x_0, t_0)\frac{\partial^2}{\partial x_{j0}\partial x_{k0}}=0 \quad (4.16)$$

上两式被称为柯尔莫哥洛夫后向方程，其中 x_0 被称为后向变量。

三、维纳过程

维纳（Wiener）过程可以看作简单的马尔可夫扩散过程，也称为布朗运动，以 B(t) 表示一个随机过程，如果满足：

①B(t) 是一个高斯过程；

②$B(0)=0$；

③$E[B(t)]=0$；

④$E[B(t)_1 B(t)_2]=\alpha^2\min(t_1, t_2)$。

其中 α^2 称为维纳过程的强度，上述式子说明维纳过程不是平稳过程。假设 $t_1<t_2<t_3<t_4$，可以得到：

$$\begin{aligned}&E\{[B(t_2)-B(t_1)][B(t_4)-B(t_3)]\}\\&=E[B(t_2)B(t_4)-B(t_1)B(t_4)-B(t_2)B(t_3)+B(t_1)B(t_3)]\\&=\sigma^2(t_2-t_1-t_2+t_1)=0\end{aligned} \quad (4.17)$$

其相关函数在对角线 $t_1=t_2$ 上连续，因此 B(t) 在时间长度 L_2 上连续。此外，可求得导数 B(t) 的相关函数：

$$\begin{aligned}&E[B(t)_1 B(t)_2]=\frac{\partial^2}{\partial t_1\partial t_2}E[B(t)_1 B(t)_2]\\&\sigma^2\frac{\partial^2}{\partial t_1\partial t_2}\min(t_1, t_2)=\sigma^2\frac{\partial H(t_2-t_1)}{\partial t_2}=\sigma^2\delta(t_2-t_1)\end{aligned} \quad (4.18)$$

其中 H(t) 是赫维赛德单位阶跃函数：

$$H(t)=\begin{cases}1, & t>0\\0, & t<0\end{cases} \quad (4.19)$$

由于维纳过程 B(t) 是高斯过程，所有高于二阶的导数矩为零，所以它是扩散过程，其 FPK 方程为：

$$\frac{\partial}{\partial t}-\frac{1}{2}\sigma^2\frac{\partial^2 p}{\partial z^2}=0 \quad (4.20)$$

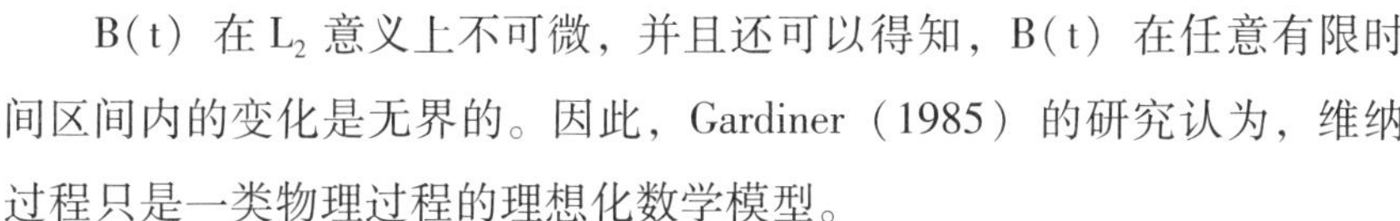

B(t) 在 L_2 意义上不可微，并且还可以得知，B(t) 在任意有限时间区间内的变化是无界的。因此，Gardiner（1985）的研究认为，维纳过程只是一类物理过程的理想化数学模型。

四、随机动力方程

近年来，许多统计方法已经发展到分析 SDES。例如，怀默（Wymer，1972）开发了一个精确的离散模型，用于对利率系统进行计量经济学估计，海厄姆（Higham，2001）提出了一个对利率系统进行数值模拟的算法介绍，吉特和卢布拉诺（Giet & Lubrano，2008）通过利率系统获得了连续时间利率模型的最小 Hellinger 距离估计，托洛茨基（Lototsky，2009）提出了一种谱方法来对利率系统进行统计推断。狄原和吉田（Ogihara & Yoshida，2011）给出了具有跳跃的 SDE 的拟似然分析，利西和皮莱（Lysy & Pillai，2013）讨论了离散 SDE 的统计推断，库切尔和索伦森（Küuchler & Sørensen，2013）考虑了仿射延迟 SDE 离散时间观测值的统计推断，申和徐（Shen & Xu，2014）提出了估计小噪声驱动的 SDE 漂移参数的最小二乘方法，木田和内田（Kamatani & Uchida，2015）研究了基于采样数据的 SDE 遍历扩散过程的漂移和扩散系数的估计问题，克莱龙和萨姆桑（ClaIron & Samson，2019）提出了一种完全数据驱动的方法来估计漂移和扩散系数参数。

然而，上述方法主要是针对具有离散观测的 SDE 而开发的。一些研究考虑了 SDE（Giet & Lubrano，2008；Leander et al.，2014）的 Fokker－Planck 方程，但仅限于用 Fokker－Planck 方程的差分近似计算跃迁几率密度。近几十年来，随着数学软件的发展，贝叶斯统计方法在许多领域（Canale & Dunson，2011；Canale & Dunson，2015；Favaro，et al.，2012；Cai et al.，2020）得到了广泛的应用和研究。贝叶斯范式非常灵活，它能够解决频率主义技术无法解决的问题。将贝叶斯方法应用于统计物理动力学模型的参数估计，具有很好的意义。例如，唐纳等（Donnet et al.，2010）讨论了使用 SDE 定义的混合模型对增长曲线进行贝叶斯分析，艾伯特等（Albert et al.，2016）开发了一种贝叶斯方法来对 SDE 进行统计推断。关于 Fokker – Planck 方程的准平稳概率密度函数的贝叶斯推断尚未被考虑，在随机动态方程中的贝叶斯方法是值得探索的。本章节中，将 Gibbs 抽样器（Gilks，1999）中的 MH 算法和统计物理方法中的 Fokker – Planck 方程相结合，建立一种贝叶斯方法对 SDE 进行统计推断。根据统计物理方法，利用 Fokker – Planck 方程的准平稳概率密度函数计算跃迁概率密度。

第二节　福克尔—普朗克（Fokker – Planck）方程

福克—普朗克（Fokker – Planck）方程是一种描述随机过程演化的偏微分方程，它在物理学和应用数学中具有很重要的作用，特别是在描述随机过程的概率密度函数演化方面，通常用来描述随机过程中随机变量的概率密度函数（PDF）的时间演化。对于一个随机过程，如果能够了解其随机变量的概率密度函数在初始时刻的状态，并且了解该随机过程的动力学规律，那么福克普朗克方程能揭示出如何根据这些信息推断随机变量的概率密度函数在未来的演化。福克普朗克方程的一般形式如下：

$$\begin{aligned}\frac{\partial p}{\partial t} &= -\sum_{i}\frac{\partial}{\partial x_i}(F_i(x)p)+\frac{1}{2}\cos\alpha+\cos\beta\\ &= 2\cos\frac{1}{2}(\alpha+\beta)\cos\frac{1}{2}(\alpha-\beta)\sum_{i,j}\frac{\partial^2}{\partial x_i\partial x_j}(D_{ij}(x)p)\end{aligned}\qquad(4.21)$$

其中，p(x，t）是随机变量的概率密度函数，x 是随机变量的取值，t 是时间。$F_i(x)$ 和 $D_{ij}(x)$ 分别是描述随机过程的漂移项和扩散项。福克普朗克方程可以根据具体问题的随机过程来进行推导，如布朗运动、随机微分方程等，在统计物理学、金融数学、化学物理学等领域都有广泛的应用。通过求解福克普朗克方程，可以得到随机过程的概率密度函数随时间的演化规律，从而更好地理解和预测随机过程的行为。

福克普朗克方程的具体形式会根据不同的随机过程和系统而有所变化。福克普朗克方程是一个广义的偏微分方程，适用于描述各种类型的随机过程。以下是一些常见的福克普朗克方程的变体。

单粒子扩散过程。对于一维或多维空间中的单粒子扩散过程，福克普朗克方程通常采用常规扩散项来描述：

$$\frac{\partial p}{\partial t}=\frac{\partial^2 p}{\partial x^2} \tag{4.22}$$

布朗运动过程。这是一种经典的随机过程，其中粒子在无规律的热运动下随时间漂移。福克普朗克方程中的漂移项可以通过布朗运动的漂移速度来表示：

$$\frac{\partial p}{\partial t}=-\mu\frac{\partial p}{\partial x}+\frac{\partial^2 p}{\partial x^2} \tag{4.23}$$

随机微分方程。对于随机微分方程描述的随机过程，福克普朗克方程会包含随机项，其中的扩散项由方差和随机变量的导数共同决定：

$$\frac{\partial p}{\partial t}=-\frac{\partial}{\partial x}(f(x)p)+\frac{1}{2}\frac{\partial^2}{\partial x^2}(g^2(x)p) \tag{4.24}$$

这些是福克普朗克方程的一些常见形式，但实际上，具体的形式取决于所研究的随机过程和系统的特性。在应用中，根据具体问题的背景和假设来推导相应的福克普朗克方程。

第三节　随机动力学方程中的贝叶斯方法

随机系统的演化可以由以下形式的伊藤微分方程描述：

$$d\mathbf{x}_t=\mu(\mathbf{x}_t,\ \theta)dt+\sigma(\mathbf{x}_t,\ \theta)d\mathbf{W}(\mathbf{t}),\ i=1,\ 2,\ \cdots,\ m \tag{4.25}$$

其中，$\mathbf{x}_t=(x_1(t),\ x_2(t),\ \cdots,\ x_m(t))^T$ 表示了 m 维宏观行为（即系统的状态），$\mathbf{W}(\mathbf{t})$ 是符合标准正态分布 $N_m(0,\ 1)$ 的 m 维 Winner 过程。

$$\mu(\mathbf{x}_t,\ \theta)=(\mu_1(\mathbf{x}_t,\ \theta),\ \cdots,\ \mu_m(X,\ \theta))^T \tag{4.26}$$

这是表征局部趋势的漂移函数的 $n\times 1$ 向量，$\sigma(\mathbf{x}_t,\ \theta)$ 是扩散函数

的 $m \times m$ 矩阵，影响系统宏观行为的平均起伏大小，$\theta = (\theta_1, \theta_2, \cdots, \theta_k)^T$ 是未知参数的 k 维向量。这里，假设 X_t 具有条件概率密度 $P(X_t | \theta)$，并且其 Fokker - Planck 方程具有如下形式：

$$\frac{\partial P(\mathbf{x}_t | \theta)}{\partial t} = -\sum_{i=1}^{m} \frac{\partial \mu_i(\mathbf{x}_t | \theta) P(\mathbf{x}_t | \theta)}{\partial x_i} + \frac{1}{2} \sum_{i=1}^{m} \sum_{j=1}^{m} \frac{\partial^2}{\partial x_i \partial x_j} \sigma_{ij}(\mathbf{x}_t, \theta) P(\mathbf{x}_t | \theta) \tag{4.27}$$

其中，$\sigma_{ij}(\mathbf{x}_t, \theta)$ 是 $-\sigma(\mathbf{x}_t, \theta)$ 的 (i, j) 分量，通过无穷远处边界$\left(即\frac{\partial P(\mathbf{x}_t | \theta)}{\partial t} = 0\right)$和令 $\mathbf{x} = \mathbf{x}_t$，可以得到如下的拟平稳概率密度函数：

$$P_s(\mathbf{x} | \theta) = N_{st} \exp\{-\Phi(\mathbf{x} | \theta)\} \tag{4.28}$$

其中 $\Phi(\mathbf{x} | \theta)$ 称为广义势，N_{st}是归一化参数。上述研究主要集中在中对 SDE 的回归解释得到的对数似然函数上，也有作者考虑应用 SDE 的 Fokker - Planck 方程（Giet & Lubrano, 2008；Leander et al., 2014）利用其差分近似得到转移概率密度。本章采用统计物理的方法，从 Fokker - Planck 方程的准平稳概率密度函数计算跃迁概率密度。由于归一化参数 N_{st}不可忽略，它是 θ 的函数，定义为：

$$N_{st}(\theta)^{-1} = \int e^{-\Phi} d^m x \tag{4.29}$$

利用 θ 的先验分布 $\pi(\theta)$，可以得到给定观测数据 $\mathbf{x}_{obs}$的未知参数向量 θ 的后验密度，这些观测数据是通过 x_t 中随机抽样 n 次重复获得的，即：

$$\mathbf{x}_{obs} = (x_t^1 x_t^2, \cdots, x_t^n) = \begin{pmatrix} x_1^1(t) & x_1^2(t), \cdots, & x_1^n(t) \\ \vdots & \vdots & \vdots \\ x_m^1(t) & x_m^2(t), \cdots, & x_m^n(t) \end{pmatrix} \tag{4.30}$$

θ 的后验密度可以写为：

$$\begin{aligned} \pi(\theta | \mathbf{x}_{obs}) &= \left\{ \prod_{i=1}^{n} Ps(x_1^i, x_2^i, \cdots, x_m^i | \theta) \right\} \pi(\theta) \\ &= \{N_{st}(\theta)\}^n \pi(\theta) \prod_{i=1}^{n} \{-\Phi(x_1^i, x_2^i, \cdots, x_m^i | \theta)\} \end{aligned} \tag{4.31}$$

一、一维系统

对于一维系统，随机系统的演化可以用以下 Langevin 方程来描述：

$$dx = \mu(x, \theta)dt + \sigma(x, \theta)dW(t) \tag{4.32}$$

其中 x 是一维宏观行为（即系统的状态），$\mu(x, \theta)$ 是表征局部趋势的漂移函数，$\sigma(x, \theta)$ 表示影响宏观行为系统波动平均大小的扩散函数，θ 是待估计的未知参数向量，$dW(t)$ 是维纳过程，服从标准正态分布 $N(0, 1)$。对于任意函数 $f(x, \theta)$，使用伊藤公式得到：

$$\left\langle \frac{df(x, \theta)}{dt} \right\rangle = \left\langle \mu(x, \theta)\partial_x f + \frac{1}{2}\sigma(x, \theta)^2 \partial_x^2 f \right\rangle \tag{4.33}$$

其中〈·〉表示期望值，$\partial_x f = \frac{\partial f}{\partial x}$，$\partial_x^2 f = \frac{\partial^2 f}{\partial x^2}$。假设 x 具有条件概率密度 $P(x, t|x_0, t_0, \theta)$，其 Fokker－Planck 方程的形式如下：

$$\frac{\partial P(x, t|x_0, t_0, \theta)}{\partial t} = -\frac{\partial \mu(x, \theta)P(x, t|x_0, t_0, \theta)}{\partial x} + \frac{1}{2}\frac{\partial^2 \sigma(x, \theta)^2 P(x, t|x_0, t_0, \theta)}{\partial x^2} \tag{4.34}$$

在初始位置积分之后，上式化简为：

$$\frac{\partial P(x|\theta)}{\partial t} = -\frac{\partial \mu(x, \theta)P(x|\theta)}{\partial x} + \frac{1}{2}\frac{\partial^2 \sigma(x, \theta)^2 P(x|\theta)}{\partial x^2} \tag{4.35}$$

在无穷远处的边界$\frac{\partial P(x|\theta)}{\partial t} = 0$，得到以下拟平稳概率密度函数：

$$P_s(x|\theta) = \frac{N}{\sigma(x, \theta)^2}\exp\left\{2\int^x \frac{\mu(z, \theta)}{\sigma(z, \theta)^2}dz\right\} \tag{4.36}$$

其中 N 是归一化参数，并且是 θ 的函数。给定 θ 的先验 $\pi(\theta)$ 以及 n 个观测值 $x_{obs} = (x_1, x_2, \cdots, x_n)$，$\theta$ 的后验密度由下式给出：

$$\begin{aligned}\pi(\theta|x_{obs}) &= \pi(\theta)\prod_{i=1}^{n} P_s(x_i|\theta) \\ &= \{N(\theta)\}^{2n}\pi(\theta)\prod_{i=1}^{n}\frac{1}{\sigma(x_i, \theta)^2}\exp\left\{2\int^{x_i}\frac{\mu(z, \theta)}{\sigma(z, \theta)^2}dz\right\}\end{aligned} \tag{4.37}$$

（一）一维系统单参数

在过去的几十年里，随机系统在物理学中被广泛应用。当考虑布朗粒子在具有加性噪声的位势中的过阻尼运动时，将双稳系统定义为：

$$dx = (x - x^3)dt + \theta dW \tag{4.38}$$

其中，θ 是扩散强度。相应的 Fokker - Planck 方程具有以下形式：

$$\frac{\partial P(x|\theta)}{\partial t} = \frac{\partial(x - x^3)P(x|\theta)}{\partial x} + \frac{1}{2}\frac{\partial^2\{\theta^2 P(x|\theta)\}}{\partial x^2} \tag{4.39}$$

考虑无穷远处的边界（即$\partial P(x|\theta)/\partial t = 0$），对应的拟平稳概率密度函数可以表示为：

$$P_s(x|\theta) = N(\theta)\exp\left(2\int^x \frac{z - z^3}{\theta^2}dz\right) = N(\theta)\exp\left(\frac{x^2 - x^4/2}{\theta^2}\right)$$

$$N(\theta) = \left\{\int \exp\left\{\frac{x^2 - x^4/2}{\theta^2}\right\}dx\right\}^{-1} \tag{4.40}$$

这里考虑以下先验分布 $\pi(\theta) \sim \Gamma(a_0, \lambda_0)$，在这种情况下，给定观测数据 $x_{obs} = (x_1, x_2, \cdots, x_n)$ 由下式给出：

$$\pi(\theta|x_{obs}) \propto \pi(\theta)\prod_{i=1}^{n} P_s(x_i, \theta) \propto N(\theta)^n \theta^{a_0 - 1}\exp\left\{\frac{\sum_{i=1}^{n}(x_i^2 - x_i^4/2)}{\theta^2} - \lambda_0\theta\right\} \tag{4.41}$$

这里 Gibbs 采样器算法和 MH 算法被用来从它们对应的后验分布中提取观测值。实现 Gibbs 采样器算法和 MH 算法的步骤如下：在第 k 次迭代时，电流值 $\theta^{(k-1)}$ 为 θ，从 gamma 分布 $\Gamma\left(\frac{\theta^{(k-1)2}}{\tau}, \frac{\theta^{(k-1)}}{\tau}\right)$ 中随机生成一个新的候选 θ^*，其被接受（即 $\theta^{(k)} = \theta^*$）的概率为：

$$\min\left\{1, \frac{\pi(\theta^*|x_{obs})q(\theta^k|\theta^*)}{\pi(\theta^k|x_{obs})q(\theta^*|\theta^k)}\right\} \tag{4.42}$$

其中 $q(\cdot|\cdot)$ 表示伽马分布 $\Gamma\left(\frac{\theta^{(k-1)2}}{\tau}, \frac{\theta^{(k-1)}}{\tau}\right)$ 的密度函数，并且 τ 可以被选择为使得平均接受率大约为 0.25 或更大。一般来说，θ 对迭

代次数的迹线图可以用来监控基于几个不同 θ 起始值的 MCMC 算法的收敛性。在 MCMC 算法收敛后，利用 MCMC 算法从后验分布中得到的 θ 的 M 个观测值来进行 θ 的贝叶斯估计。

在这个模拟研究中，首先从方程中随机生成一个 20 万个点的时间序列。公式（4.38）中，θ 和 Δt 的真值分别为 $\theta=5.0$ 和 $\Delta t=0.01$，然后从 20 万个点中随机抽取 1 万个样本。对于 $n=2000$，$a_0=2$，$\lambda_0=1$，θ 的贝叶斯估计值通过上述给定的 MCMC 算法（$\tau=1$）得到公式（4.39）的平均接受率为 0.21。在五个测试运行中，模拟了基于 θ 的三个不同状态值的并行观测序列。为了给出一些收敛的概念，图 4-1 中给出了随机选择的四个并行序列的参数 θ 的轨迹图。从图 4-1 中，可以观察到在大约 50 次迭代后，四个链被很好地混合在一起，这表明 MCMC 算法收敛了大约 50 次迭代。保守地说，在评估每 100 次重复的 θ 的贝叶斯估计时，M = 10000 的观测值被计算，根据其 1000 次迭代之后数据被收集。可以得到 BIAS = 0.0472 和 SD = 0.0024，其中 BIAS 是基于 100 次重复的贝叶斯估计的平均值与真实值之间的差，SD 表示 100 次贝叶斯估计的标准差。

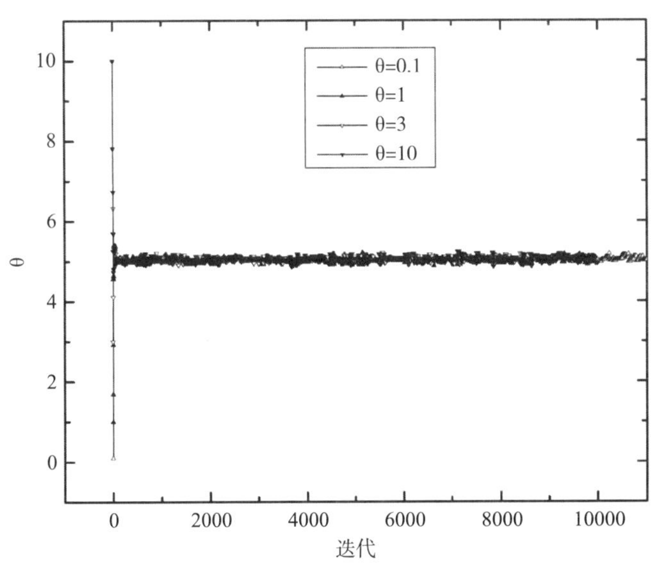

图 4-1　在公式（4.38）的模拟研究中，θ 对迭代的轨迹图

结果表明，θ 的贝叶斯估计非常接近真实值，其标准偏差很小，这表明本章中提出的方法是准确的。此外，对于随机选择的（n，a_0，λ_0）组合中的每一个，通过上述方法计算 θ 的贝叶斯估计，其中从均匀分布 U[1，10000] 随机抽样整数 n，从均匀分布 U(0，10] 随机产生 λ_0，并且从均匀分布 U(0，10] 随机抽取 a_0。500 个贝叶斯估计的平均值和标准差分别为 5.0627 和 0.2471。

为了分析 n、λ_0 和 a_0 对估计的影响，分别计算了不同 n、λ_0 和 a_0 的贝叶斯估计的性能，具体计算结果如表 4 – 1 和表 4 – 2 中所示。表 4 – 1 的结果表明，n 的增加与绝对偏差的减少有关，即增加样本数将提高估计精度，表4 – 2 的结果显示，有最大估计精度匹配的超参数 λ_0 和 a_0 的最佳值。

表 4 – 1　　不同 n 的贝叶斯估计性能

n	Bias	SD
300	–0.35547	0.01552
500	–0.33383	0.01193
2000	0.23634	0.03061
5000	0.18048	0.00821
10000	0.02692	0.00719

表 4 – 2　　不同 λ_0 和 α_0 的贝叶斯估计性能

λ_0	Bias	SD	α_0	Bias	SD
0.1	–0.10537	0.00698	0.1	–0.11186	0.00786
0.5	–0.131	0.00723	0.5	–0.13368	0.00656
1	–0.19755	0.00709	1	–0.19866	0.00659
2	–0.13269	0.00697	2	–0.12808	0.00672
5	–0.01478	0.00666	5	0.00594	0.00762
20	–0.2817	0.00684	20	–0.18898	0.0069

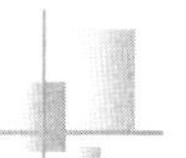

（二）一维多参数系统

考虑到加性噪声和乘性噪声，可以将系统定义为：

$$dx=(x-x^3)dt+\sqrt{Dx^2+bx+c}dW(t) \tag{4.43}$$

其中，D，b 和 c 是待估计的未知参数。设 $\boldsymbol{\theta}=(D, b, c)$，因此，相应的 Fokker - Planck 方程为：

$$\frac{\partial P(x|\boldsymbol{\theta})}{\partial t}=-\frac{\partial(x-x^3)P(x|\boldsymbol{\theta})}{\partial x}+\frac{1}{2}\partial^2\partial x^2(Dx^2+bx+c)P(x|\boldsymbol{\theta}) \tag{4.44}$$

以无穷大为边界（即 $\partial P(x|\theta)/\partial t=0$），可得到以下拟平稳概率密度函数：

$$\begin{aligned}P_s(x|\boldsymbol{\theta}) &= \frac{N(\boldsymbol{\theta})}{h_1(\boldsymbol{\theta}, x)}\exp\left(\int^x\frac{z-z^3}{h_1(\boldsymbol{\theta}, z)}dz\right)\\ &= N(\boldsymbol{\theta})\exp\left\{\frac{h_2(\boldsymbol{\theta}, x)}{D^3}+\left(\frac{K_1(\boldsymbol{\theta})}{D^3}-1\right)\log\{h_1(\boldsymbol{\theta}, x)\}\right\}\end{aligned} \tag{4.45}$$

其中，$N(\boldsymbol{\theta})$ 满足以下条件：

$$\begin{cases}\int P_s(x|\boldsymbol{\theta})dx=1\\ h_1(\boldsymbol{\theta}, x)=Dx^2+bx+c\\ h_2(\boldsymbol{\theta}, x)=2bDx-D^2X^2+K_2(\boldsymbol{\theta})\arctan\{(b+2Dx)/f(\boldsymbol{\theta})\}\\ f(\boldsymbol{\theta})=\sqrt{4cD-b^2}\\ K_1(\boldsymbol{\theta})=D^2+Dc-b^2\\ K_2(\boldsymbol{\theta})=(2b^3-2bD^2-6Dbc)/f(\boldsymbol{\theta})\end{cases} \tag{4.46}$$

根据模型的定义，假设 $\pi(\boldsymbol{\theta})=\pi(D, b, c)=\pi(b|D, c)\pi(D)\pi(c)$，由于参数 D 和 c 都为正，考虑到先验分布分别为：$D\sim\Gamma(\alpha_{D0}, \lambda_{D0})$，$c\sim\Gamma(\alpha_{c0}, \lambda_{c0})$，$b|D, c\sim \text{Uniform}(-2\sqrt{Dc}, 2\sqrt{Dc})$，因此，$\theta$ 的先验分布具有以下形式：

$$\pi(\boldsymbol{\theta}) \propto \frac{1}{4\sqrt{Dc}} D^{\alpha_{D0}-1} c^{\alpha_{c0}-1} \exp\{-(\lambda_{D0} D + \lambda_{c0} c)\} \tag{4.47}$$

θ 的后验概率密度函数由下式给出：

$$\begin{aligned}\pi(\boldsymbol{\theta} \mid x_{obs}) &\propto \pi(\boldsymbol{\theta}) \prod_{i=1}^{n} P_s(x_i \mid \boldsymbol{\theta}) \\ &\propto \pi(\boldsymbol{\theta}) N(\boldsymbol{\theta})^n \exp\left\{\sum_{i=1}^{n}\left[\left(\frac{K_1(\boldsymbol{\theta})}{D^3} - 1\right)\log\{h_1(\boldsymbol{\theta}, x_i)\} + \frac{h_2(\boldsymbol{\theta}, x_i)}{D^3}\right]\right\}\end{aligned} \tag{4.48}$$

Gibbs 采样器与 MH 算法一起实现如下。在第 k 次迭代中，当前值 $\boldsymbol{\theta}^{(k-1)} = (D^{(k-1)}, b^{(k-1)}, c^{(k-1)})^T$ 为 **θ**，首先从 gamma 分布 $\Gamma(D^{(k-1)2}/\tau_D, D^{(k-1)}/\tau_D)$ 中生成 D 的候选值 D^*，然后以如下概率被接受（即 $D^{(k)} = D^*$）：

$$\min\left\{1, \frac{\pi(D^*, b^{(k-1)}, c^{(k-1)} \mid x_{obs}) f_G(D^{(k-1)} \mid D^{*2}/\tau_D, D^*/\tau_D)}{\pi(D^{(k-1)}, b^{(k-1)}, c^{(k-1)} \mid x_{obs}) f_G(D^* \mid D^{(k-1)2}/\tau_D, D^{(k-1)}/\tau_D)}\right\} \tag{4.49}$$

其中，$\pi(D, b, c \mid x_{obs})$ 由公式（4.48）定义，$f_G(.,.)$ 表示 gamma 分布的概率密度函数，并且 τ_D 被选择为使得平均接受率大约为 0.15 或更大。

接着，从 gamma 分布 $\Gamma(c^{(k-1)2}/\tau_c, c^{(k-1)}/\tau_c)$ 生成 c 的候选值 c^*，然后以如下概率被接受（即 $c^{(k)} = c^*$）：

$$\min\left\{1, \frac{\pi(D^{(k)}, b^{(k-1)}, c^* \mid x_{obs}) f_G(c^{(k-1)} \mid c^{*2}/\tau_c, c^*/\tau_c)}{\pi(D^{(k)}, b^{(k-1)}, c^* \mid x_{obs}) f_G(c^* \mid c^{(k-1)2}/\tau_c, c^{(k-1)}/\tau_c)}\right\} \tag{4.50}$$

其中，τ_c 的选择类似。

最后，从均匀分布 Uniform$(-2\sqrt{D^{(k)}c^{(k)}}, 2\sqrt{D^{(K)}c^{(k)}})$ 生成 b 的候选值 b^*，然后以如下概率被接受（即 $b^{(k)} = b^*$）：

$$\min\left\{1, \frac{\pi(D^{(k)}, b^*, c^{(k)} \mid x_{obs}) f_u(b^{(k-1)} \mid -2\sqrt{D^{(k)}c^{(k)}}, 2\sqrt{D^{(k)}c^{(k)}})}{\pi(D^{(k)}, b^{(k-1)}, c^{(k)} \mid x_{obs}) f_u(b^* \mid -2\sqrt{D^{(k)}c^{(k)}}, 2\sqrt{D^{(k)}c^{(k)}})}\right\} \tag{4.51}$$

其中，$f_u()$ 表示均匀分布的密度函数。

作为说明，首先从公式（4.43）中生成一个20万个点的时间序列，其中D，b和c的真值分别为D=3，b=2，c=1，$\Delta t=0.01$，然后从时间序列中选择10000个样本。基于Fokker－Planck方程，使用上述提出的贝叶斯方法对上述生成的100个数据集进行拟合。在实现贝叶斯过程时，考虑超参数：$\alpha_{D0}=2$，$\lambda_{D0}=1$，$\alpha_{c0}=2$，$\lambda_{c0}=1$，$\tau_D=1.5$，$\tau_c=1.5$，给出平均接受率0.15和0.09。图4－2给出了n=3000的3个不同起始值的参数轨迹图，这表明MCMC算法在3000次迭代左右达到收敛，因此，可以收集4000次老化迭代后的M=6000个观测值来评估参数向量θ的贝叶斯估计。另外，贝叶斯估计在多参数模拟研究中的性能检验结果如表4－3所示，检验结果表明，本章所提出的贝叶斯方法是相当准确的，因为参数的偏差非常接近于零，并且它们的标准偏差相当小。

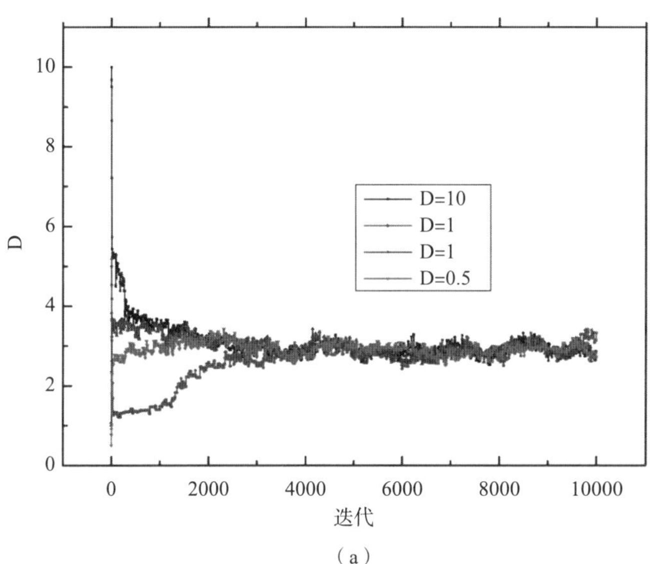

（a）

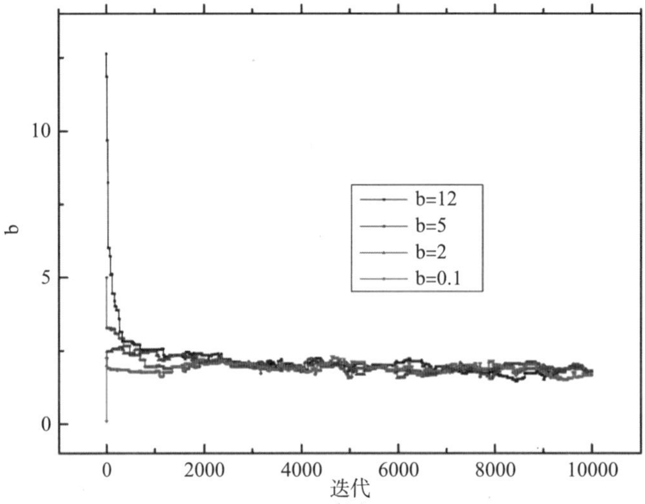

迭代
（b）

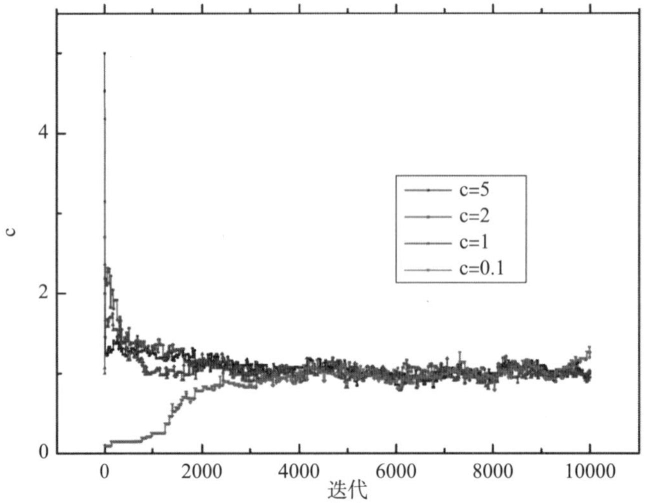

迭代
（c）

图 4－2　在公式（4.43）仿真研究的迭代中，D、b、c 的描摹图

表 4－3　　　　　贝叶斯估计在多参数模拟研究中的性能

参数	Bias	SD
D	－0.06778	0.05825
b	－0.08402	0.05951
c	－0.02091	0.03161

二、多维系统

对于多维系统，具有空间扩散的二维 Schlogl 反应定义为：

$$dx = [ax - x^3 - (x-y)]dt + \sqrt{2D}dW(t)$$

$$dy = [ay - y^3 - (y-x)]dt + \sqrt{2D}dW(t) \tag{4.52}$$

其中，a 和 D 是待估计的未知参数。设 $\boldsymbol{\theta} = (a, D)$，因此，相应的 Fokker - Planck 方程具有以下形式：

$$\frac{\partial P(x, y|\boldsymbol{\theta})}{\partial t} = -\frac{\partial[ax - x^3 - (x-y)P(x,y|\boldsymbol{\theta})]}{\partial x} - \frac{\partial[ay - y^3 - (y-x)]P(x, y|\boldsymbol{\theta})}{\partial y} + D\left(\frac{\partial^2}{\partial x^2} + \frac{\partial^2}{\partial y^2}\right)P(x, y|\boldsymbol{\theta}) \tag{4.53}$$

从无穷远处边界［即$\partial P(x, y|\theta)/\partial t = 0$］，得到如下准平稳概率密度函数：

$$P_s(x|\boldsymbol{\theta}) = N(\theta)\exp\left\{\frac{-\phi(x, y)}{D}\right\}$$

$$\phi(x, y) = -\left\{\frac{ax^2}{2} - \frac{x^4}{4} + \frac{ay^2}{2} - \frac{y^4}{4} - 2(x-y)^2\right\} \tag{4.54}$$

其中，$N(\boldsymbol{\theta}) = \left\{\iint \exp\left(\frac{\phi(x, y)}{D}\right)dxdy\right\}^{-1}$。根据参数的定义，考虑先验分布为 $\pi(\boldsymbol{\theta}) = \pi(a, D) = \pi(a|D)\pi(D)$，$\pi(D) \sim \Gamma(\alpha_{D0}, \lambda_{D0})$，$\pi(a|D) \sim N(\mu_{a0}, \sigma_{a0}^2)$，因此，$\boldsymbol{\theta}$ 给定 $(x, y)_{obs}$ 的后验概率密度函数为：

$$\pi(\boldsymbol{\theta}|(x, y)_{obs}) \propto \pi(\boldsymbol{\theta})\prod_{i=1}^{n} P_s(x_i|\boldsymbol{\theta}) \propto \pi(\theta)N(\boldsymbol{\theta})^n \exp\left\{\sum_{i=1}^{n}\frac{\phi(x_i, y_i)}{D}\right\} \tag{4.55}$$

Gibbs 采样器与 MH 算法一起实现如下。在第 k 次迭代中，当前值 $\boldsymbol{\theta}^{(k-1)} = (a^{(k-1)}, D^{(k-1)})$ 为 $\boldsymbol{\theta}$。

首先，从分布 $\Gamma(D^{(k)2}/\tau_D, D^k/\tau_D)$ 中生成 D 的候选值 D^*，然后

以如下概率接受 D^* （即 $D^{(k)}=D^*$）：

$$\min\left\{1,\ \frac{\pi(a^{(k)},\ D^*\mid(x,\ y)_{obs})q(D^{(k)}\mid D^*)}{\pi(a^{(k)},\ D^{(k)}\mid(x,\ y)_{obs})q(D^*\mid D^{(k)})}\right\} \tag{4.56}$$

其中，τ_D 是预先指定的参数，并且被选择为使得平均接受率为约0.25或更大，并且 $q(\cdot\mid\cdot)$ 表示 gamma 分布 $\Gamma\left(\frac{D^{(k)2}}{\tau_D},\ \frac{D^{(k)}}{\tau_D}\right)$的概率密度函数。

接着，从分布 $N(a^{(k-1)},\ \tau_a D^{(k)})$ 中抽取 a 的候选值 a^*，然后以如下概率接受 a^*（即 $a^{(k)}=a^*$）：

$$\min\left\{1,\ \frac{\pi(a^{(k)},\ D^{(k)}\mid(x,\ y)_{obs})q(a^{(k-1)}\mid D^{(k)},\ a)}{\pi(a^{(k-1)},\ D^{(k)}\mid(x,\ y)_{obs})q(a^*\mid a^{(k-1)},\ D^{(k)})}\right\} \tag{4.57}$$

其中，τ_a 类似地被选择为 τ_D，并且 $q(\cdot\mid\cdot)$ 表示正态分布 $N(a^{(k-1)},\ \tau_a D^{(k)})$。作为说明，首先从公式（4.52）中生成一个20万个点的时间序列，其中D和a的真值分别为 $D=3$，$a=1$，$\Delta t=0.01$。

然后，从生成的时间序列中随机抽取5000个样本。θ 的贝叶斯估计由上述基于Fokker－Planck方程的MCMC程序计算，在评估参数的贝叶斯估计时，在 θ 的先验规范中取：

$$\alpha_{D0}=2,\ \lambda_{D0}=2,\ a\mu_{a0}=2,\ \sigma_{a0}^2=2$$

同时，设置 $\tau_D=2.5$，$\tau_a=0.1$，分别给出平均接受率0.15和0.1。为监测所提出的MCMC算法的收敛性，图4－3中给出了 $D=3$ 和 $a=1$ 时参数对迭代的跟踪图。

图4－3的结果表明，本章所提出的MCMC算法收敛约300次迭代，表4－4显示了对于上面生成的100个数据集中的每一个，收集 $M=4700$ 个观察结果以在300次老化迭代之后评估贝叶斯估计。从表中可以看出，参数的贝叶斯估计非常接近其对应的真值，其对应的SDs也非常小，这表明本章提出的贝叶斯方法具有较强的性能。综合前述研究，可以观察到，随着系统维数和复杂度的增加，偏差和SD值也增加，其原因是归一化参数的计算难度增加。此外，计算性的归一化参数的精度对贝叶斯估计的精度有影响。

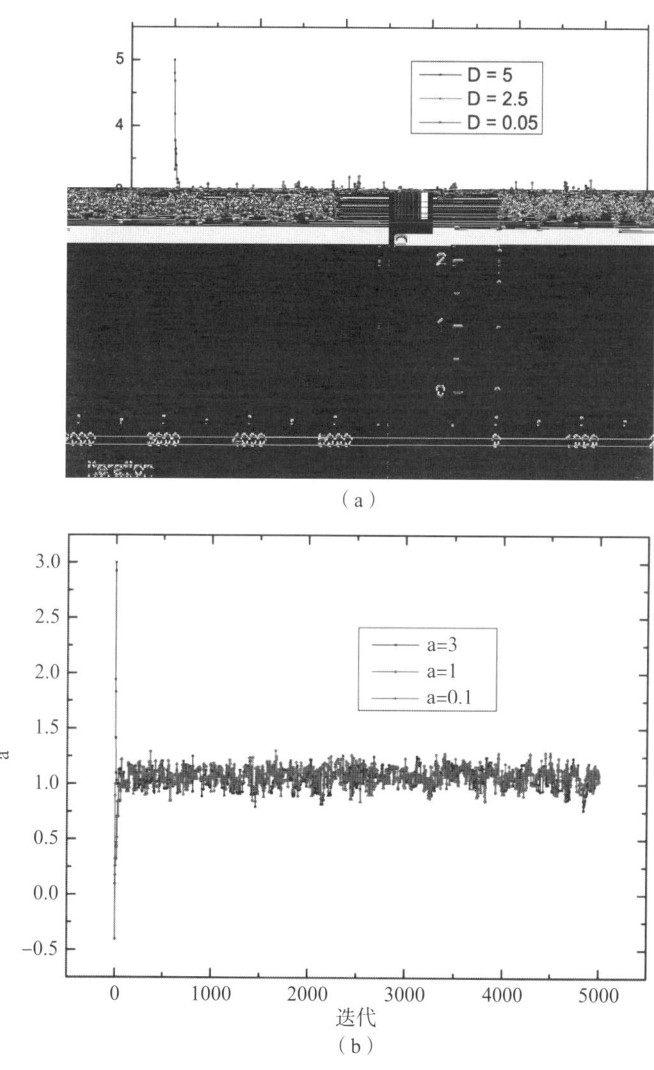

（a）

（b）

图 4 – 3　对于公式（4.52）的示例，Gibbs 采样中 D 和 a 的迹线图

表 4 – 4　贝叶斯估计在多参数仿真研究中的性能

参数	Bias	SD
D	0.03752	0.0193
a	−0.02931	0.01325

综上所述，本章提出了一种分析随机动态方程的贝叶斯方法。其中，通过结合 Gibbs 采样器和 MH 算法的混合算法，提取基于统计物理的 Fokker - Planck 方程的贝叶斯推断所需的观测值，跃迁概率由 Fokker - Planck 方程的准稳态概率密度函数计算。最后通过对两个一维系统和一个二维系统进行的仿真研究，考察了所提出的贝叶斯方法的性能。本章的研究结果表明，贝叶斯估计方法对先验输入不敏感，并且具有较强的性能，该方法的精度很大程度上依赖于归一化参数的计算精度。

第五章 随机波动模型的贝叶斯

本章使用了贝叶斯方法、赫斯顿（Heston）模型和统计物理的方法来研究经济周期中股票市场崩盘的发生情况。Heston 模型是一种期权估值方法，它考虑到同一资产在给定时间交易的不同期权的波动性变化，尝试通过使用随机过程来模拟波动率和利率来重新创建市场定价。该模型的特点是将波动率函数的平方根包含在整个定价函数中，定价模型应能预测具有特定特性的产品。因此，可以通过采用 Heston 模型和有效势来解决股票价格的动态变化。另外，通过贝叶斯方法来估计未知参数，并运用统计物理方法计算股票价格的平均限时崩盘率来考察股市崩盘的发生情况。最后，利用所提出的方法对上证指数的真实的财务数据进行分析，并用平均限时股价崩盘率来描述一个经济周期中股票暴跌的发生情况。

第一节　平均限时崩盘率

平均限时崩盘率是金融物理学中一个重要的概念，用于描述复杂金融系统中的系统性风险，指在一定时间内，系统中个体资产或市场平均而言崩盘的概率，在金融市场崩盘和风险传染研究中起着关键作用。平均限时崩盘率涉及崩盘的概率和时间的限制，概率部分涉及在给定时间段内系统或市场发生崩盘的可能性，而时间的限制则规定了考虑崩盘的时间窗口，其数学表达通常采用概率密度函数，而具体的概率密度函数形式可能会根据具体的研究和模型而有所不同。不同的金融物理学家和研究者可能会采用不同的方法来建模和估计平均限时崩盘率，本章应用了贝叶斯方法来估计具有势函数的 Heston 模型的未知参数，并利用估计的 Heston 模型计算了股市崩盘发生率。通过股票价格的平均限时崩盘率来讨论经济周期中股市崩盘的发生情况，当股价由高向低移动时，平均限时崩盘率越高，发生股市崩盘的概率就越高，此时，投资者面临的股票投资风险就越大。

为了描述股票市场在正常活动和极端情况下的行为特征，本章中采用了修正的 Heston 模型，该模型具有一个有效势但不稳定的状态和两种不同的动态区域（Valenti et al.，2007；Spagnolo & Valenti，2008；Bonanno et al.，2007；Bonanno et al.，2008；Li & Mei，2013；Li et al.，2015）。股票价格的动态由以下耦合随机微分方程组给出：

$$\begin{cases} dx(t) = -\left(\frac{\partial U}{\partial x} + \frac{\nu(t)}{2}\right) + \sqrt{\nu(t)}d\xi(t) \\ d\nu(t) = a(b - \nu(t)dt + c\sqrt{\nu(t)}d\eta(t) \end{cases} \tag{5.1}$$

其中，x_t 是对数股票价格，有效立方势 U 为 $U(x) = px^3 + qx^2$，$p = 2$，$q = 3$，v(t) 表示股票价格的波动性，μ 表示宏观经济尺度上的漂移参数，a 是波动率 v(t) 的均值回归，b 是 v(t) 的长期方差，c 通常被称为波动率的波动率，即波动性波动。v(t) 过程的确定性解具有指数瞬态，特征时间等于 a^{-1}，此后该过程趋向于其渐近 b 值（Cox et al.，1985）。ξ(t) 和 η(t) 是相关维纳过程，具有以下统计特性：

$$\begin{cases} \langle d\xi(t)\rangle = \langle d\eta(t)\rangle = 0 \\ \langle d\xi(t)d\xi(t')\rangle = \langle d\eta(t)d\eta(t')\rangle = \delta(t-t')dt \text{ for } t\neq t' \\ \langle d\xi(t)d\xi(t')\rangle = \langle d\eta(t)d\eta(t')\rangle = \lambda\delta(t-t')dt \text{ for } t\neq t' \end{cases} \tag{5.2}$$

其中，λ 表示 ξ(t) 和 η(t) 之间的相关系数，δ 是狄拉克函数，

图 5 - 1 展示了 x(t) 的动力学方程中使用的立方势，指示了模拟中使用的起始位置。

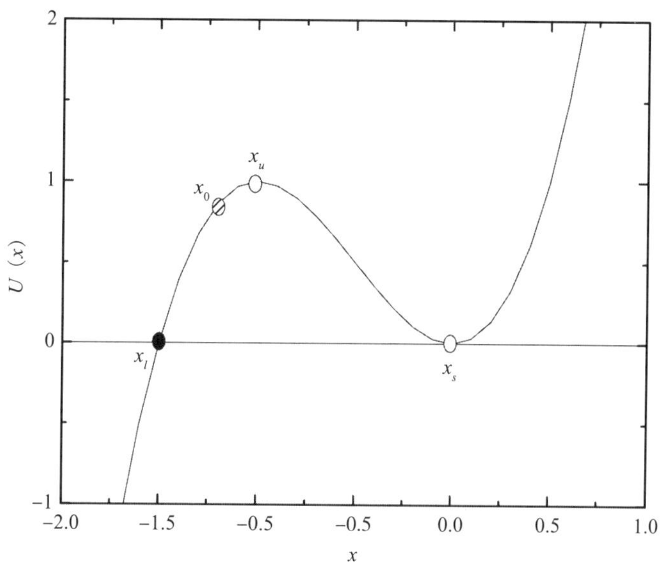

图 5 - 1　x(t) 的动力学方程中使用的立方势

从图 5 - 1 中可以很容易地观察到，势能 U(x) 在 x_s = 0 时有一个稳定状态，在 x_u = -1.0 时有一个不稳定状态。Agudov & Spagnolo（2001）给出了关于不同动力学机制的详细讨论。当 x_l = -1.5 时，U(x_l) = U(x_s)，从概率的角度来看，当起始位置 x_0 位于 x_u 时，布朗粒子进入右侧或左侧区域，这取决于粒子受到的初始扰动，这很好地描述了当金融体系受到宏观经济和微观经济随机效应的驱动时，股票价格进入稳定状态或崩溃状态。在一定时期内（例如 2200 个交易日，10 年），布朗粒子进入右侧或左侧区域的概率很好地描述了股市稳定和崩盘的发生。因此，定义平均限时崩盘 R 来表示有限时间内股市崩盘的发生情况，平均限时碰撞率是布朗粒子在有限时间 L_t 天内从起始位置 x_0 = -1.0 到吸收阀 x_a 的情况。

第二节　赫斯顿（Heston）随机波动率模型

本节将对随机波动率模型的贝叶斯估计进行探讨。首先，将随机模型离散化并重写为以下形式：

$$x(t+\Delta t)=x(t)-\left(\frac{\partial U}{\partial x}+\frac{\nu(t)}{2}\right)\Delta t+\sqrt{v(t)}\dot{\xi}(t) \tag{5.3}$$

$$\nu(t+\Delta t)=\nu(t)+a(b-\nu(t))\Delta t+c\sqrt{v(t)}\dot{\eta}(t) \tag{5.4}$$

$$\dot{\eta}(t)=\rho\dot{\xi}(t)+\sqrt{1-\rho^2}\dot{\omega}(t) \tag{5.5}$$

其中，$\dot{\xi}(t)=\xi(t+\Delta t)-\xi(t)$，$\dot{\eta}(t)=\eta(t+\Delta t)-\eta(t)$，$\dot{\omega}(t)=\omega(t+\Delta t)-\omega(t)$，$\dot{\xi}(t)$ 和 $\dot{\omega}(t)$ 是不相关的维纳过程。为了模拟上述方程，设 $\Delta t=0.001$，由于收集的数据是每日股票价格，因此一个单位是一个交易日，那么模型将是：

$$x_i+1=x_i-\left(6x_i^2+6x_i+\frac{\nu_i}{2}\right)h+\sqrt{\nu_i}\dot{\xi}_i \tag{5.6}$$

$$\nu_i+1=\nu_i+a(b-\nu_i)h+c\sqrt{\nu_i}\dot{\eta}_i \tag{5.7}$$

$$\dot{\eta}_i=\rho\dot{\xi}_i+\sqrt{1-\rho^2}\dot{\omega}_i \tag{5.8}$$

其中，$i=0, 1, 2, \cdots, n$，是数据的长度，这种随机波动率模型可以被视为分层模型。设 $\boldsymbol{\theta}=(a, b, c)$，是未知参数向量，分层模型可以由以下分布指定：条件分布 $p(x_{i+1}|x_i, v_i)$，条件分布 $p(v_{i+1}|v_i, \boldsymbol{\theta})$ 和先验分布 $p(\boldsymbol{\theta})$。根据模型的定义，$\dot{\xi}_i\sim N(0, 1)$ 和 $\dot{\omega}_i\sim N(0, 1)$ 是不相关的。那么 $(\dot{\xi}_i, \dot{\eta})\sim N(0, \sum)$，而 $\sum=\begin{pmatrix}1 & \rho\\ \rho & 1\end{pmatrix}$。条件分布 $p(x_{i+1}|x_i, v_i)$ 和 $p(v_{i+1}|v_i, \boldsymbol{\theta})$ 可以由下式给出：

$$p(x_{i+1}|x_i, \nu_i)=\frac{1}{\sqrt{2\pi\nu_i}}\exp\left\{-\frac{\left(x_{i+1}+6x_i^2+5x_i+\frac{\nu_i}{2}\right)^2}{2\nu_i}\right\} \tag{5.9}$$

$$p(\nu_{i+1} \mid \nu_i, \boldsymbol{\theta}) = \frac{1}{\sqrt{2\pi c^2 \nu_i}} \exp\left\{ -\frac{(v_{i+1} - \nu_i - a(b - \nu_i))^2}{2c^2 \nu_i} \right\} \quad (5.10)$$

设 $x = (x_1, \cdots, x_n)$，$v = (v_1, \cdots, v_n)$，那么似然函数由下式给出：

$$l(\boldsymbol{\theta}) = p(x_1, \cdots, x_n) = \int p(x_1, \cdots, x_n \mid v) dv = \int \prod_{i=1}^{n} p(x_{i+1} \mid x_i, v_i) dv \quad (5.11)$$

但该似然函数较为复杂，且无法作为高维积分获得。因此，本章的研究中，考虑采用贝叶斯方法来获得未知参数的估计。根据参数的定义，先验分布 $p(\boldsymbol{\theta}) = p(a, b, c, \rho) = p(b)p(a \mid c)p(c)p(\rho)$ 由下式给出：

$$\begin{aligned} & b \sim LN(\mu_b, \sigma_b^2) \\ & a \mid c \sim Gamma(\alpha_a / c, \beta_a) \\ & c \sim Gamma(\alpha_c, \beta_c), \ \rho \sim U(-1, 1) \end{aligned} \quad (5.12)$$

其中，LN 表示对数正态分布，U 表示均匀分布。μ_b，σ_b^2，α_a，β_a，α_c 和 β_c 是超参数，并且是预先指定的。未知参数的贝叶斯估计可以从后验分布 $p(\boldsymbol{\theta} \mid \mathbf{x})$ 中获得：

$$\begin{aligned} p(\boldsymbol{\theta} \mid \mathbf{x}) \propto p(\mathbf{x} \mid \boldsymbol{\theta}) p(\boldsymbol{\theta}) &= \int p(\mathbf{x} \mid \mathbf{v}, \boldsymbol{\theta}) p(\mathbf{v} \mid \boldsymbol{\theta}) d\mathbf{v} p(\boldsymbol{\theta}) \\ &= \int p(\mathbf{x} \mid \mathbf{v}) p(\mathbf{v} \mid \boldsymbol{\theta}) d\mathbf{v} p(\boldsymbol{\theta}) \end{aligned} \quad (5.13)$$

由于 $p(\mathbf{x} \mid \boldsymbol{\theta}) = \int p(\mathbf{x} \mid \mathbf{v}) p(\mathbf{v} \mid \boldsymbol{\theta}) d\mathbf{v}$ 无法直接计算获得，因此，$\mathbf{v}$ 被视为潜在变量，可以通过 MCMC 算法进行增强。其中，$\mathbf{v}$ 和 $\boldsymbol{\theta}$ 的联合后验分布由下式给出：

$$p(\mathbf{v}, \boldsymbol{\theta} \mid \mathbf{x}) \propto p(\mathbf{x} \mid \mathbf{v}) p(\mathbf{v} \mid \boldsymbol{\theta}) p(\boldsymbol{\theta}) = p(\boldsymbol{\theta}) \prod_{i=1}^{n} p(x_i \mid x_{i-1}, v_i) p(v_i \mid v_{i-1}, \boldsymbol{\theta}) \quad (5.14)$$

将公式（5.9）、公式（5.10）、公式（5.12）代入公式（5.14）中，得到联合后验。后验均值可以用作潜在变量和未知参数的贝叶斯估

计。后验均值作为复杂积分，不能直接从公式（5.14）中获得，但可以通过采用 MCMC 算法来得到贝叶斯估计。

WinBUGS 是一种通过 MCMC 方法来分析复杂统计模型的软件，被用于获取参数的贝叶斯估计，通过后验方法来估计未知参数。但后验均值不能直接计算，需要使用 MCMC 方法从相应的后验分布中生成参数的随机样本，然后通过算法收敛后生成的随机样本的平均值来估计后验平均值。在 WinBUGS 中，可以通过采样过程的轨迹图轻松检查算法的收敛性。如果不同初始值参数的轨迹图混合得很好，则算法收敛。在此示例中，运用具有不同初始值的每个参数的三个链来测试收敛性。图 5－2 给出了参数 a，b，c 和 ρ 的采样过程轨迹图，可以看出，所有参数经过 7500 次迭代后，三个链的轨迹图混合得很好。

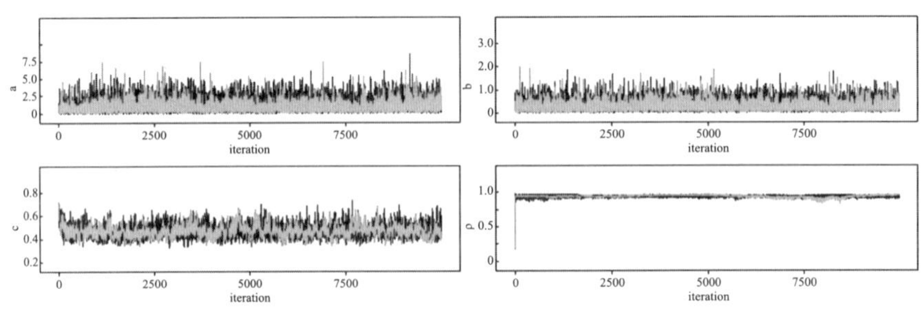

图 5－2　具有三个链的模型参数轨迹图

表 5－1 是模型中参数的贝叶斯估计，在 7500 次迭代后采用 Gibbs 样本计算得到。参数可以通过本节中的贝叶斯方法进行估计，实证研究中，对 2014 年 9 月 14 日至 2015 年 6 月 8 日上证综指的每日收盘价进行了分析，当 $t = 1$ 时，一共收集了 179 个观察结果。对于该数据集，λ，a，b 和 c 的估计值分别为 $\hat{\lambda} = 0.9333$，$\hat{a} = 1.029$，$\hat{b} = 0.2781$，$\hat{c} = 0.4691$。采用 $\lambda = 0.9333$，$a = 1.029$，$b = 0.2781$，$c = 0.4691$，根据前述内容比较分析 Δx_i（$\Delta x_i = x_i - x_{i-1}$，$i = 1, 2, 3, \cdots$）（Gopikrishnan et al.，1998；Lillo & Mantegna，2000）的理论值和真实值的概率密度函数（probability density function，PDF）。

表 5-1　模型中参数的贝叶斯估计

参数	a	b	c	ρ
平均值	1.029	0.2781	0.4691	0.9333
标准差	0.856	0.2209	0.0493	0.0149
95% CI	(0.066, 3.263)	(0.0023, 0.8479)	(0.3843, 0.5777)	(0.899, 0.958)

当通过方程模拟噪声源时，使用 Box - Muller 方法从高斯分布生成随机过程。该方法是通过服从均匀分布的随机变量，来构建服从高斯分布的随机变量的一种方法，选取两个服从 U ~ [0, 1] 的随机变量 U_1 和 U_2，X 和 Y 满足：

$$
\begin{aligned}
X &= \cos(2\pi U_1)\sqrt{-2\ln U_2} \\
Y &= \sin(2\pi U_1)\sqrt{-2\ln U_2}
\end{aligned}
\tag{5.15}
$$

则 X 和 Y 服从均值为 0，方差为 1 的高斯分布，公式（5.2）中的时间积分步长 $\Delta t = 0.01$（作为一个交易日），Δx_i 的 PDF 通过对超过 105 条路径进行数值模拟来评估，如图 5-3 中的直线所示。之前的 DJI 数据集用于计算回报的 PDF，如图 5-3 中的方形符号所示，图 5-3 的检验结果表明，本节提出的方法可以很好地拟合实际情况，并且结果同样具有“尖峰”的性质。

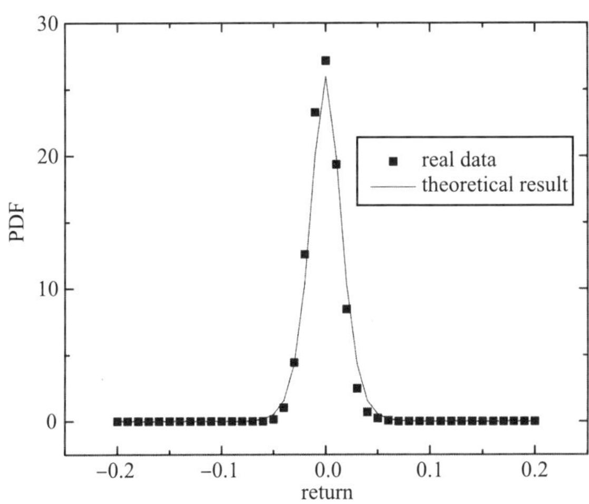

图 5-3　理论结果与真实值的比较

第三节　基于逃逸模型的股票价格限时平均崩溃率模型

在本节中，平均限时崩溃率 R 被认为是描述在有限时间内 L_t = 2200（约 10 年）内股市崩盘的发生情况（因为中国经济周期一次约为 10 年），$\lambda=0.9333$，$a=1.029$，$b=0.2781$，$c=0.4691$ 由前述获得的估计值得出。使用 Box - Muller 方法从高斯分布生成随机过程，通过方程来模拟噪声源，公式（5.2）中时间积分步长 $t=0.01$（作为一个交易日），库存路径根据方程（5.1）进行模拟。考虑初始位置 $x_0=-1.0$ 和吸收阀 $x_a=-6.0$，在有限时间 $L_t=2200$ 内，$x<x_a$ 时，标记逃逸事件，在 10^5 个过程中重复结果，如果路径总数为 N，逃逸事件数为 M，则 $R=M/N$，显然，数量 R 不能大于 1。为了研究波动率对平均限时崩溃率 R 的作用，平均限时崩溃率 R 与不同 λ 的波动率参数（a，b 和 c）的关系分别绘制在图 5 - 4（a）、（b）和（c）中。

图 5 - 4（a）显示，当 $\lambda\leqslant0$ 时，随着对数 a 的增加，R 减小，相反，当 $\lambda>0$ 时，随着对数 a 的增加，R 先减小然后增大。也就是说，随着 λ 的增大，R 的函数会产生非单调行为。与 log(a) 相比，在这种状态下，从金融角度来看，存在一个最佳 a（例如 $a=10^{-1}$，$\lambda=0.9$）与经济周期中股市崩盘的最小发生率（由 R 引起）相匹配。图 5 - 4（b）表明，当 $\lambda<0$ 时，随着对数 b 的增大，R 先减小然后增大，反之当 $\lambda\geqslant0$ 时，随着对数 a 的增大，R 增大。对于 $\lambda<0$，R 和 log(b)，还可以观察到最佳的 b。

另外，可以发现图 5 - 4（a）和 5 - 4（b）之间有相反的特征，图 5 - 4（c）显示了 R 和 log(c) 函数中 $\lambda\leqslant0$ 时的单调行为和 $\lambda>0$ 时的非单调行为。此外，最佳的 c（例如 $c=10^{0.2}$，$\lambda=0.9$）与经济周期中股市崩盘的最小发生率（$R\approx0.2$）相关。此外，随着 λ 的增加，图 5 - 4 中的最优最小值点会减小。从经济学的角度来看，当 $\lambda<0$ 时，存在一个最优的长期波动方差，与股市崩盘的最小发生率相匹配（即金融体系的最大稳定性）。当 $\lambda>0$ 时，存在与最大稳定性金融系统相匹配的最佳均值回归和波动幅度。高均值回归和低波动幅度与金融体系的高稳定性有关。

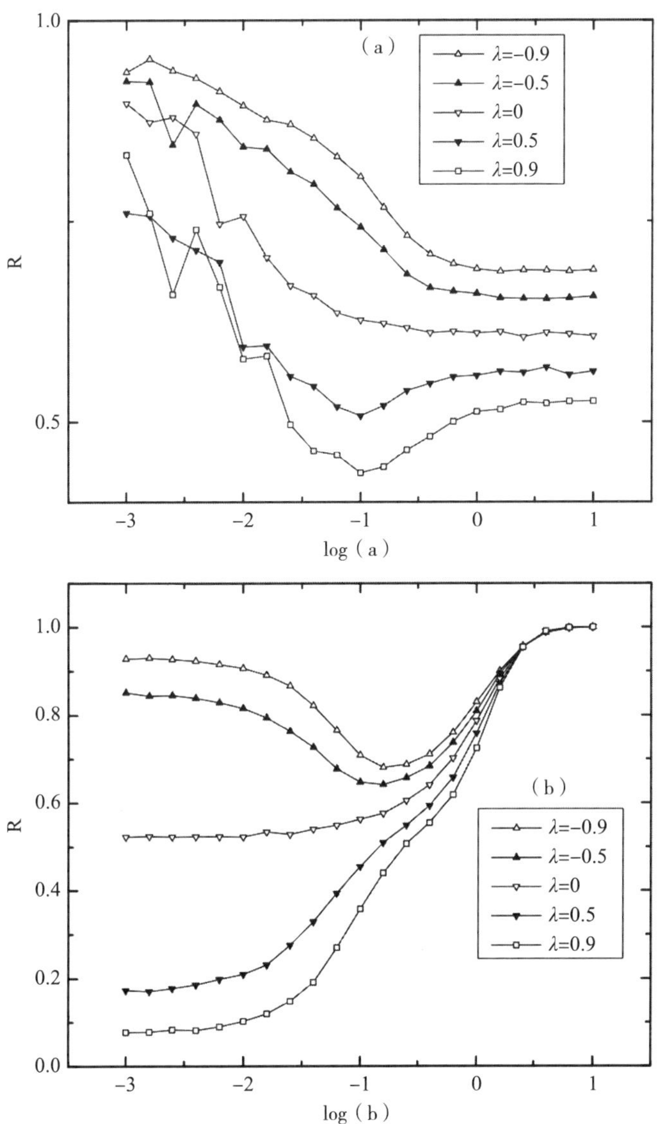

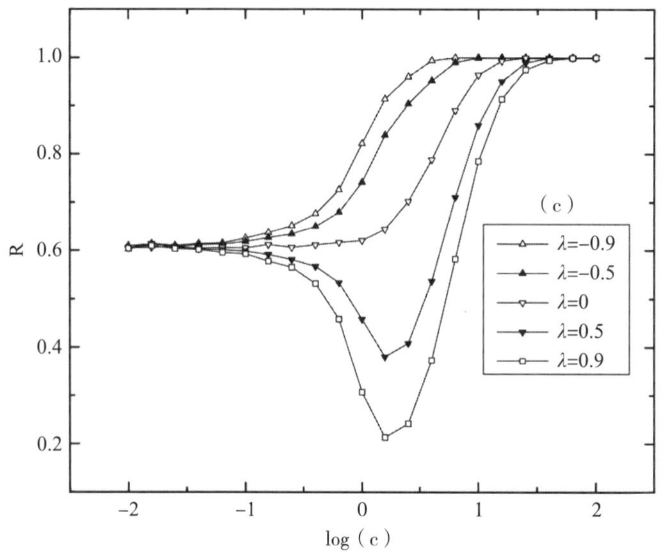

图 5-4 对于不同的互相关系数 λ，平均限时崩溃率 R 分别是（a）中对数 a，（b）中对数 b 和（c）中对数 c 的函数

为了讨论长期方差 b 对 R 与 a 的作用，分别在图 5-5（a）（正 λ）和（b）（负 λ）中绘制了具有不同 b 的平均限时崩溃率 R 与 log(a)。随着对数 a 的增加且 λ 为正，图 5-5（a）显示，对于较小的 b（例如 $b=10^{-3.0}$），R 单调减小，对于较大的 b（例如 $b=10^{0.6}$），R 单调增加，并且具有 b 的最小值（例如 $b=10^{-1.0}$）。对于负的 λ，图 5-5（b）表明，随着 a 的增加，对于较小或较大的 b（例如 $b=10^{-3.0}$ 或 $b=10^{0.6}$），R 单调增加，但 R 首先显示最大值（例如 $b=10^{-2.0}$），然后是中间值 b 的最小值（例如 $b=10^{-1.0}$）。也就是说，对于 b 值的两端或中间区域，可以在 R 和 log(a) 的函数中观察到单调或非单调行为。R 和 log(a) 中也存在一个导致股市崩盘发生率最小的最优 b。从经济学的角度来看，短期来说，波动率的高均值回归与金融体系的高稳定性有关，相反，长期来说，波动性的低均值回归与金融体系的高稳定性有关。

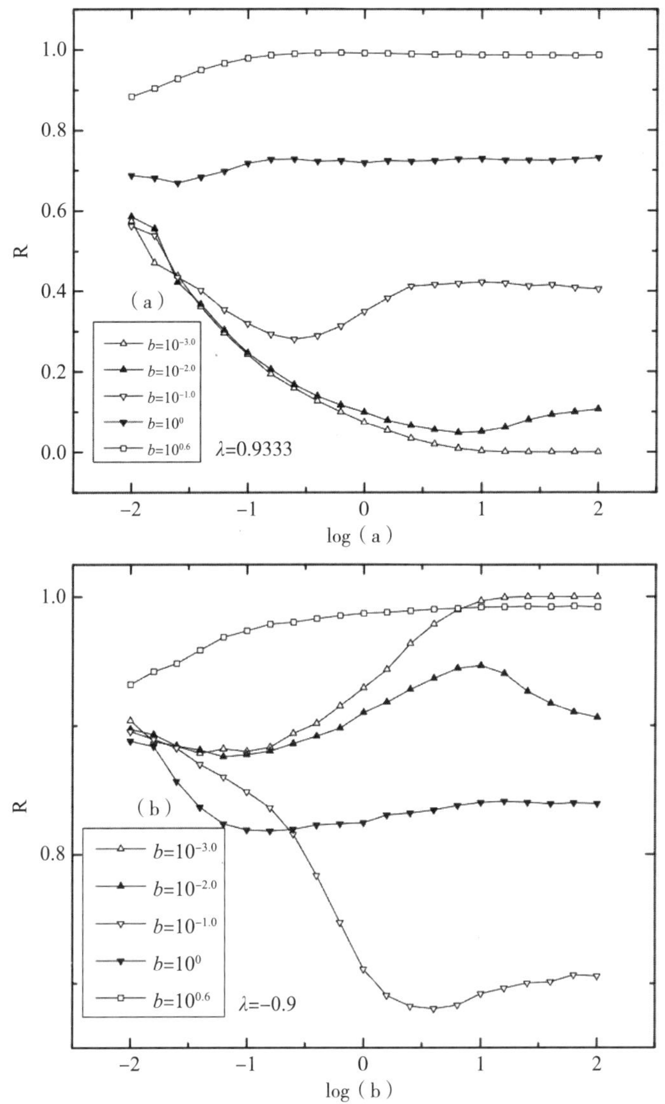

图 5-5　分别针对（a）中的正交叉相关系数 λ 和（b）中的负交叉相关系数 λ，给出了平均时限碰撞率 R 与对数 a 以及不同的 b 的关系

此外，不同 c 值下的平均限时崩溃率 R 和 log(a) 的关系分别绘制在图 5-6（a）和（b）中。对于图 5-6（a）中 λ 为正值的值 c 的两端，可以在 R 和 log(a) 的函数中观察到单调或非单调行为。相反，对于图 5-6（a）中 λ 为负值的 c 值的中间区域，可以在 R 和 log(a) 的函数中观察到非单调行为。从金融角度来看，最优的 c 与 R 和 log(a) 中股市崩盘的最小发生率相关。从经济学的角度来看，对于短期 c 值来说，波动率的高均值回归与金融体系的高稳定性有关。

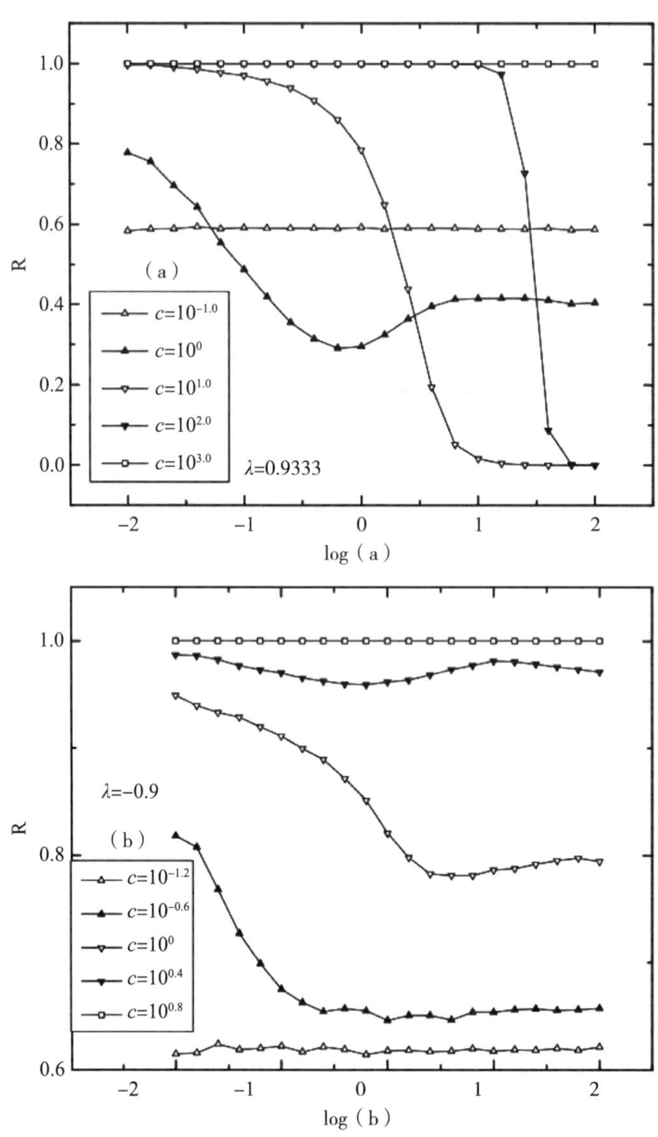

图 5－6　分别针对（a）中的正交叉相关系数 λ 和（b）中的负交叉相关系数 λ，给出了平均时限碰撞率 R 与对数 a 以及不同的 c 的关系

为了研究 b 和 c 之间的作用，图 5－7 显示了 R 函数与 log(b) 和 log(c) 的关系，对于正 λ，可以找到 R 和 log(c) 的最小值，并且随着图 5－7（a）中 b 值的增强，该最小值会增加，直至消失。此外，对于负 λ，可以观察到 R 和 log(b) 的最小值，并且随着图 5－7（b）中 c 值的增强，最小值会逐渐增加，直至消失。

从图 5－4 到图 5－7，在股票价格与波动率之间的负 λ 和正 λ，可以发现最优波动率（a、b 和 c）与一个经济周期中股市崩盘的最小发生率有关（由于 R 最小）。从经济学的角度来看，金融体系的最大稳定性具有最优的均值回归，长期方差和波动幅度。最后，为了深入了解所研究的碰撞现象，计算了碰撞事件的概率密度函数。与图 5－4（a）、(b) 和（c）相比，取参数 λ＝0.9，a＝0.2781，c＝0.4691，逃逸时间对 a、b 和 c 的 PDF 分别绘制在图 5－8（a）、(b）和（c）中。

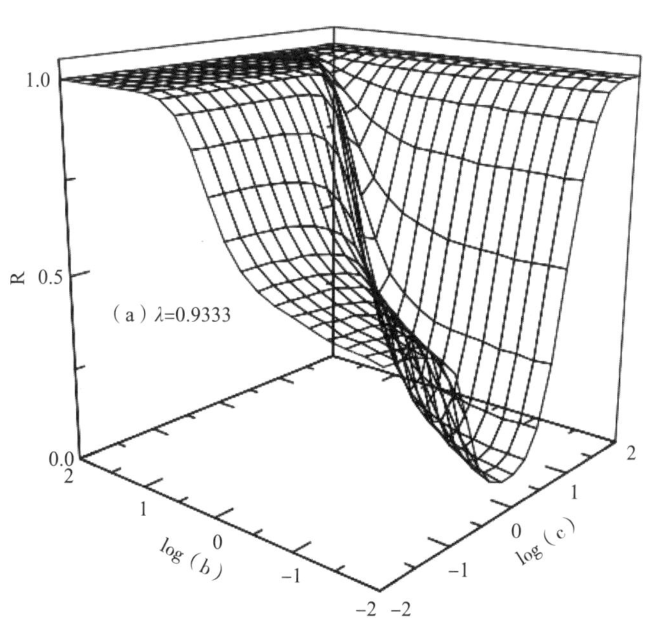

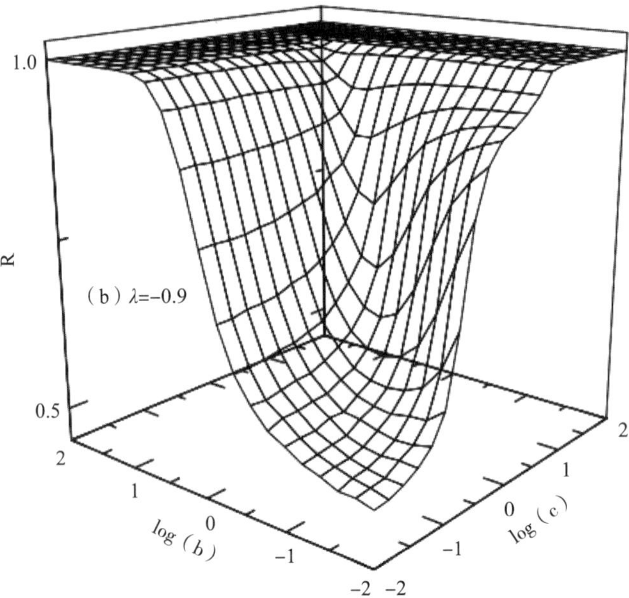

图 5-7 分别针对（a）中的正交叉相关系数 **λ** 和（b）中的负交叉相关系数 **λ**，平均限时崩溃率 **R** 与对数 **b** 和对数 **c** 的关系

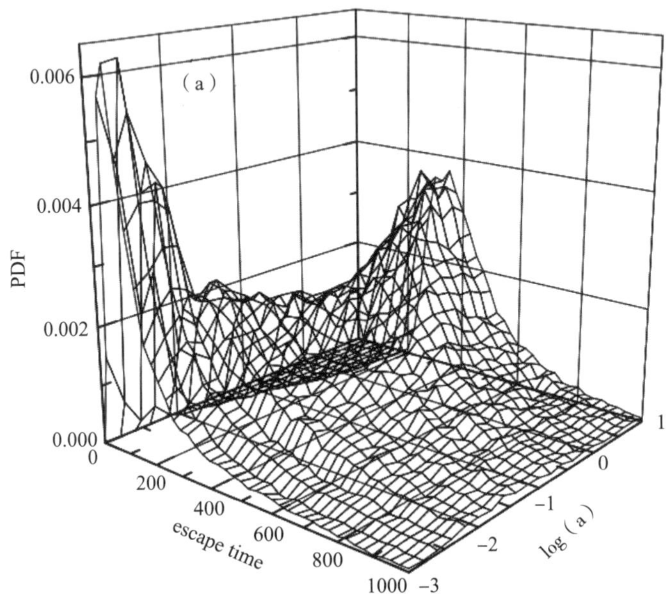

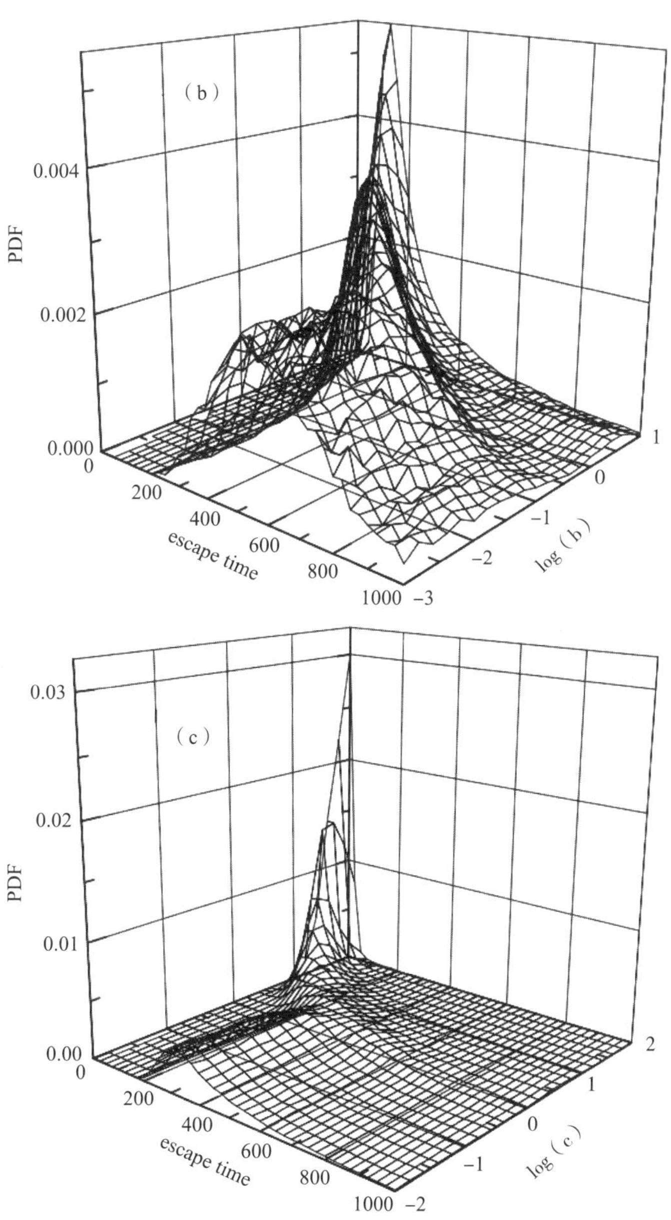

图 5－8　(a)、(b) 和 (c) 分别为 R 和 log(a)、log(b) 和 log(c) 的 PDF

在 PDF 与逃逸时间的函数中可以观察到最大值，如图 5－8 (a) 所示，随着 a 的增加和逃逸时间由短到长，最大值先减小，后增大。

如图 5－8（b）所示，随着 b 的增加，最大值随着逃逸时间从长到短单调增加。如图 5－8（c）所示，随着 c 的增加和逃逸时间由长变短，最大值先减小，后增大，这些结果也解释了图 5－4（a）、（b）和（c）中 $\lambda=0.9$ 时直线的行为。

总体来说，本章中对经济周期中股市崩盘的发生展开了深入讨论，采用平均限时股价崩溃率来表示概率。具体来说，首先，使用具有较强潜力和不稳定状态，以及两种不同动态状态的修正后的 Heston 模型，对存在正常和极端活动的股票市场进行了分析。另外，基于贝叶斯统计和 DJI 的真实股票数据，估计了参数 a，b，c 和 λ。由于我国的经济周期约为 10 年，因此本章中的平均时限崩溃率 R 描述的是 10 年左右股市崩盘的发生次数。研究结果表明，最佳的 c 值（例如 $c=10^{0.2}$，$\lambda=0.9$）与经济周期中股市崩盘的最小发生率（$R\approx0.2$）相关，并且随着 λ 的增加，最佳的最小值点会逐渐减小。此外，还可以找到与经济周期中股市崩盘最少发生率相关的最佳波动率。

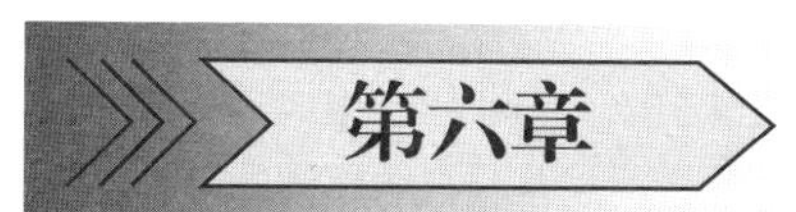

第六章

基于贝叶斯和极大似然法的原油价格动态预测研究

经济物理学（金融物理学）是一门新兴的包含各学科知识的科目，运用统计物理学、理论物理学、复杂系统理论、非线性科学、应用数学等概念、理论和方法研究金融市场，以物理的方式讨论金融问题是很常见的（Masoliver et al.，2000）。金融物理学可以解释金融市场的一些常见现象，如金融资产价格的高峰肥尾特征（Gopikrishnan et al.，1999；Bouchaud & Potters，2000；Voit，2002）、长期记忆和波动性聚类（Gençay et al.，2001）。此外，作为世界上最重要的贸易商品之一，原油价格的波动对许多行业都产生了深远的影响。原油价格是影响宏观经济变量的重要因素的观点早在多年前就已经提出（Barsky & Kilian，2004）。油价可以显著改变宏观经济（Du et al.，2010），或是实际油价的意外下跌会减缓总就业岗位重新分配的步伐（Herrera et al.，2017）。油价波动对所有行业都会产生负面和重大影响，包括原油相关行业和原油替代品（Sakaki，2019），甚至对企业投资也会产生不良影响（Phan et al.，2018）。因此，尽可能准确地预测原油价格对政府和相关企业决策具有重要意义。同时，在原油预测过程中，选择适当的模型和方法也至关重要。

近年来，另一个动态模型——Heston 模型被广泛应用于金融领域，如期权、期货、远期合约和其他衍生品，解释市场价格的变化、“微笑效应”、价格回报的偏斜和峰值、价格与波动性之间的负相关性，以及“波动集群”现象（Heston，1993）。因此，该模型便很快应用于金融市场各行业。在股票市场（Silva & Yakovenko，2003；Drgulescu & Yakovenko，2002；Valenti et al.，2007）和期权市场（White & Hull，1987；Kariya & Liu，2003）中的实证研究已经证明它与数据之间存在良好的一致性。在经济学领域，Heston 模型在金融市场稳定性研究中也有许多应用（Zhou et al.，2018；Valenti et al.，2018），尤其是金融市场的逃逸主题（Bonanno et al.，2007；Li et al.，2017；Zhong et al.，2019；Spagnolo & Valenti，2008）。此外，Heston 模型还用于研究噪声对金融市场稳定性的影响（Bonanno et al.，2006）。由于股票市场是一个非线性、时变、无边界的系统，越来越多的研究者使用非线性模型来研究金融市场。贝叶斯方法是基于自我模型的结构元素，即数据驱动模型，并且它的算法可以过滤出具有高表面概率的因素，因此，在研究过程中，不用考虑影响资产价格的因素，这使得研究者能够定制一个大的初始因素集，有利于避免对复杂影响因素进行主观判断。

鉴于原油价格的重要性和复杂性，如何对其价格走势进行合理的预测一直是国内外专家学者探讨的热点问题。想要提高原油价格的预测并不简单，找到合理的模型和方法至关重要，由于 Heston 模型的种种优势，本章通过金融物理和贝叶斯的方法，对原油价格的动态预测进行了探究和探讨，并提出了信息熵这一概念来度量原油价格的可预测性，利用滚动窗口方法来预测原油的动态价格。在对参数进行估计时，采用了贝叶斯方法和经典估计法两种测量方法。最后，对两种方法的预测结果进行比较。两种估计方法都能有效地估计 Heston 模型的参数。同时，在特定损失函数下，当估计样本数量较小时，贝叶斯方法优于经典估计法。而当估计样本数量增大时，经典方法则略优于贝叶斯方法。另外，在贝叶斯方法下，200 天估计区间的预测熵最接近实际信息熵。在极大

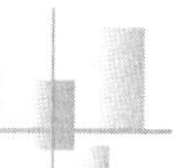

似然估计法下，600 天估计区间的预测熵最接近信息熵。除了估计区间为 200 天外，极大似然估计法下的预测熵更能代表原油价格的可预测性。最后，本章还考虑了更普遍的情况下，测试这两种不同步骤的方法，并比较两种方法的稳定性。

第一节 极大似然估计法

作为经典和常用的估计方法，极大似然估计方法目前还是科学研究的主流估计方法，极大似然估计的思想首先由德国数学家高斯（Gauss）在 1821 年提出。1922 年，英国数学家费希尔（Fisher）重新研究了极大似然估计方法，并获得了极大似然估计的优良性质，使得该方法得到广泛应用。这是一种广泛应用的统计方法，是建立在极大似然估计原理基础之上的一种统计方法，所得到的极大似然估计具有很好的性质，如一致性、有效性、不变性。目前极大似然估计法依旧是最重要的估计方法之一，因此本章将极大似然估计法作为一种贝叶斯估计的对比方法应用到原油价格的预测当中。

极大似然估计的基本思想就是利用极大似然原理，即概率大的事件在一次观测中更容易发生。因此，求极大似然估计首先应写出关于待估参数的似然函数（李心愉，1999）。对于给定的模型参数值，似然函数衡量了观测数据出现该参数值的可能性，似然函数的输入是模型参数的取值，输出是在给定参数下观测数据出现的可能性。极大似然估计是一种使用观测数据来估计未知参数的方法，通过寻找极大化似然函数的参数组合，以使在假设的模型下，所观察到的数据具有最高的概率。简单来说，设 x_1，x_2，…，x_n 是来自某分布 $f(x, \theta)$（密度函数或分布律）的一个样本值，则可得到：

$$L(\theta) = \prod_{i=1}^{n} f(x_i, \theta) \tag{6.1}$$

若在参数空间 Θ 上存在 $\hat{\theta}$，使得 $L(\theta)$ 达到最大，即：

$$L(\hat{\theta}) = \max_{\theta \in \Theta} L(\theta) \tag{6.2}$$

则 $\hat{\theta}$ 为 θ 的极大似然估计，简记为 MLE。用最大似然估计方法求解参数的方法称为极大似然估计法。通过求解似然方程得到最大似然估计值：$\hat{\theta}_i = \hat{\theta}_i(x_1, x_2, \cdots, x_n)$，$i = 1, 2, \cdots, m$。另外，似然函数也可以表达为如下等式：

$$\begin{aligned}
& L(\mu, \alpha, \beta, \sigma_1, \sigma_2) \propto \\
& \frac{1}{\sigma_2^M}\exp\left\{ -\sum_{n=0}^{M-1} \frac{(y_n - \mu\Delta t_n)^2(\sigma_1^2 + \sigma_2^2) - 2(y_n - \mu\Delta t_n)(\Delta_n - (\alpha + \beta\sigma_n^2)\Delta t_n)\sigma_1}{2\sigma_n^2\Delta t_n\sigma_2^2} + \frac{(\Delta_n - (\alpha + \beta\sigma_n^2)\Delta t_n)^2}{2\sigma_n^2\Delta t_n\sigma_2^2} \right\} \\
& = \exp\left\{ -\sum_{n=0}^{M-1} \frac{\left(\frac{y_n}{\sigma_n} - \mu\frac{\Delta t_n}{\sigma_n}\right)^2}{2\Delta t_n} \right\} \times \sigma_2^M \\
& \times \exp\left\{ -\sum_{n=0}^{M-1} \frac{\left[\left(\frac{y_n}{\sigma_n} - \mu\frac{\Delta t_n}{\sigma_n}\right)\sigma_1 - \left(\frac{\Delta_n}{\sigma_n} - (\alpha + \beta\sigma_n^2)\frac{\Delta_n}{\sigma_n}\right)\right]^2}{2\Delta t_n\sigma_n^2} \right\} \\
& = \exp\left\{ \frac{1}{2\Delta t_n}\sum_{n=0}^{M-1}\left(\frac{y_n}{\sigma_n} - \mu\frac{\Delta t_n}{\sigma_n}\right)^2 \right\} \times \sigma_2^M \\
& \times \exp\left\{ \frac{1}{2\Delta t_n\sigma_2^2}\sum_{n=0}^{M-1}\left[\frac{\Delta t_n}{\sigma_n} - \sigma_1\frac{y_n}{\sigma_n} - (\alpha - \mu\sigma_1)\frac{\Delta t_n}{\sigma_n} - \beta\sigma_n\Delta t_n\right]^2 \right\} \\
& \triangleq L_1 \times L_2
\end{aligned} \tag{6.3}$$

为了最大化似然函数，需要最小化：

$$\sum_{n=0}^{M-1}\left[\frac{\Delta t_n}{\sigma_n} - \sigma_1\frac{y_n}{\sigma_n} - (\alpha - \mu\sigma_1)\frac{\Delta t_n}{\sigma_n} - \beta\sigma_n\Delta t_n\right]^2 \tag{6.4}$$

因此，可以保留 $\Delta = (\hat{\Delta}_1, \hat{\eta}, \hat{\beta})^T$，其中，$\eta = \alpha - \mu\sigma_1$，且有：

$$X = \begin{pmatrix} \frac{y_0}{\sigma_0} & \frac{\Delta t_0}{\sigma_0} & \sigma_0\Delta t_0 \\ \vdots & \vdots & \vdots \\ \frac{y_{n-1}}{\sigma_{n-1}} & \frac{\Delta t_{n-1}}{\sigma_{n-1}} & \sigma_{n-1}\Delta t_{n-1} \end{pmatrix},\ Z = \begin{pmatrix} \frac{\Delta_0}{\sigma_0} \\ \vdots \\ \frac{\Delta_{n-1}}{\sigma_{n-1}} \end{pmatrix} \tag{6.5}$$

因为需要最大化 L_2，所以要求：

$$\hat{\sigma}_2 = \frac{\|Z - Xl(\hat{\Delta}_1, \hat{\eta}, \hat{\beta})^T\|}{\sqrt{M\Delta t_n}} = \frac{\|Z - X(X^TX)^{-1}X^TZ\|}{\sqrt{M\Delta t_n}} \tag{6.6}$$

而要使 L_1 最大化，参数需要满足的条件是：

$$\hat{\mu} = \frac{\sum_{n=0}^{M-1} \frac{y_n}{\sigma_n}}{\sum_{n=0}^{M-1} \frac{\Delta t_n}{\sigma_n}} \tag{6.7}$$

综上所述，当参数满足以下条件时，似然函数可以达到最大值：

$$\begin{cases} (\hat{\sigma}_1, \hat{\eta}, \hat{\beta})^T = X(X^TX)^{-1}X^TZ，其中，\eta = \alpha - \mu\sigma_1 \\ \hat{\sigma}_2 = \frac{\|Z - Xl(\hat{\Delta}_1, \hat{\eta}, \hat{\beta})^T\|}{\sqrt{M\Delta t_n}} = \frac{\|Z - X(X^TX)^{-1}X^TZ\|}{\sqrt{M\Delta t_n}} \\ \hat{\mu} = \frac{\sum_{n=0}^{M-1} \frac{y_n}{\sigma_n}}{\sum_{n=0}^{M-1} \frac{\Delta t_n}{\sigma_n}} \end{cases} \tag{6.8}$$

参数的最大似然估计如下：

$$\begin{cases} \hat{\mu} = \frac{\sum_{n=0}^{M-1} \frac{y_n}{\sigma_n}}{\sum_{n=0}^{M-1} \frac{\Delta t_n}{\sigma_n}} \\ \hat{\alpha} = \hat{\mu}\hat{\sigma}_1 + (0, 1, 0)X(X^TX)^{-1}X^TZ \\ \hat{\beta} = (0, 0, 1)X(X^TX)^{-1}X^TZ \\ \hat{\sigma}_1 = (1, 0, 0)X(X^TX)^{-1}X^TZ \\ \hat{\sigma}_2 = \frac{\|Z - X(X^TX)^{-1}X^TZ\|}{\sqrt{M\Delta t_n}} \end{cases} \tag{6.9}$$

当选择一个模型来拟合资产价格时，需要考虑一个重要问题，即如何估计模型的参数。对于随机波动率模型，由于模型的复杂性和估计过程的困难，传统的参数估计方法无法使用。例如，极大似然估计法，研究者一直希望找到新的估计方法来应用于复杂模型，然而，在研究过程中仍然不能排除在一些问题中可以实现极大似然估计。而对于随机波动率模型，近年来学者发现贝叶斯方法往往能够获得良好的估计效果。同时，贝叶斯方法对一些动态模型的估计也越来越流行，贾西等（Jacquier et al.，2002）提出了贝叶斯 MCMC 方法来估计 SV 模型，比利奥等（Billio et al.，2018）提出了一种新的用于能源期货市场动态套期保值的贝叶斯多链马尔可夫切换 GARCH 模型，李等（Li et al.，2017）等利用贝叶斯和统计物理方法，通过计算平均时限崩溃率来研究股市崩溃的发生，并基于钟等（Zhong et al.，2019）提出的修正 Heston 模型和贝叶斯方法，研究了金融市场投资的收益和风险。如今，随着计算机技术的进步，贝叶斯 MCMC 方法不再是一个难点，它可以通过 WinBUGS 软件轻松执行（Surhone et al.，2010）。另一方面，张（Zhang，2013）基于贝叶斯和最大似然方法分别推导了 Heston 模型的参数表达式，这对本章原油价格的预测工作开展具有极大的促进作用。

第二节　信息熵预测分析

熵是一个先从经典力学中借用，然后从信息论中借用的概念，目前在金融市场中普遍用于测量动态系统的不确定性（Jaynes，1965）。在信息论中，信息熵通常被用作系统信息内容的度量（Shannon，1948）。熵在金融市场中的有效性很早就得到了证明，并被广泛应用于金融市场时间序列的可预测性分析。例如，早在 2000 年，达贝莱和沃尔茨（Darbellay & Wuertz，2000）就证明了熵方法在分析金融时间序列中的有效性，信息熵也被用于量化外汇市场（Oh et al.，2007）和股票市场（Zunino et al.，2009；Risso，2008）中的效率。近年来，熵方法在能源领域的应用逐渐引起了研究人员的兴趣，贝内德托等（Benedetto et al.，2016）提出了一种新的计算方法，通过预测所研究序列的熵来评估商品市场时间序列的可预测性，阿尔瓦雷斯奥尔蒂斯－克鲁兹等（Ortiz－Cruz et al.，2012）分析了在审查期间和放松管制后原油市场回报的可预

测性。鉴于当前原油市场的复杂性和高波动性，有必要衡量其可预测性。

信息熵是1948年提出的一种测量随机事件不确定性的有效方法（Shannon，1948）。在信息系统中，“信息熵”表示一个系统内部的不确定性，信息熵越大，信息的不确定性就越大，信息熵越小，信息的不确定性就越小。对于离散随机变量X，所有可能的结果都是 $\{x_1, x_2, \cdots, x_n\}$。在本章中，X是原油价格的回报率，对应的概率为 $\{p_1, p_2, \cdots, p_n\}$。其中，$0 \leqslant p_i \leqslant 1$，$\sum_{i=1}^{n} p_i = 1$。则事件的信息熵为：

$$H_{(x)} = -\sum_{i=1}^{n} p_i \ln p_i \tag{6.10}$$

基于上述理论基础，本章将贝叶斯方法引入到模型的估计中，并使用滚动周期法来预测原油市场的价格和熵。作为一种经典且广泛使用的估计方法，极大似然估计方法也将作为一种比较估计方法应用于本章的模型估计中。如果预测高熵值，将面临不可预测的序列（Pincus & Kalman，2004；Martina et al.，2011）。本章尝试通过使用贝叶斯和经典估计方法以及Heston模型来找到预测原油价格和原油市场可预测性的有效方法。最近，一些研究表明，高频数据可以帮助预测原油价格。例如，张和王（Zhang & Wang，2019）使用股市的高频数据来预测原油价格，发现高频股市指数在预测月度原油价格方面比低频数据具有一定的优势，而且使用高频数据的MIDAS模型优于普通模型。德贾纳基斯和菲利斯（Degiannakis & Filis，2018）发现，市场基本面与高频金融数据相结合，显著改善了油价预测，因此，原油市场的高频数据将成为实证分析的对象。

第三节　原油价格预测分析

原油作为一种重要的能源和化工原料，其价格一直是影响一个国家经济的重要因素。然而，由于宏观和微观环境的变化以及复杂的国际环境，原油价格的波动比以往更加剧烈，因此其未来价格的预测更加困难。为了检验本章进行的研究中提出的预测模型，选择 WTI 现货价格作为原始序列，并利用 WTI 原油的 5 分钟频率交易数据构建实现的波动率。具体而言，每天有 79 个价格数字，所以可以得到 157289 个五分钟的价格数字，所有数据均来源于 2010 年 7 月 23 日至 2018 年 5 月 10 日的 Wind 数据库。样本数据的描述性统计如表 6 – 1 所示，从表 6 – 1 可以看出，超额峰系数在 5% 水平下非常显著，两个系列都具有明显的"尖峰厚尾"特征，J – B 统计量在 5% 水平下均显著，远远超出了正态分布的假设范围。

表 6 – 1　　　　WTI 原油价格的收益率和波动率统计

	日收益率序列		已实现波动率序列	
	R_i	R_i^2	RV_t	$\ln RV_t$
Mean	0.0008	0.00053	0.00018	–3.897278
SD	0.023	0.00111	0.0002	0.358023
Skewness	0.493[a]	5.661392[a]	3.2953[a]	0.3273061[a]
Kurtosis	5.2727[a]	49.89887*	18.4902[a]	2.997658
J – B	179.03[a]	67892[a]	8265.3[a]	12.499[a]

注：a 代表在 5% 水平上显著，Kurtosisi 为超额峰度系数，J – B 是 Jarque – Bera 统计量。

本章采用 Heston 随机波动率模型、贝叶斯方法、极大似然方法和样本外预测法，并对原油价格和熵的样本外预测结果进行探讨。Heston 的随机波动率模型可以表示为：

$$\begin{cases} dS(t)/S(t) = \mu dt + \sigma(t) dW_s(t) \\ d\sigma^2(t) = (\alpha + \beta\sigma^2(t))dt + \sigma_0\sigma(t)dW_\sigma(t) \end{cases} \tag{6.11}$$

$W_s(t)$ 和 $W_\sigma(t)$ 是与 ρ 有关的布朗运动，该模型的参数为 μ，α，β，σ_0 和 ρ，μ 表示无风险利率，$S(t)$ 是第 t 天的收盘价。该模型也可以变形为如下形式：

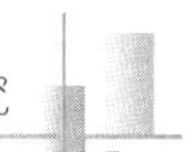

$$\begin{cases} dS(t)/S(t) = \mu dt + \sigma(t)dW_1(t) \\ d\sigma^2(t) = (\alpha + \beta\sigma^2(t))dt + \sigma_1\sigma(t)dW_1(t) + \sigma_2\sigma(t)dW_2(t) \end{cases} \tag{6.12}$$

$W_1(t)$ 和 $W_2(t)$ 是两个独立的布朗运动，模型参数为 μ，α，β，σ_1 和 σ_2，且 $\rho = \frac{\sigma_1}{\sqrt{\sigma_1^2 + \sigma_2^2}}$。令 $\Delta = \frac{1}{252}$，离散化的 Heston 模型表示如下：

$$\begin{cases} S(t_{n+1}) - S(t_n) = \mu S(t_n)\Delta t_n + \sigma(t_n)S(t_n)\Delta W_1(t_n) \\ \sigma^2(t_{n+1}) - \sigma^2(t_n) = (\alpha + \beta\sigma^2(t))\Delta t_n + \sigma_1\sigma(t_n)\Delta W_1(t) + \sigma_2\sigma(t_n)\Delta W_2(t_n) \end{cases} \tag{6.13}$$

另外，本章还采用贝叶斯方法对原油价格进行动态预测，主要内容包括贝叶斯估计的后验密度函数和 Gibbs 要求的条件密度，以及极大似然估计的表达式，具体的推导过程为：设 y_1，…，y_n 是一天内原油价格的简单回报率，$\sigma^2(t_n)$ 表示一天内实现的原油价格波动率，第 t 天实现的波动率表示为第 t 天所有高频回报的总和，表示为 $RV_t = \sigma^2(t_n) = \sum R_i^2$。定义 $Y = (y_1, \cdots, y_n)^T$，$\Delta = (\Delta_1, \cdots, \Delta_n)^T$，其中：$y_n = \frac{S(t_{n+1}) - S(t_n)}{S(t_n)}$，$\Delta_n = \sigma^2(t_{n+1}) - \sigma^2(t_n)$，则条件分布 $\overrightarrow{Z_n} \triangleq (\overrightarrow{\mu_n}, \Delta_n)^T$ 为 $X \sim N(\overrightarrow{\mu_n}, \sum_n)$，并且满足：

$$\overrightarrow{\mu_n} = \begin{pmatrix} \mu\Delta t_n \\ (\alpha + \beta\sigma_n^2)\Delta t_n \end{pmatrix}$$

$$\sum_n = \begin{pmatrix} \sigma_n^2\Delta t_n & \sigma_1\sigma_n^2\Delta t_n \\ \sigma_1\sigma_n^2\Delta t_n & (\sigma_1^2 + \sigma_2^2)\sigma_n^2\Delta t_n \end{pmatrix} \tag{6.14}$$

给定参数（Y，Δ）的条件分布由下式给出：

$$f(Y, \Delta \mid \mu, \alpha, \beta, \sigma_1, \sigma_2)$$

$$= \prod_{n=0}^{M-1} \frac{1}{2\pi\left|\sum_n\right|^{1/2}} \exp\left\{\left(\frac{1}{2}(\overrightarrow{Z_n} - \overrightarrow{\mu_n})^T\right) \sum_{-1}^{n} (\overrightarrow{Z_n} - \overrightarrow{\mu_n})\right\} \propto$$

$$\frac{1}{\sigma_2^M}\exp\left\{\begin{array}{l}-\sum_{n=0}^{M-1}\frac{(y_n-\mu\Delta t_n)^2(\sigma_1^2+\sigma_2^2)-2(y_n-\mu\Delta t_n)(\Delta_n-(\alpha+\beta\sigma_n^2))\sigma_1}{2\sigma_n^2\Delta t_n\sigma_2^2}\\+\frac{(\Delta_n-(\alpha+\beta\sigma_n^2)\Delta t_n)^2}{2\sigma_n^2\Delta t_n\sigma_2^2}\end{array}\right\} \tag{6.15}$$

本章假设参数的先验分布可以描述为 $\mu\sim N(m_0,\ \tau_0^2)$，$\alpha\sim N(\alpha_0,\ \omega_0^2)$，$\beta\sim N(b_0,\ \lambda_0^2)$，并且上面给出的参数是独立的，$(\sigma_1,\ \sigma_2^2)^T$ 的先验分布是 $\sigma_2^2\sim IG(p_0,\ q_0)$ 和 $\sigma_1\sigma_2^2\sim N(c_0,\ \sigma_2^2\phi_0^2)$。则参数的后验密度为：

$$\begin{aligned}&p(\mu,\ \alpha,\ \beta,\ \sigma_1,\ \sigma_2^2)=\pi(\mu,\ \alpha,\ \beta,\ \sigma_1,\ \sigma_2^2\mid Y,\ \Delta)\propto\\&\exp\left\{\frac{(\mu-m_0)^2}{2\tau_0^2}\frac{(\alpha-\alpha_0)^2}{2\omega_0^2}\frac{(\beta-b_0)^2}{2\lambda_0^2}\right\}\times\sigma_2^{2(-p-1)}\exp\left\{\frac{q}{\sigma_2^2}\right\}\times\frac{1}{\sigma_2}\exp\left\{\frac{(\sigma_1-c_0)^2}{2\sigma_2^2\phi_0^2}\right\}\\&\times f(Y,\ \Delta\mid\mu,\ \alpha,\ \beta,\ \sigma_1,\ \sigma_2)\end{aligned} \tag{6.16}$$

Gibbs 采样所需的条件密度函数由下式给出：

$$p(\mu\mid\alpha,\ \beta,\ \sigma_1,\ \sigma_2^2)\sim N(m_1,\ \tau_1^2) \tag{6.17}$$

$$m_1=\frac{\frac{m_0}{\tau_0^2}+\sum_{n=0}^{M-1}\frac{y_n(\sigma_1^2+\sigma_2^2)-[\Delta_n-(\alpha+\beta\sigma_n^2)\Delta t_n]\sigma_1}{\sigma_n^2\sigma_2^2}}{\frac{1}{\tau_0^2}+\sum_{n=0}^{M-1}\frac{\Delta t_n(\sigma_1^2+\sigma_2^2)}{\sigma_n^2\sigma_2^2}} \tag{6.18}$$

$$\tau_1^2=\frac{1}{\frac{1}{\tau_0^2}+\sum_{n=0}^{M-1}\frac{\Delta t_n(\sigma_1^2+\sigma_2^2)}{\sigma_n^2\sigma_2^2}} \tag{6.19}$$

$$p(\alpha\mid\mu,\ \beta,\ \sigma_1,\ \sigma_2^2)\sim N(a_1,\ \omega_1^2) \tag{6.20}$$

$$a_1=\frac{\frac{a_0}{\omega_0^2}+\sum_{n=0}^{M-1}\frac{[\Delta_n-(\alpha+\beta\sigma_n^2)\Delta t_n]-(y_n-\mu\Delta t_n)}{\sigma_n^2\sigma_2^2}}{\frac{1}{\omega_0^2}+\sum_{n=0}^{M-1}\frac{\Delta t_n}{\sigma_n^2\sigma_2^2}} \tag{6.21}$$

$$\omega_1^2=\frac{1}{\frac{1}{\omega_0^2}+\sum_{n=0}^{M-1}\frac{\Delta t_n}{\sigma_n^2\sigma_2^2}} \tag{6.22}$$

$$p(\beta \mid \mu, \alpha, \sigma_1, \sigma_2^2) \sim N(b_1, \lambda_0^2) \tag{6.23}$$

$$b_1 = \frac{\dfrac{b_0}{\lambda_0^2} + \sum_{n=0}^{M-1} \dfrac{[\Delta_n - (\alpha + \beta\sigma_n^2)\Delta t_n] - (y_n - \mu\Delta t_n)}{\sigma_2^2}}{\dfrac{1}{\lambda_0^2} + \sum_{n=0}^{m-1} \dfrac{\sigma_n^2 \Delta t_n}{\sigma_2^2}} \tag{6.24}$$

$$\lambda_1^2 = \frac{1}{\dfrac{1}{\lambda_0^2} + \sum_{n=0}^{M-1} \dfrac{\sigma_n^2 \Delta t_n}{\sigma_2^2}} \tag{6.25}$$

$$p(\sigma_1, \sigma_2^2 \mid \mu, \alpha, \beta) \sim IG(p_1, q_1) N(c_1, \lambda_0^2) \tag{6.26}$$

$$p_1 = p_0 + \frac{M}{2} \tag{6.27}$$

$$q_1 = q_0 + \frac{c_0^2}{2\phi_0^2} + \sum_{n=0}^{M-1} \frac{[\Delta_n - (\alpha + \beta\sigma_n^2)\Delta t_n]^2}{2\sigma_n^2 \Delta t_n} - \frac{\left\{\dfrac{c_0}{\phi_0^2} + \sum_{n=0}^{M-1} \dfrac{(y_n - \mu\Delta t_n)[\Delta_n - (\alpha + \beta\sigma_n^2)\Delta t_n]}{\sigma_n^2 \Delta t_n}\right\}^2}{2\left[\dfrac{1}{\phi_0^2} + \sum_{n=0}^{M-1} \dfrac{(y_n - \mu\Delta t_n)^2}{\sigma_n^2 \Delta t_n}\right]} \tag{6.28}$$

$$c_1 = \frac{\left(\dfrac{c_0}{\phi_0^2} + \sum_{n=0}^{M-1} \dfrac{(y_n - \mu\Delta t_n)[\Delta_n - (\alpha + \beta\sigma_n^2)\Delta t_n]}{\sigma_n^2 \Delta t_n}\right)^2}{\dfrac{1}{\phi_0^2} + \sum_{n=0}^{M-1} \dfrac{(y_n - \mu\Delta t_n)^2}{\sigma_n^2 \Delta t_n}} \tag{6.29}$$

$$\sigma_2^2 \phi_1^2 = \frac{\sigma_2^2}{\dfrac{1}{\phi_0^2} + \sum_{n=0}^{M-1} \dfrac{(y_n - \mu\Delta t_n)^2}{\sigma_n^2 \Delta t_n}} \tag{6.30}$$

在本章进行的实证研究中，使用滚动时间窗来检验 Heston 模型的样本外预测能力，使用 WTI 原油的五分钟频率交易数据来构建每日实现的波动率。每天有 79 个收盘价格数据，数据跨度从 2015 年 7 月 24 日到 2018 年 5 月 10 日，得到了 47400 个五分钟的价格数据。具体步骤如下：

首先，将样本数据分为用于估计的样本和用于预测的样本两部分。估计样本包含 H = 100，200，300，400，500，600 个交易日的数据，预

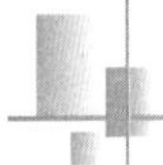

测样本中则包含的是2017年12月19日至2018年5月10日的最后100个交易日（$t=H+1$，$H+2$，…，$H+M$，其中$M=100$）的数据。

其次，选择$t=1$，2，…，的数据，$H=100$作为第一个样本来估计模型的参数，然后在这个估计的基础上得到第二天的预测价格。在第一个估计样本下，进行100次估计和预测，得到100个预测价格的平均值，作为第二天的预测价格，并记为S_{H+1}。也就是说，S_{H+1}是基于先前100个样本数据的第101天的预测价格。

再次，将待估计样本的时间范围向后移动一天，保持估计样本时间范围不变（$H=100$）。也就是说，选择$t=2$，3，…，$H=101$的数据，基于估计的新样本，获得第二天的预测价格（预测价格的100倍的平均值），并将其记为S_{H+2}。类似地，重复这一步骤以获得S_{H+3}，S_{H+4}，S_{H+5}，直到用于估计的最后一个样本$t=M$，$M+1$，…，$H+M-1$以获得最后一天的预测价格S_{H+M}，此时$t=N=H+M=200$天。

最后，将预测样本的区间分别拓展到200，300，400和500，也就是说令$H=200$，$H=300$，$H=400$，$H=500$，$H=600$，并保持2017年12月19日至2018年5月10日最后100个交易日的数据作为预测样本不变，重复第二步和第三步。在本章的研究中，总共得到了600个预测价格。简言之，上面讨论的六个不同估计范围的模型估计重复了60000次（总共$6\times100\times100=60000$个不同的估计）。最后，获得每个估计区间第二天100个样本市场价格，表示为S'_m，其中，$m=H+1$，$H+2$，$H+3$，…，$H+M$，预测样本区间的真值价格为S_m，其中，$m=H+1$，$H+2$，$H+3$，…，$H+M$。

此外，实际金融市场动态中总是存在非线性（Valenti et al.，2007；Bonanno et al.，2008；Spagnolo & Valenti，2008；Bonanno & Valenti，2006）。本章中采用的Heston模型的噪声相关性包含了一些非线性特性。当然，如果想进一步描述非线性特征，可以在Heston的随机波动率模型中引入非线性势函数，将其用于表征金融市场中的非线性行为。然后，在贝叶斯方法和最大似然方法中，只需要将未知参数μ（无风险利率）替换为所提出的非线性势函数。通过这种方式，就可以进一步探索金融市场的非线性特征及其贝叶斯和经典方法。

图6－1描述了基于贝叶斯方法和经典方法的Heston模型的预测路径，从图中的结果可以发现，贝叶斯方法和极大似然方法都可以有效地估计模型的参数。根据汉森（Hansen，2005）建议，可以尽可能使用不同的损失函数作为预测模型准确性的标准。在本章的研究中，使用了被广泛利用的统计损失函数准则，通过这两种估计方法来评估模型的预测精度。这五个损失函数被标记为L_i，$i=1, 2, \cdots, 5$，通过均方误差（MSE）、均绝对误差（MAE）、均方根百分比误差（RMSPE）、均方根误差（RMSE）和平均绝对百分比误差（MAPE）五个标准来评估预测精度。

$$
\begin{aligned}
&L_1: MSE = M^{-1}\sum_{H+1}^{H+M}(S_m - S'_m)^2 \\
&L_2: MAE = M^{-1}\sum_{H+1}^{H+M}|S_m - S'_m| \\
&L_3: RMSPE = \sqrt{M^{-1}\sum_{H+1}^{H+M}\left(\frac{S_m - S'_m}{S_m}\right)^2} \\
&L_4: RMSE = \sqrt{M^{-1}\sum_{H+1}^{H+M}(S_m - S'_m)^2} \\
&L_5: MAPE = M^{-1}\sum_{H+1}^{H+M}\left|\frac{S_m - S'_m}{S_m}\right|
\end{aligned}
\tag{6.31}
$$

表6－2展示了不同预测范围内的样本外预测性能结果。当$H=100$时，除RMSPE外，贝叶斯方法的预测精度优于极大似然估计，更直观的结果如图6－2所示。当$H=200$，300时，经典估计方法在三个指标上优于贝叶斯方法。当$H=400$，500时，经典估计方法在四个准则上优于贝叶斯方法。当$H=600$时，经典估计方法在三个方面优于贝叶斯方法。因此，在小样本的情况下，贝叶斯方法比经典估计方法具有优势，当样本量增加时，经典估计方法更优于贝叶斯方法。值得一提的是，如果以L_i为标准，发现方法A的预测误差小于方法B的预测误差，

据此可以得出这样的结论：在这样一个特定的数据样本中，当使用这个特定的损失函数 L_i 时，方法 A 的预测精度高于方法 B。

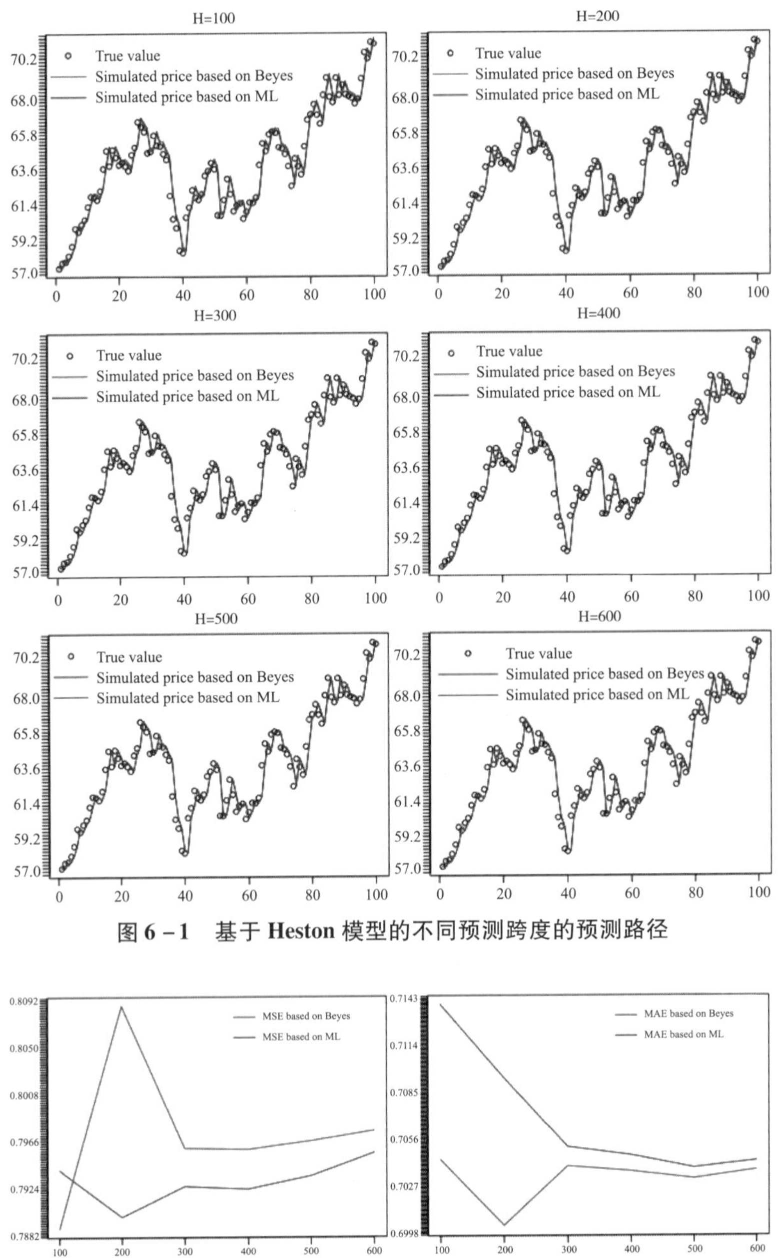

图 6-1　基于 Heston 模型的不同预测跨度的预测路径

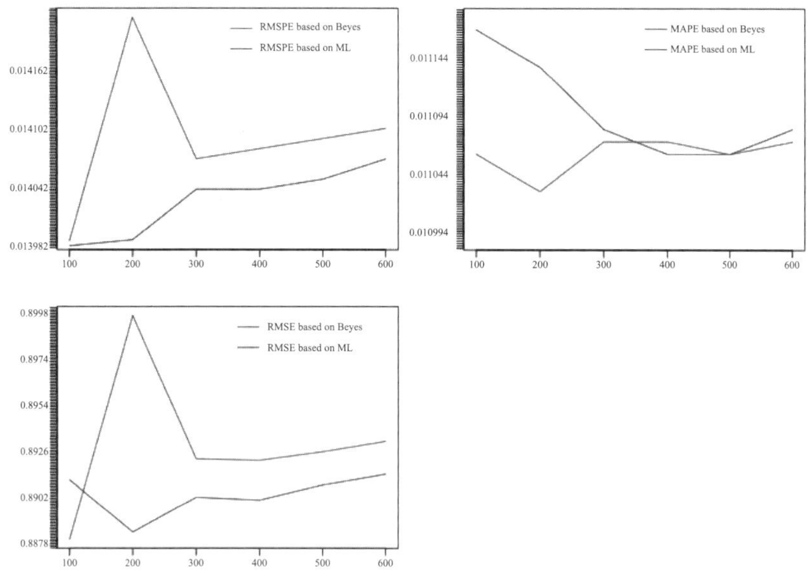

图 6－2　贝叶斯方法和极大似然方法在不同标准下的预测精度比较

原油是现代工业的血液，也是国际贸易的最大宗商品之一，具有重要的战略地位，是国民经济中不可或缺的能源与化工材料。因此，原油的价格也成了影响世界经济和金融市场的重要因素，对其价格预测的重要性更是不言而喻。然而，石油在市场上，与其他产品相比较，其价格波动受到的影响因素更多，且波动的不确定也更强。所以，在预测原油价格的过程中，需要考虑的因素更加复杂。原油的价格是影响经济发展的重要因素，而在市场中，又存在许多不确定性的复杂因素导致其价格剧烈波动。信息熵具有反映原油市场不确定性的非负极值和可加性，符合信息熵的物理意义。基于在前一步中预测的价格，得到了预测价格和预测信息熵的收益率序列，每个估计范围的预测熵结果如表 6－3 所示。

表 6－2　　　　　　不同预测范围内的样本外预测性能

Horizon	Measure	Bayes	ML	Spread (%)	Horizon	Measure	Bayes	ML	Spread (%)
100days	MSE	0.78891	0.79421	－0.53	400days	MSE	0.79606	0.79247	0.36
	MAE	0.70447	0.71410	－0.96		MAE	0.70374	0.70473	－0.099
	RMSPE	0.013989	0.013984	0.001		RMSPE	0.01408	0.01404	0.004
	RMSE	0.88823	0.891231	－0.30		RMSE	0.89222	0.89021	0.20
	MAPE	0.01107	0.01117	－0.01		MAPE	0.01108	0.01107	0.001
200days	MSE	0.80909	0.78996	1.91	500days	MSE	0.79682	0.79365	0.317
	MAE	0.70038	0.70955	－0.92		MAE	0.70328	0.70395	－0.067
	RMSPE	0.01421	0.01399	0.022		RMSPE	0.01409	0.01405	0.004
	RMSE	0.8995	0.8886	1.09		RMSE	0.89265	0.89098	0.17
	MAPE	0.01104	0.01114	－0.01		MAPE	0.01107	0.01107	0
300days	MSE	0.79617	0.79272	0.35	600days	MSE	0.79775	0.79574	0.20
	MAE	0.70406	0.70525	－0.12		MAE	0.70382	0.70438	－0.056
	RMSPE	0.01407	0.01404	0.003		RMSPE	0.01410	0.01407	0.003
	RMSE	0.89229	0.89035	0.19		RMSE	0.89317	0.89153	0.164
	MAPE	0.01108	0.01109	－0.001		MAPE	0.01108	0.01109	－0.001

相对误差为$\frac{|F_i - T_E|}{T_E}$，其中，F_i 是熵的预测值，i = 100，200，300，400，500，600，而 T_E 是真实熵。从表 6－3 中的数据可以看到，在不同的估计区间下，两种估计方法的预测结果是相对不同的。可以通过寻找最具代表性的真实市场可预测性方法和最合适的估计范围，利用相对误差来衡量预测熵的准确性。具体而言，贝叶斯方法下 200 天的估计间隔的预测结果最接近实际信息熵，而极大似然方法下 600 天的估计区间最接近实际值，并且除了 200 天的预测间隔之外，剩余估计区间的极大似然估计优于贝叶斯方法。总体而言，极大似然估计方法在预测信息熵的准确性方面优于贝叶斯方法。也就是说，在本章使用的模型条件下，极大似然估计下的预测结果可以更好地代表原油价格的可预测性。

表 6 -3　　　　　　　　不同预测范围内的预测熵

Horizon	Bayes	ML	True Entropy	REB	REM
100days	4.271	4.187	4.153	0.118	0.034
200days	4.145	4.230		0.007	0.077
300days	4.195	4.180		0.043	0.027
400days	4.219	4.183		0.067	0.031
500days	4.219	4.206		0.067	0.053
600days	4.206	4.137		0.053	0.016

注：EB 代表基于贝叶斯方法的相对误差，EM 代表基于极大似然方法的相对错误。

第四节　稳定性比较

前述的预测结果表明，本章提出的模型拟合良好。接下来，继续考虑更普遍的情况，其中，在测试这两种不同步骤的方法时，一步表示一天。张和王（Zhang & Wang，2019）只产生了一天的预测，且发现模型性能之间没有差异。维拉苏索（Vilasuso，2002）发现 FIGARCH 的一天预测结果比其他模型表现更好。本章仍将选择 100 个估计样本和 100 个预测样本，使用 2010 年 7 月 23 日至 2018 年 5 月 10 日的数据。具体而言，选择 2017 年 7 月 3 日至 2018 年 5 月 10 日的数据来构建 2017 年 12 月 19 日至 2018 年 5 月 10 日的一步预测模型，并使用 2016 年 9 月 22 日至 2018 年 5 月 10 日的数据来建立 2017 年 7 月 4 日至 2018 年 5 月 10 日的两步预测模型，采用 2015 年 10 月 3 日至 2018 年 5 月 10 日的数据构建 2016 年 9 月 26 日至 2018 年 5 月 10 日的四步预测模型，采用 2011 年 10 月 26 日至 2018 年 5 月 10 日的信息构建 2015 年 1 月 22 日至 2018 年 5 月 10 日的八步预测模型，最后采用 2016 年 9 月 23 日至 2018 年 5 月 10 日的数据，建立 2014 年 6 月 9 日至 2018 年 5 月 10 日的十步预测模型，表 6 -4 和表 6 -5 分别展示了未来不同步数的样本外预测能力和预测未来不同步数的熵。

表 6-4　　未来不同步数的样本外预测性能

Horizon	Measure	Bayes	ML	Spread (%)
1-day-ahead	MSE	0. 78891	0. 79421	-0. 53
	MAE	0. 70447	0. 71410	-0. 96
	RMSPE	0. 01399	0. 01400	0. 001
	RMSE	0. 88823	0. 891239	-0. 30
	MAPE	0. 01107	0. 01117	-0. 01
2-day-ahead	MSE	1. 39118	1. 40697	-1. 58
	MAE	0. 93128	0. 93686	-0. 56
	RMSPE	0. 02100	0. 02117	0. 02
	RMSE	1. 17948	1. 18615	-0. 67
	MAPE	0. 01655	0. 016678	-0. 013
4-day-ahead	MSE	3. 09069	3. 07250	1. 82
	MAE	1. 41675	1. 40471	1. 2
	RMSPE	0. 03386	0. 01399	1. 987
	RMSE	1. 75804	1. 75286	0. 518
	MAPE	0. 02706	0. 03376	-0. 67
8-day-ahead	MSE	8. 427465	8. 51493	-8. 75
	MAE	2. 21893	2. 25957	-4. 1
	RMSPE	0. 06336	0. 06427	-0. 09
	RMSE	2. 90300	2. 91804	-1. 5
	MAPE	0. 04704	0. 04820	-0. 12
10-day-ahead	MSE	14. 50520	14. 23258	27. 30
	MAE	3. 02976	3. 00904	2. 0
	RMSPE	0. 07243	0. 07247	-0. 004
	RMSE	3. 80857	3. 77252	3. 60
	MAPE	0. 05728	0. 05735	-0. 007

在表6－4和表6－5中，第1列是不同的前进步骤，括号中的值是每种方法的预测性能排名。在表6－4的底部，计算了测量值MSE、MAE、RMSPE、RMSE和MAPE的平均值，在表6－5的底部，计算了每个时间段的真实熵值和每种估计方法下的预测熵。结果表明，随着预测步骤数量的增加，所有误差都显著增加，与其他步骤相比，前进一天的预测结果最接近真实值。对于熵值，两种方法之前的其他步骤的预测结果相对于前进一天的预测值略有增加，预测值与实际熵值拟合良好。

表6－5　　预测未来不同步数的熵

Horizon	Bayes	ML	True Entropy	REB	REM
1-day-ahead	4.271	4.187	4.153	0.118	0.034
2-day-ahead	4.331	4.339	4.267	0.007	0.077
4-day-ahead	4.405	4.336	4.446	0.043	0.027
8-day-ahead	4.339	4.303	4.334	0.067	0.031
10-day-ahead	4.418	4.400	4.386	0.067	0.053

EB代表基于贝叶斯方法的相对误差，EM代表基于最大似然估计方法的相对误差

为了进一步验证这两种方法在Heston模型参数估计中的稳定性，接下来，将产生参数的真实值是相同的100组数据，对于每组数据，分别使用贝叶斯法和极大似然法来估计参数，然后得到两种方法下的偏差和标准差（SD），此外，为进一步提高验证的准确性，对样本数量进行调整，将样本量从1008增至三倍到3024，再次计算出偏差和标准差，并对得到的两组数据进行比较分析，如果计算得到的偏差和标准差数值越小，说明数据具有稳定性。为了证明本章提出的两种方法的预测性能，将其与前面的五个不同步骤进行比较，以评估两种方法对Heston模型参数估计的稳定性，稳定性比较结果见表6－6和表6－7。

表 6-6　贝叶斯方法估计 100 组不同数据的偏差和标准差（SD）

参数	真值	1008 个样本		3024 个样本	
		Bias	SD	Bias	SD
μ	0.1	0.0132	0.1537	0.0103	0.01261
α	1.0	0.1131	0.1872	0.6911	0.1053
β	-5	-0.6192	1.3718	-0.7862	0.9857
σ_1	-0.2	0.0117	0.0371	0.0087	0.0196
σ_2	0.4	0.0167	0.0139	0.0153	0.0117

表 6-7　最大似然法估计 100 组不同数据的偏差和标准差（SD）

参数	真值	1008 个样本		3024 个样本	
		Bias	SD	Bias	SD
μ	0.1	0.0132	0.1637	0.0117	0.01170
α	1.0	0.1045	0.1798	0.7312	0.1353
β	-5	-0.7016	1.5710	-0.6997	0.8795
σ_1	-0.2	0.0120	0.0267	0.0093	0.0207
σ_2	0.4	0.0151	0.0175	0.0103	0.0089

从表 6-6 和表 6-7 的结果中可以发现，使用贝叶斯法和极大似然估计法的偏差和标准偏差数值都较小，即两种方法预测的稳定性较好。并且，随着样本数量的增加，使用贝叶斯法和极大似然法得到的偏差和标准偏差都会变小，即稳定性提高。所以，通过稳健性检验结果来看，使用贝叶斯法和极大似然法来估计 Heston 参数都具有稳定性，并且样本数量越多，两种方法的稳定性越强。张（Zhang，2013）也提到，这两种方法和模型的稳定性是可以被实现的。

综上所述，本章通过采用贝叶斯方法和经典估计方法来预测原油市场的价格和信息熵，Heston 模型为研究原油市场的运行提供了一个有效的动力学模型。在提出了贝叶斯方法和经典方法来估计 Heston 模型的参数后，对 100 天的价格进行预测。在不同的样本估计范围下，利用滚

动窗口样本外的方法对价格进行预测，并对两种估计方法的预测精度进行了比较和分析。结果表明，这两种方法都能有效地估计 Heston 模型的参数。当 H = 100 时，除 RMSPE 外，贝叶斯方法的预测精度优于极大似然估计；当 H = 200，300 时，经典估计方法在三个指标上优于贝叶斯方法；当 H = 400，500 时，经典估算方法在四个标准上优于贝叶斯法；当 H = 600 时，经典估值方法在三种标准上优于贝叶斯法。因此，在小样本的情况下，贝叶斯方法比经典估计方法有优势，随样本量增加，经典估计方法甚至比贝叶斯方法更好。从熵的角度来看，预测结果表明，贝叶斯方法下 200 天的估计间隔最接近实际信息熵，而极大似然法下估计的 600 天间隔最接近实际值。此外，除了 200 天的估计区间外，剩余估计区间的极大似然估计优于贝叶斯方法，也就是说，在使用的模型条件下，极大似然估计下的预测熵可以更好地代表原油价格的可预测性。除此之外，本章还考虑了更普遍的情况，即提前测试这两种不同步长的方法，从测试结果看到，随着预测步长的增加，所有误差都显著增加。对于熵值，结果显示预测值与实际熵值拟合良好。最后，本章还进行了两种方法的稳定性比较，结果表明，两种方法都具有较好的稳定性。

第七章

基于贝叶斯和似然函数方法对我国股市价格波动预测研究

随着信息化社会的到来，中国股市也在不断地发展，无论是从市场、政府，还是投资者方面来说，都有非常大的进步。对于股市来说，任何相关的投资信息都会对股市的波动造成一定的影响，尤其是股市的收益率。因此这几年对于股市波动的研究也逐渐地增加，对于股市的波动，要有理性的思考和理解，一定范围的波动将会有助于推动股市的发展，但是如果经常性的波动将会造成股市的不稳定性，并且会带来巨大的风险，从而对国内的投资者造成一定的影响，并进一步影响股市接下来的发展。

针对目前我国股市的波动研究，其研究对象主要是沪深股指。对于投资者来说，股市的波动是他们的主要关注点，当股市发生相应的波动时，他们的投资策略也将会受到影响。随着国内外学者对股市波动的研究增加，相关的模型也在逐渐地完善，为了更加全面地了解股市的波动，对股市价格的预测研究也越来越多。波动率是用来反映市场风险的大小，当波动率的值越高时，市场价格波动的程度越大，反之，当波动率的值越小时，市场价格波动的程度越小，因此，研究波动率对研究市场价格的波动有一定的意义。

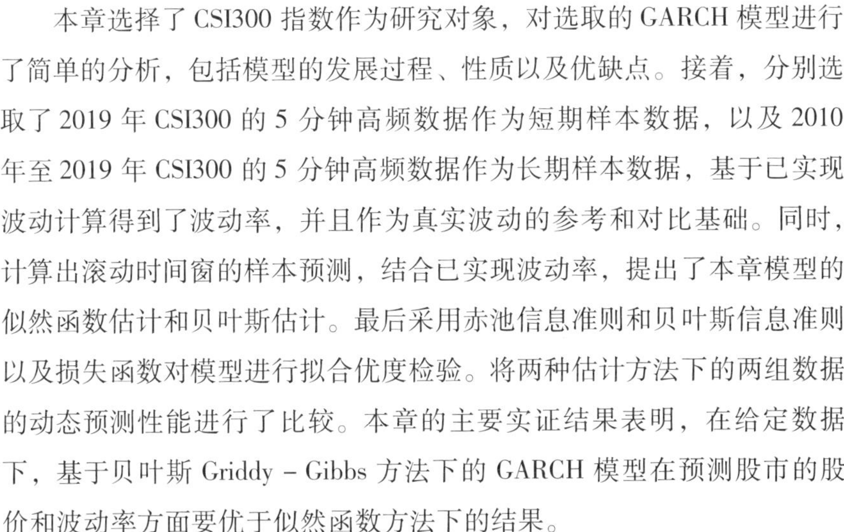

本章选择了 CSI300 指数作为研究对象，对选取的 GARCH 模型进行了简单的分析，包括模型的发展过程、性质以及优缺点。接着，分别选取了 2019 年 CSI300 的 5 分钟高频数据作为短期样本数据，以及 2010 年至 2019 年 CSI300 的 5 分钟高频数据作为长期样本数据，基于已实现波动计算得到了波动率，并且作为真实波动的参考和对比基础。同时，计算出滚动时间窗的样本预测，结合已实现波动率，提出了本章模型的似然函数估计和贝叶斯估计。最后采用赤池信息准则和贝叶斯信息准则以及损失函数对模型进行拟合优度检验。将两种估计方法下的两组数据的动态预测性能进行了比较。本章的主要实证结果表明，在给定数据下，基于贝叶斯 Griddy - Gibbs 方法下的 GARCH 模型在预测股市的股价和波动率方面要优于似然函数方法下的结果。

第一节　似然函数方法

似然函数方法是统计学中用于参数估计的一种重要方法，对似然函数的了解，可以追溯到很多研究中。通常将“似然”理解为发生的概率，而函数就是映射的组合，但是随着统计学理论的不断发展，对于似然的解释又多了一层。在统计学当中，似然用来描述已知随机变量输出结果时，未知参数的可能取值。例如，一枚硬币上抛十次，可以知道这枚硬币正反面对称的“似然”程度是多少。似然函数是关于统计模型中参数的函数，表示给定观测数据条件下参数的可能性。似然函数通常用于估计模型参数，通过最大化似然函数来获得对参数的估计值。

在金融复杂系统建模中，似然函数方法通常用于对模型参数进行估计，以便更好地描述和预测金融市场中的复杂现象。似然函数方法通常用于对金融时间序列数据中的模型参数进行估计，如波动率模型中的参数。对似然函数不断的研究过程中，其主要采用的方法就是极大似然估计法。对于最大似然估计法（maximum likelihood estimation，MLE），国

内外学者都做了许多的研究，下面对其涉及的方面进行了总结。通过最大化似然函数，可以获得对模型参数的估计值，使得观测数据出现的可能性最大化。

最大似然估计方法是一种估计参数的方法，应用于多个领域，由德国数学家高斯提出，并且进行了相关的实践研究，证明了相关的性质。1922 年，英国的统计学家费歇经过探索和研究，进一步证明了高斯提出的最大似然估计，这对后面的学者进行参数估计研究奠定了基础。对于参数估计，很多学派采用最大似然估计方法。最大似然估计法的问世，对后面估计参数方法的延伸和扩展，起了引导作用。在参数估计过程中，该方法效率高，方法简单，因而被广泛地应用于各个研究领域中。但是该方法也有一定的缺陷，因为每次的估算其实都不能计算出最大的似然估计值，这一缺点导致了模型估计参数的水平较低，影响了测量精度。并且最大似然估计方法每次进行参数估计时，都需要将整体的样本数据进行迭代处理，当样本数据低的时候，极大似然估计方法比较适用，当样本数据过高的时候，这时候进行参数估计将耗费大量的时间。最重要的一点是，最大似然估计方法不能有效解决收益率模型的路径依赖问题。针对上述问题，国内外很多学者进行了研究，霍尔和姚（Hall & Yao，2003）在参数渐进分布方面进行了改进，提出了一种新的方法，即半部分样本自主法（Kim & Fan，2018）。针对 ARMA - GARCH 模型，朱和林（Zhu & Lin，2011）对该模型进行了自拟极大指数似然估计。费绍金（2008）对于最大似然估计方法进行了进一步的研究和推断，研究发现似然方程的解和最大似然估计值并不是一个概念。也就是说在某种情况下，它们两个的值是可以不相等的。这是因为在参数估计的过程中，多变量可能导致极大似然估计值缺失。

一、离散型数据

上面给出的关于硬币的例子就是离散型数据。此时可以具体给出

$P_\theta(x_i)$ 的值，即代表在给定参数 θ 下取得 x_i 的概率。

$$L(\theta \mid data) = P(data \mid \theta) = P_\theta(data) = \prod_{i=1}^{N} P_\theta(x_i) \tag{7.1}$$

$$data = (x_1, x_2, \cdots, x_i, \cdots, x_n) \tag{7.2}$$

使用上式就可以求出给定参数 θ 和 data 时离散型随机变量对应的似然。如果在计算过程中发现如下式子：

$$\begin{aligned} L(\theta_1 \mid data) &= P_{\theta_1}(data) = \prod_{i=1}^{N} P_{\theta_1}(x_i) > \prod_{i=1}^{N} P_{\theta_2}(x_i) = P_{\theta_2}(data) \\ &= L(\theta_2 \mid data) \end{aligned} \tag{7.3}$$

那么似然函数就反映出这样一个朴素推测：在参数 θ_1 下随机向量 data 取到值（x_1，x_2，…，x_n）的可能性大于在参数 θ_2 下随机向量 data 取到值（x_1，x_2，…，x_n）的可能性。换句话说，更有理由相信，相对于 θ_2 来说，θ_1 更有可能是真实值，这里的可能性由概率来刻画。

二、连续型数据

因为是连续型数据，所以无法给出 $P_\theta(x_i)$ 的值，或者可以说 $P_\theta(x_i)$ 的值为零，可以给出的是概率密度 f，也就是一个区间内的概率。给定一个充分小 $\varepsilon > 0$，那么随机变量 x_i，取值在（$x-\varepsilon$，$x+\varepsilon$）区间内的概率即为：

$$\begin{aligned} P_\theta(x-\varepsilon < x_i < x+\varepsilon) &= \int_{x-\varepsilon}^{x+\varepsilon} f(x_i \mid \theta)\,dx \approx 2\varepsilon f(x_i \mid \theta) \\ &= 2\varepsilon P(x_i \mid \theta) 2\varepsilon L(\theta \mid x_i) \end{aligned} \tag{7.4}$$

如果建立了似然函数和概率之间的关系，就可以像离散型变量一样，比较两个参数的似然，得到一个推测，如下所示：

$$\begin{aligned} L(\theta_1 \mid data) &= P_{\theta_1}(data) \\ &= \prod_{i=1}^{N} P_{\theta_1}(x-\varepsilon < x_i < x+\varepsilon) > \prod_{i=1}^{N} P_{\theta_2}(x-\varepsilon < x_i < x+\varepsilon) \\ &= P_{\theta_2}(data) \\ &= L(\theta_2 \mid data) \end{aligned} \tag{7.5}$$

那么可以推测，在参数 θ_1 下随机向量 data 取到值（x_1，x_2，…，x_n）的可能性大于在参数 θ_2 下随机向量 data 取到值（x_1，x_2，…，x_n）的可能性。

最大似然估计方法常见的应用包括对波动率模型（如 GARCH 模型）中的参数进行估计，以及对随机过程模型（如布朗运动模型）中的参数进行估计，从而更好地描述金融资产价格的波动性。通过最大化似然函数，可以获得对模型参数的估计值，进而用于预测未来的价格波动。国内外研究人员使用最大似然估计方法来估计 GARCH 模型的参数时，假设总体的概率密度函数为 $p(x, \theta)$，$\theta \in \Theta$，其中 θ 是一个参数向量，并且 θ 是一个未知参数或几个未知参数组成的，Θ 代表参数 θ 可能取值的参数空间，总体的样本是 x_1，…，x_n，θ 就是将样本的联合概率密度，用 $L(\theta; x_1, \cdots, x_n)$ 表示，简记为 $L(\theta)$，表达式如下：

$$L(\theta) = L(\theta; x_1, \cdots, x_n) = p(x_1, \theta)p(x_2, \theta), \cdots, p(x_n, \theta) \tag{7.6}$$

$L(\theta)$ 代表着样本的似然函数。假如统计量 $\hat{\theta} = \hat{\theta}(x_1, x_2, \cdots, x_n)$ 满足：

$$L(\hat{\theta}) = \max_{\theta \in \Theta} L(\theta) \tag{7.7}$$

也就是说，$\hat{\theta}$ 是 θ 的极大似然估计。接着，取 GARCH 回归模型如下：

$$\begin{cases} Y_t = X_t b + \varepsilon_t \\ \varepsilon_t = e_t \sigma_t \\ \sigma_t^2 = \alpha_0 + \sum_{i=1}^{q} \alpha_i \varepsilon_{t-i}^2 + \sum_{j=1}^{p} \beta_j \sigma_{t-j}^2 \end{cases} \tag{7.8}$$

在上述的式子中，e_t 代表服从独立同分布的正态分布，并且都独立于 X_t 和可测向量 Y_t，经过计算和测量，就可以得到参数 b 的迭代式子，如下所示：

$$b^{(i+1)} = b^{(i)} + \left\{ \sum_{i=1}^{T} \left[\frac{X_t X_t'}{\sigma_t^2} + \frac{1}{2}\left(\frac{d_t}{\sigma_t^2}\right)' \right] \right\}^{-1} \times \left\{ \sum_{i=1}^{T} \frac{X_i \varepsilon_i}{\sigma_t^2} + \frac{1}{2}\left(\frac{d_t}{\sigma_t^2}\right) d_t d_t' \right\}$$

$$= b^{(i)} + \left\{ \sum_{i=1}^{T} \left[\frac{X_t X_t'}{\sigma_t^2} + \frac{1}{2}\left(\frac{d_t}{\sigma_t^2}\right)\left(\frac{d_t}{\sigma_t^2}\right)' \right] \right\}^{-1} \frac{d(L(\theta))}{db} \tag{7.9}$$

综上所述，便可得到 GARCH（p，q）模型的最大似然估计。

似然函数方法在金融建模中具有较强的理论基础和数学严谨性，能够提供对模型参数的有效估计，似然函数方法的优点是可以直接利用观测数据来估计参数，而不需要对数据进行转换或假设分布形式。然而，似然函数方法也存在一些局限性，如对于复杂模型，在参数空间较大或者似然函数非凸的情况下，可能会导致计算困难或者得到局部最优解。似然函数方法在金融复杂系统建模中是一种重要的参数估计方法，通过最大化似然函数来获得对模型参数的估计值，从而更好地描述和预测金融市场中的复杂现象。

第二节　沪深 300 指数预测比较分析

股票市场一直是各个国家学者的研究重点，因为股票市场在金融体系中占有非常重要的地位。在最近几年的研究过程中，不少学者对于股价的收益率和波动率做了很多实证研究。通过图 7－1 可以发现，股价的波动从 1987 年开始研究，并且随着时间的变化，其整体的研究热度处于上升的状态，并且在 2021 年达到顶峰，这说明股市的波动在很大程度上将会影响我国经济的发展。通过对股价波动的研究，可以进一步了解股市发展的情况。我国当前的股票市场的发展跟国外相比，还是有一定的差距，在市场方面，有些公司为了利益在市场中发布虚假信息以及虚假的数据，这些虚假信息将会对投资者产生一定的误导，从而会造成投资者的损失。当投资者对股市失去兴趣或者信心以后，这将会进一步限制我国股票市场的发展。而当政府对我国股市干预过多的时候，股票市场也不能完全发挥它的价值，因此对于市场或者政府来说，加强市场监管以及减少政府干预和增加政策支持，才能推动我国股市健康持续的发展。

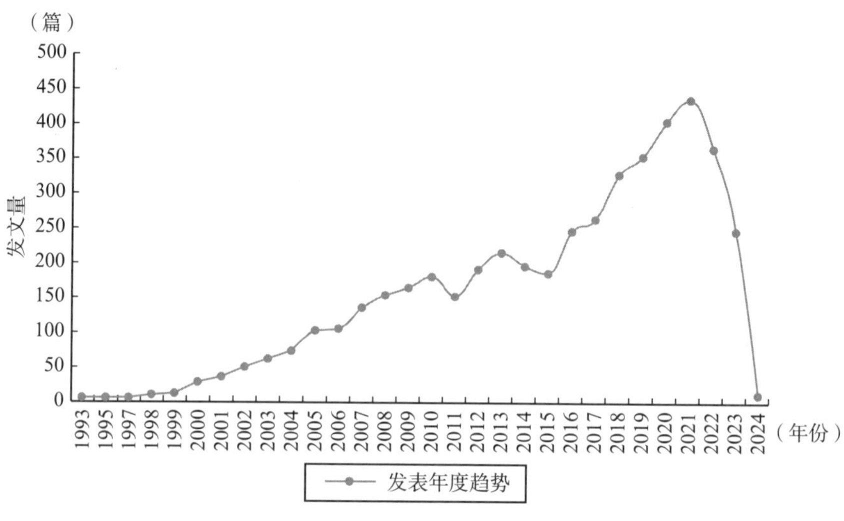

图 7－1　股价波动研究走势

上海证券交易所在 1991 年 7 月 15 日发布了上海证券交易所的综合指数，该值可以反映在香港上市的公司的整体市场波动情况。国内学者进行了多项研究，为我国股市提供了更多的发展建议。国内的投资者主要分为机构投资者和个人投资者，机构投资者因为有比较全面的风险预估能力以及承受能力，因此在股市波动时，虽然会受到一定的影响，但是并不会有很大的损失。而个人投资者在股市中投资的时候，会有盲目的跟风性和投机性，当市场中出现信息不对称的时候，股市的价格将会发生波动。关于短期投资以及长期投资，个人投资者往往会选择短期投资，而机构投资者会选择中长期投资，当发生频繁的实际交易时，交易量的过度变化也会导致股票市场的价格出现异常波动。

在西方资本主义国家的经济研究中，股票市场起着关键作用，股票市场在金融市场中的有效性非常重要。基于西方国家对于股票市场以及股价的研究，目前已经有许多的基础理论和模型。国内学者通过对西方国家股票市场的了解和研究分析，并且结合我国股票市场的特点，也得到了一些基本理论模型，总结出相关结论。中国对于股价波动的科学研究也涉及非常多的方面，从图 7－2 可以了解到，随着股市的发展，出

现了越来越多的“股价波动”关联研究，形成了一个庞大的研究网络，它涉及各个方面，如金融市场、机构投资者等方面，对于股票市场来说，它是基于公共经济和股票市场的经济发展和发展趋势的转变。随着金融计量经济学的发展，我国对于股价波动的研究也越来越成熟。

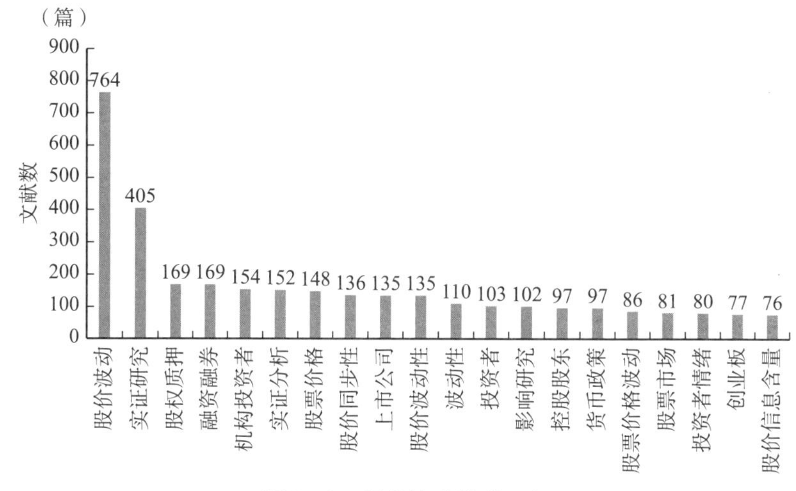

图 7-2 股价波动关联研究

基于前人的研究，本章对我国股市价格波动预测进行研究，通过似然函数方法和贝叶斯方法对于我国股市价格波动进行预测，基于预测结果提出相关建议，例如通过股市价格的波动特征为投资者提供投资建议，为市场提出有针对性的风险管理策略。基于本章的预测结果，还可以进行相关的量化投资，并提出风险预警等，或者政府可以给予相关的政策支持，从而进一步推动股票市场的发展。

本章选择沪深 300 指数作为研究对象，具体来说，分别选取了 2019 年 CSI300 的 5 分钟高频数据作为短期样本数据，以及 2010 年至 2019 年 CSI300 的 5 分钟高频数据作为长期样本数据，基于已实现波动计算得到了波动率，并且作为真实波动的参考和对比基础。同时计算出滚动时间窗的样本预测，结合已实现波动率，分别使用似然函数方法和贝叶斯 Griddy - Gibbs 抽样方法，对本章选取的数据进行参数估计，得出模型拟合结果，进而发现我国股市波动的特征。最后采用赤池信息准则和贝叶斯信息准则以及损失函数对模型进行拟合优度检验。将两种估计方法下的两组数据的动态预测性能进行了比较和检验，使得分析我国股市价格波动特征更加全面。主要实证结果表明，在给定数据下，基于贝叶斯 Griddy－Gibbs 方法下的 GARCH 模型在预测股市的股价和波动率要优于似然函数方法下的结果。

一、数据选取

为了保证我国股市波动特征研究的深入性和全面性，本节分别选取了短期样本数据和长期样本数据。其中短期样本数据是2019年沪深300指数5分钟高频数据，时间从2019年1月4日至2019年12月31日；长期样本数据是从2010年1月4日至2019年12月31日的沪深300指数5分钟高频数据。对于短期样本数据，共 $N=242$ 个交易日，沪深300指数每天有5小时25分钟的交易时间，因此每个交易日可以记录48个5分钟高频数据。全部样本合计11616个5分钟高频数据，记为 I_{td}，$t=1$，2，3，…，N，$d=1$，2，…，48，其中 $I_{t,48}$ 表示第t天的收盘价，研究所用到的数据均来源于雅虎财经。

对于日收益率 R_t，本节用相邻两个交易日收盘价进行计算：

$$R_t = \ln I_{t,48} - \ln I_{t-1,48} \tag{7.10}$$

可以得到第t天的（每5分钟）高频收益率 $R_{t,d}$ 为：

$$R_{t,d} = \ln I_{t,d} - \ln I_{t,d-1} \tag{7.11}$$

根据前文以及上述公式，可以得到对第t天的已实现波动率的估计，表示为第t天内所有的高频收益率的平方和：

$$RV' = \sum R_{t,d}^2 \tag{7.12}$$

根据样本总体（$t=1$，2，3，…，242）划分为“估计样本”和“预测样本”两部分。对于估计样本的取值，本节选取了三个长度，分别为60，90，120，而预测样本则分别包含182，152，122个交易日的

数据（即 t = H + 1，H + 2，…，H + M，其中 M = 182，122，42）。

第 1 步，估计样本的长度首先选取 60，对 GARCH（1，1）模型参数进行估计，然后在此估计基础上，获得未来 1 天的波动率预测，记为 σ_{H+1}^2，也就是说，σ_{H+1}^2是在前面 60 个样本数据的基础上对第 61 天的市场波动率预测。

第 2 步，估计样本时间区间长度不变（H = 60），将估计样本时间区间向后平行移动 1 天，即第二次选取的是 t = 2，3，…，H + 1 的数据样本作为新的估计样本，然后重新估计上述 GARCH 模型的参数，并在此新的模型估计基础上获得未来 1 天的波动率预测，记为 σ_{H+2}^2。

不断重复上述步骤，同理可以得到 σ_{H+3}^2，σ_{H+4}^2，σ_{H+5}^2，直到最后一次的样本区间为 t = M，M + 1，…，H + M − 1，以获得最后一天即 t = H + M = 242 天的市场波动率预测 σ_{H+M}^2。最后，对上述的 GARCH 模型分别进行了 182，152，122 次的模型估计，从而分别获得了 182，152，122 个未来 1 天的样本外波动率估计，记为 σ_m^2，其中，m = H + 1，H + 2，…，H + M。

以短期样本为例，为了保证预测效果更加精准，对于本章采用的方法选取了 3 个控制变量，分别为 H，G，N，其中 H 代表样本长度，G 代表前文中 Griddy – Gibbs 抽样方法中的峰值，N 代表 Griddy – Gibbs 抽样方法中抽取的次数，本节中的 H 选取了四个值 60，90，120，并且对于 Griddy – Gibbs 中的 G 值，也分别选取了三种不同的峰值，即 5，10，15。对于 N，选取了 3 种不同的抽样次数分别为 50，100，150。因为组合较多，经过处理，选取了十二次的拟合效果进行对比，对此长期样本数据也进行同样的分析和处理数据的过程。首先对沪深 300 指数数据进行可视化描述，沪深 300 指数收益率序列走势图以及收益率平方时序分别如图 7 – 3 和 7 – 4 所示。可以发现，沪深 300 指数具有明显的收益波动聚集效应。

对收益率序列和波动率序列的描述性统计结果如表 7 – 1 所示，可以看到，收益率的日均值收益率接近于 0，并且收益率序列的标准差大于波动率序列的标准差。收益率序列的偏度大于0，概率密度函数曲线呈现右偏，并且波动率序列也是呈现同样的情况。收益率序列和波动率序列的峰度都大于3，说明他们的概率密度曲面峰的形状比较尖，比正态分布峰要陡峭，可以看出，收益率和波动率序列的概率密度曲线均具有“尖峰厚尾”的特征，从J－B统计量来看，均显著大于5%显著性水平的临界值，均拒绝服从正态分布的这一假设。

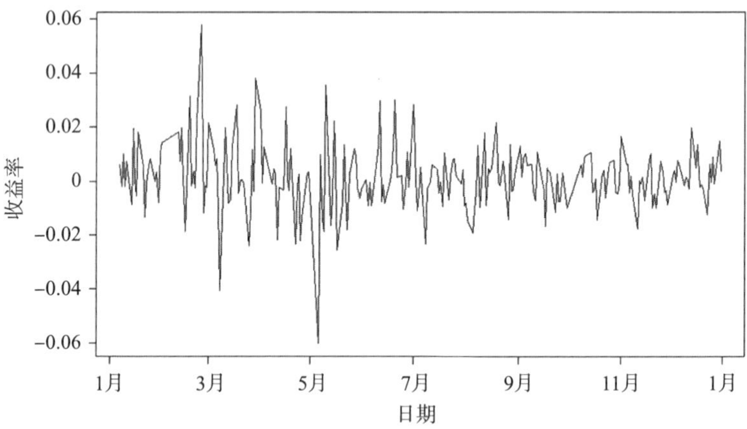

图7－3　沪深300指数收益率时序图

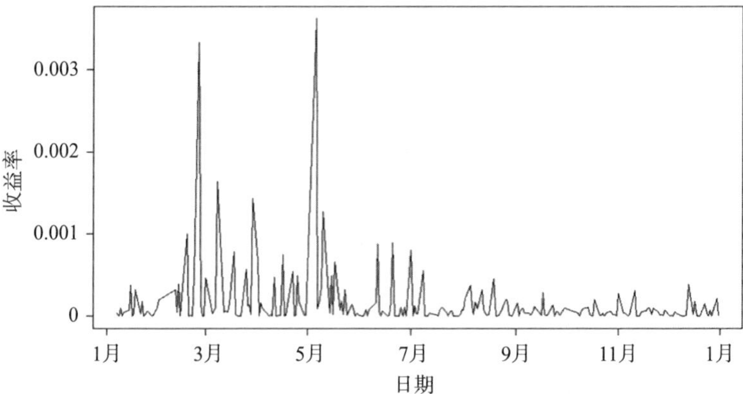

图7－4　沪深300指数日收益率平方时序图

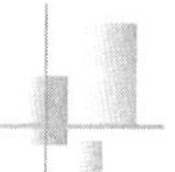

表 7-1　　收益率和波动率描述性统计量

序列	最小值	最大值	平均值	标准差	偏度	峰度	Jacque - Bera	
							统计量	P 值
收益率	-0.06019	0.057778	0.00124	0.00124	0.04730	4.22583	170.0333	<0.0000
波动率	0.00001	0.001440	0.00012	0.00016	4.45548	26.62928	7604.4750	<0.0000

二、数据检验

在检验过程中，使用 R 语言对收益率序列进行稳定性检验，采用单位根 ADF 的方法，检验结果如表 7-2 所示。根据表中检验结果，在显著性水平为 0.05 的前提下，检验统计量为 -5.525，相伴概率 p 值小于临界值，因此可以得出结论，本节研究中选取的序列经过检验是平稳的。

表 7-2　　ADF 检验

项目	T 统计量	相伴概率
ADF 检验统计量	-5.525	<0.05

接下来，进行数据的白噪声检验。该检验的原假设是时间序列数据具有纯随机性，也就是各观测值独立，能观察到的某些相关数据仅仅产生于随机抽样的误差。假设是原本的数据并非随机的，也就是各观测值不独立，至少存在某个自相关系数不为零（检验 p 值越大越接受原假设，越小越拒绝原假设）。因此，分别对收益率和波动率进行白噪声检验，结果如表 7-3 和表 7-4 所示。

表 7-3　　收益率的白噪声检验

滞后阶数	卡方统计量	p 值
5	4.4227	0.4903
10	12.413	0.2583
20	14.27	0.8165

表 7－4　　　　　　　　　　波动率的白噪声检验

滞后阶数	卡方统计量	p 值
5	111.43	<0.01
10	145.48	<0.01
20	179.01	<0.01

从以上结果可以看出，收益率在滞后 5 阶、10 阶和 20 阶的情形下检验 p 值均大于 0.1，可以接受原假设，因此认为收益率时间序列中所有滞后 5 阶、10 阶和 20 阶的自相关系数均为零，即认为收益率时间序列中不存在自相关性，该序列是纯随机的。波动率则与之相反，在滞后 5 阶、10 阶和 20 阶的情形下检验 p 值均小于 0.01，可以拒绝原假设，认为波动率时间序列中必定存在滞后 5 阶、10 阶和 20 阶的自相关系数不为零。即认为波动率时间序列中存在自相关性，该序列是非纯随机的。

最后，进行自相关检验，沪深 300 指数收益率自相关以及偏自相关函数图如图 7－5 所示。可以发现，自相关函数图和偏自相关函数图上的大多数函数值都在可信区间的范围内，这表明本节采用数据的收益率序列自相关性很低。更进一步地，对收益率平方的自相关进行检验，检验结果如图 7－6 所示。通过描述性统计分析可以发现，本章中选用的样本数据序列均满足建模要求，分析得出短期样本数据是满足条件的，说明长期样本数据也同样满足本章模型的建模条件，因此可以采用 GARCH（1，1）模型对选取的数据进行分析。

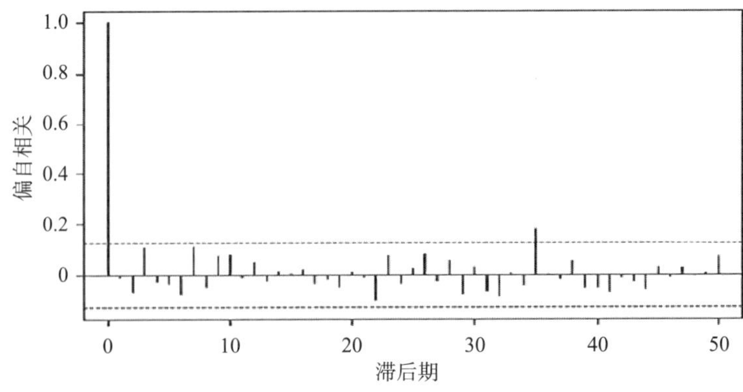

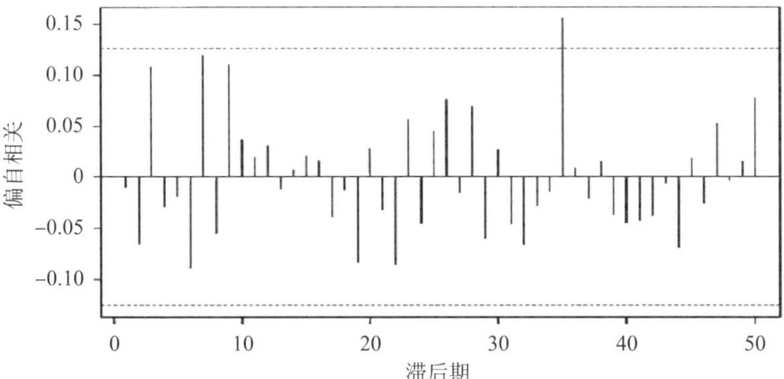

图 7 - 5　沪深 300 指数收益率序列自相关函数和偏自相关函数图

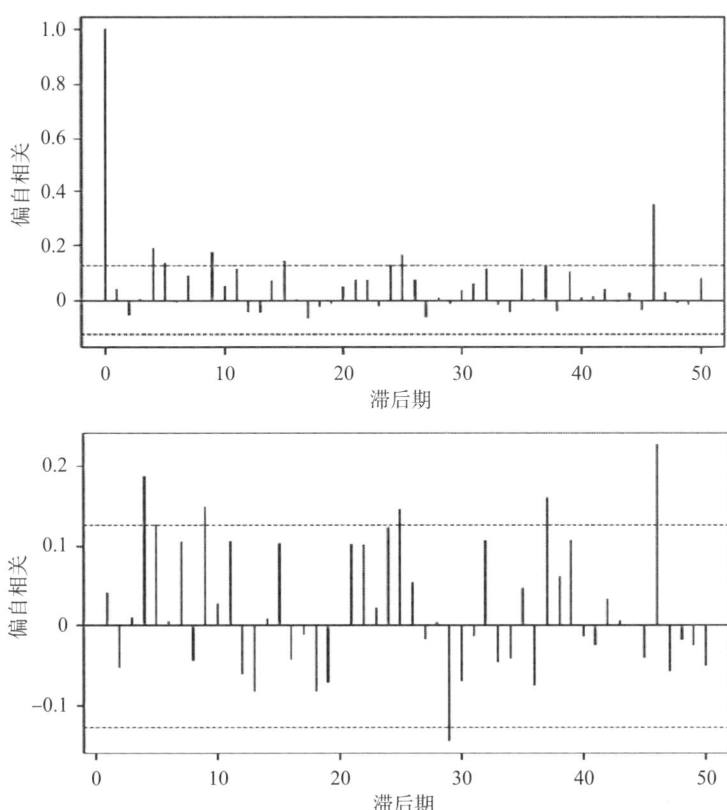

图 7 - 6　收益率平方序列自相关函数图和偏自相关函数图

三、ARCH 效应检验

r 代表在 t 时刻资产的对数收益率。波动率研究的核心思想可以解释为：序列 $\{r_t\}$ 不是独立的，有两种情况，第一种是低阶前后不相关的情况，第二种是低阶前后相关的情况。要考虑以下情况：当 t－1 时刻的已知信息集为 F_{t-1} 的时候，此时 r_t 的条件均值 μ_t、条件方差 σ_t^2，满足以下条件：

$$\begin{aligned}\mu_t &= E(r_t \mid F_{t-1}) \\ \sigma_t^2 &= Var(r_t \mid F_{t-1}) = E((r_t - \mu_t)^2 \mid F_{t-1})\end{aligned} \tag{7.13}$$

假设 r_t 遵循一个不复杂的时间序列模型，例如平稳 ARMA(m，n) 模型，即可得到下式：

$$\begin{aligned}r_t &= \mu_t + a_t \\ \mu_t &= \phi_0 + \sum_{i=1}^{m} \phi_i r_{t-i} + \sum_{j=1}^{n} \theta_i a_{t-i}\end{aligned} \tag{7.14}$$

在上述式子中，a_t 代表着服从 $N(0, \sigma_t^2)$ 分布，m 是非负整数，n 也是非负整数。将式（7.13）和式（7.14）结合起来，可以得到以下式子：

$$\sigma_t^2 = Var(r_t \mid F_{t-1}) = Var(a_t \mid F_{t-1}) \tag{7.15}$$

1982 年，在波动率建模方面，Engle 创造了系统框架的第一个 ARCH 模型。假设一个 ARCH(q) 模型如下：

$$\begin{aligned}a_t &= \sigma_t \varepsilon_t \\ \sigma_t^2 &= \alpha_0 + \alpha_1 \alpha_{t-1}^2 + \cdots + \alpha_q \alpha_{t-q}^2\end{aligned} \tag{7.16}$$

上述式子中，$\{\varepsilon_t\}$ 是独立同分布的随机变量序列，均值是 0，方差是 1，当 $\alpha_0 > 0$ 时，如果 $i > 0$，那么 $\alpha_i > 0$。从模型的角度出发，大的过去抖动的平方 $\{\alpha_{t-i}^2\}_{i=1}^{q}$ 导出均值修正的收益率 a_t 的大方差 σ_t^2，因此 a_t 取绝对值的时候会向较大值倾斜。换句话说，基于 ARCH 的框架，发生大抖动之后会接着发生另一个大抖动。事实上，大方差不一定就意

味着大的变化，只是表明大变化的可能性大于小的方差发生的可能性，这与资产收益率所研究的波动率从聚效应类似。

本章对收益率和波动率时间序列均进行 ARCH – LM 检验。ARCH 效应检验的结果如表 7 – 5 所示，由表中结果可知，收益率时间序列的 ARCH – LM 检验 P 值小于 0.05，波动率时间序列的 ARCH – LM 检验 p 值小于 0.01，均拒绝不存在 ARCH 效应的原假设，接受存在 ARCH 效应的假设。即可以认为收益率和波动率时间序列均存在 ARCH 效应，因此可以进行建模分析。同时，因为短期样本数据均满足描述性统计检验，所以长期样本数据也同样满足相关的描述性统计分析，故本章对长期样本数据不做相关检验。

表 7 – 5　　　　　　　　　ARCH 效应检验结果

指标	卡方统计量	p 值
收益率	23.573	0.02323
波动率	43.897	<0.01

四、两种估计方法的 GARCH 模型参数估计结果

（一）似然函数方法参数估计结果

以短期样本为例，通过似然函数方法，本章对 GARCH（1，1）模型进行了参数估计，得到如下的结果：

$$\begin{cases} y_t = 0.000987085 + \varepsilon_t \\ h_t = 0.000000586 + 0.048513609\varepsilon_{t-1} + 0.946299096h_{t-1} \end{cases}$$

通过似然函数方法，得到了 GARCH（1，1）模型的各个参数。经过相关检验，可以发现参数均满足相关条件。这也说明本章选取的样本数据具有明显的波动聚集效应，并且也表明本章选取的短期样本数据的

收益率序列具有较强的连续波动性。

（二）贝叶斯方法参数估计结果

以短期样本为例，通过贝叶斯 Griddy – Gibbs 抽样方法，对选取的样本数据进行了处理。因为本章中采用的是滚动时间窗的方法，所以对整体的样本进行了参数估计。在本次的参数估计当中，可以得到如下的 GARCH（1，1）模型。

$$\begin{cases} y_t = 0.001449248 + \varepsilon_t \\ h_t = 0.000904136 + 0.001412935\varepsilon_{t-1} + 0.6660405h_{t-1} \end{cases}$$

通过计算可以得到 GARCH（1，1）模型的各个参数，并且该参数均经过检验满足条件，接下来的研究中，还对短期样本数据进行了样本内检验和样本外检验。

（三）样本内的检验

因为本章采用了滚动时间窗的方法进行了预测，无法对各个样本内的参数取固定值。因此采用两种估计方法，把整体的样本参数估计出来，具体的估计结果如前述。同时，由于本章采用的是滚动周期法，因此接下来将对整体的样本分别进行 AIC 和 BIC 检验。

赤池信息准则是 AIC 的统称，是模型拟合的一种衡量统计标准。它是 1974 年日本统计学家赤池弘次提出来的，它提供了权衡估计模型复杂度和拟合数据优良性的标准，且是建立在熵的概念上的。一般情况下，AIC 被定义为：

$$AIC = 2k - 2\ln(L) \tag{7.17}$$

上式中的 k 代表模型参数的个数，L 代表的是似然函数。一般从一组可以选择的模型中选择 AIC 最小的模型为最佳模型。对于一般模型来说，复杂度（k）提高时似然函数 L 就会增大，AIC 就会变小，当复杂度（k）特别大时，似然函数 L 的增长速度就会减慢，AIC 就会增大，导致模型特别复杂，最终导致过度拟合现象。选取 AIC 最小的模型，是

为了使模型参数尽可能少，降低过度拟合度的可能性。

贝叶斯信息准则是 BIC 的统称，与 AIC 相似，它的作用是模型选择。在进行模型训练时，参数的增多也就意味着模型的复杂度增加。当参数增加的时候，相应的似然函数也会增加，为解决这个问题，AIC 和 BIC 加入了相关的惩罚项。当为了提升结果的精确度而使选取的样本数量过大或模型过于复杂的时候，BIC 信息准则就可以对其进行防范。

$$BIC = k\ln(n) - 2\ln(L) \tag{7.18}$$

在这个公式中，k 代表模型参数的个数，n 代表样本的数量，L 代表似然函数。在维数过大且训练样本数据比较少的情况下，kln(n) 的惩罚项能够将维度灾难现象进行有效的规避。

AIC 公式和 BIC 公式的后半部分是一样的，而公式的前半部分都是惩罚项，当 n≥8n≥8 时，kln(n)≥2kln(n)≥2k，因此，BIC 在大数据量对模型参数惩罚相比 AIC 来说更多，这就使得 BIC 更适合参数少的简单模型。为了保证样本内检验的精确性，本节中作了两组检验，检验结果如表 7-6 至表 7-9 所示。

表 7-6　　AIC 和 BIC 检验结果（G=5，N=50）

G=5，N=50			
似然函数		贝叶斯 Griddy-Gibbs	
AIC	BIC	AIC	BIC
-2201.6701	-2187.7309	-2506.3251	-2268.9632

表 7-7　　AIC 和 BIC 检验结果（G=5，N=100）

G=5，N=100			
似然函数		贝叶斯 Griddy-Gibbs	
AIC	BIC	AIC	BIC
-2503.2365	-2463.5894	-2803.2569	-2596.84

表 7-8　　　AIC 和 BIC 检验结果（N=100，G=5）

N=100，G=5			
似然函数		贝叶斯 Griddy - Gibbs	
AIC	BIC	AIC	BIC
-2503.2365	-2463.5894	-2803.2569	-2569.84

表 7-9　　　AIC 和 BIC 检验结果（N=100，G=10）

N=100，G=10			
似然函数		贝叶斯 Griddy - Gibbs	
AIC	BIC	AIC	BIC
-2686.2652	-2532.6521	-2930.3215	-2689.3654

通过表 7-6 到表 7-9 的对比可以发现，根据 AIC 和 BIC 最小信息准则，在整体样本数量确定的情况下，当样本长度固定以及抽样峰值保持不变时，随着抽样次数的增多，AIC 与 BIC 的值也越来越小，当样本长度和抽样次数不变时，随着抽样峰值的不断增加，其结果也满足最小信息准则，并且采用贝叶斯 Griddy - Gibbs 方法的检验效果值均小于似然函数的检测效果值，因此可以认为样本内的采用贝叶斯 Griddy - Gibbs 方法的拟合效果要好于采用似然函数方法的拟合效果，基于以上结果对波动率以及收益率进行预测分析。

第三节　预测结果与检验

一、基于短期样本以及两种方法的预测结果

本章进行了多次模拟，通过 R 语言分析，可以得到在不同组合下

的收益率时间序列图和波动率时序图。接下来，选取其中具有代表性三组并对其进行说明。首先，当 N 与 G 保持不变，H 逐渐增加的预测图，其结果分别列示在图 7－7 至图 7－10 中。其中，H 代表样本长度，G 代表前文中 Griddy－Gibbs 抽样方法中的峰值，N 代表 Griddy－Gibbs 抽样方法中抽取的次数。通过分析图 7－7 到图 7－10 可以发现，当贝叶斯 Griddy－Gibbs 抽样方法中，抽样次数以及峰值不变时，随着样本长度的增加，收益率以及波动率的预测效果更加地接近真实值，预测效果要好于似然函数方法。

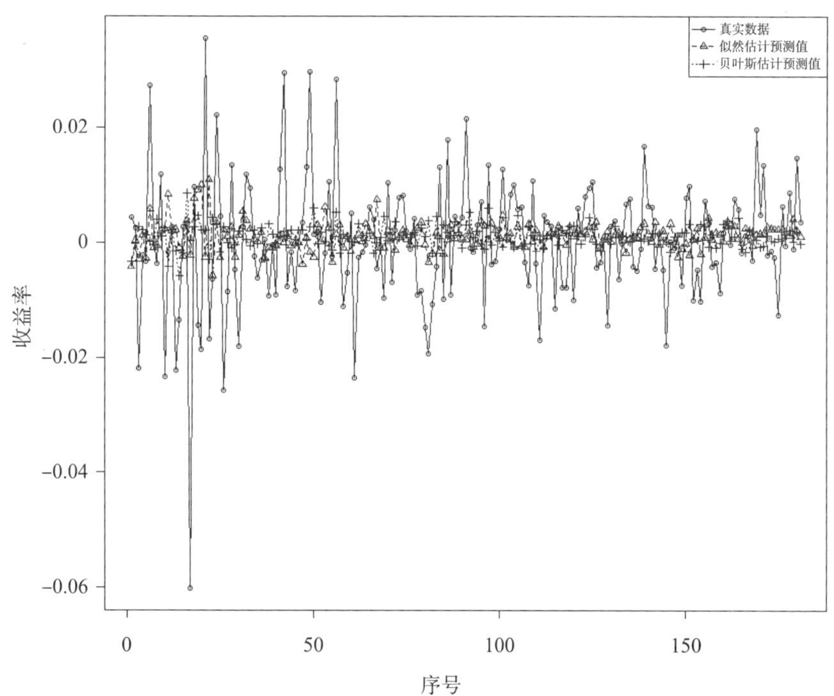

图 7－7　N＝50，G＝5，H＝60 收益率预测时序图

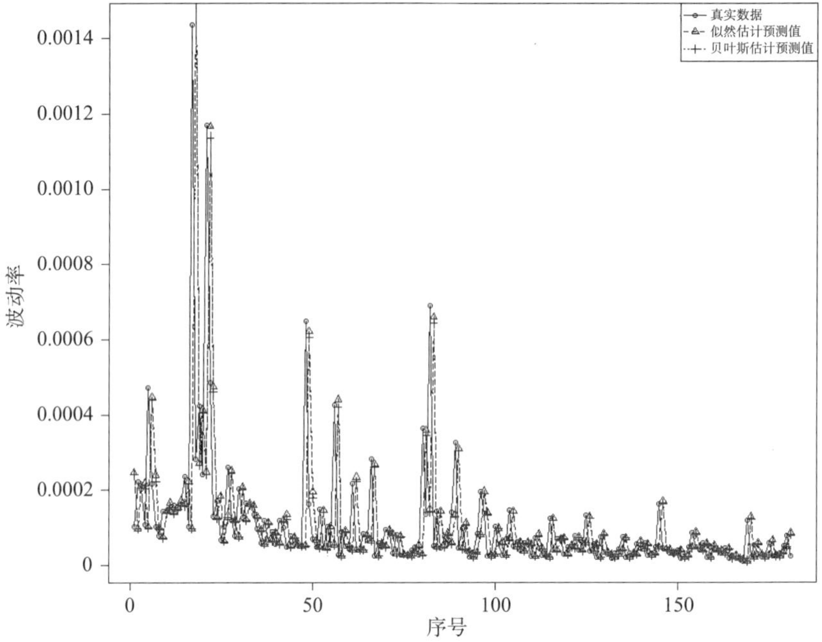

图 7-8　N=50，G=5，H=60 波动率预测时序图

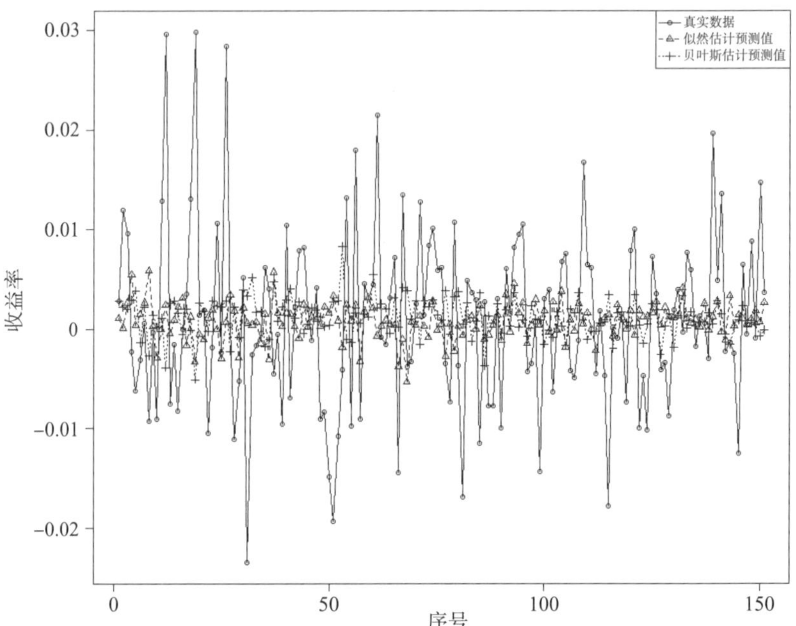

图 7-9　N=50，G=5，H=90 收益率预测时序图

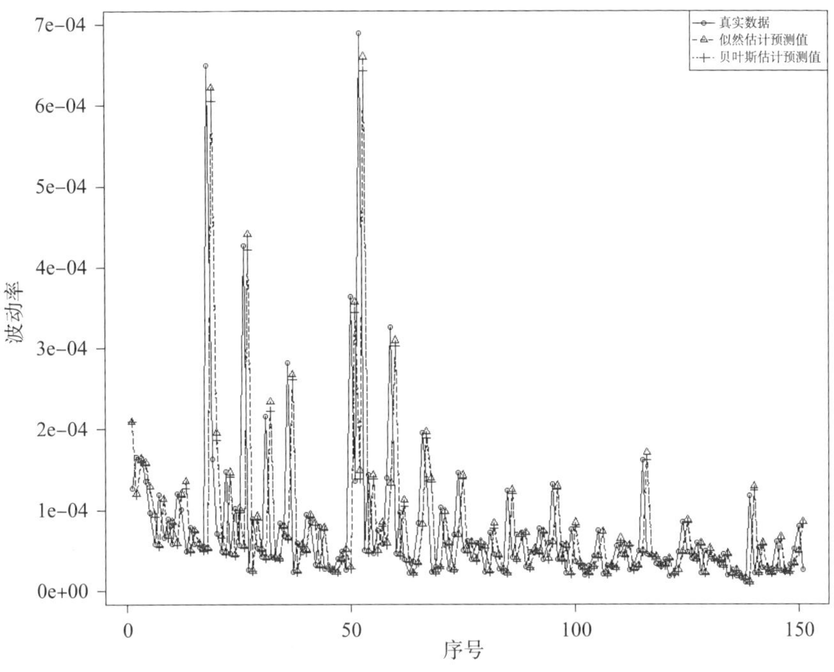

图 7－10　N＝50，G＝5，H＝90 波动率预测时序图

其次，当 H 与 G 保持不变，N 逐渐增加的预测时序图，其结果分别列示在图 7－11 至图 7－14 中。同样的，H 代表样本长度，G 代表前文中 Griddy－Gibbs 抽样方法中的峰值，N 代表 Griddy－Gibbs 抽样方法中抽取的次数。通过分析图 7－11 到图 7－14 可以发现，当样本长度、抽样方法中的峰值不变时，随着抽样的次数增加，预测出来的结果更加符合真实值，采用贝叶斯 Griddy－Gibbs 抽样方法的模型拟合效果要好于似然函数方法的拟合效果。

最后，当 H 与 N 保持不变，G 逐渐增加的预测时序图，其结果分别列示在图 7－15 至图 7－18 中。同样，H 代表样本度，G 代表前文中 Griddy－Gibbs 抽样方法中的峰值，N 代表 Griddy－Gibbs 抽样方法中抽取的次数。通过分析图 7－15 到图 7－18 可以发现，当样本长度以及抽样次数不变时，随着峰值的增加，采用贝叶斯 Griddy－Gibbs 抽样方法的误差更小，更加符合预期结果。

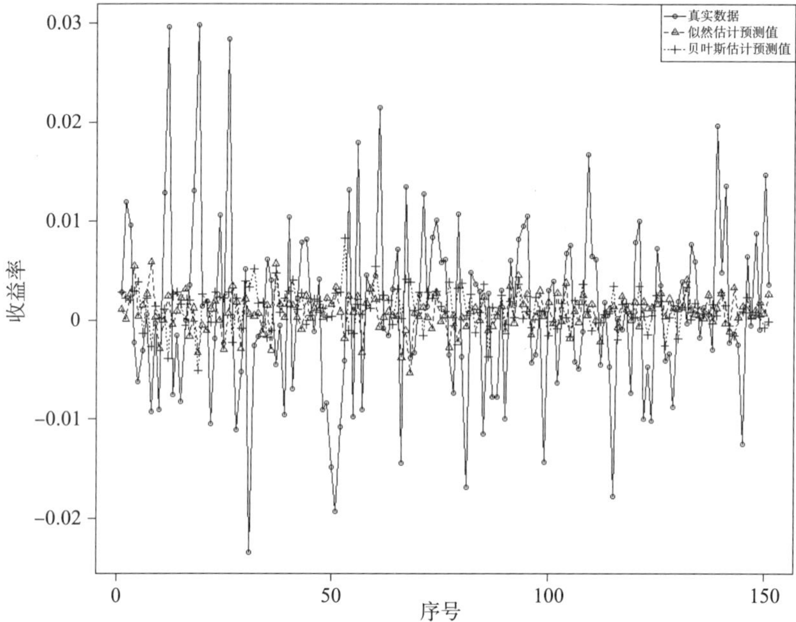

图 7-11　H=90，G=5，N=50 收益率预测时序图

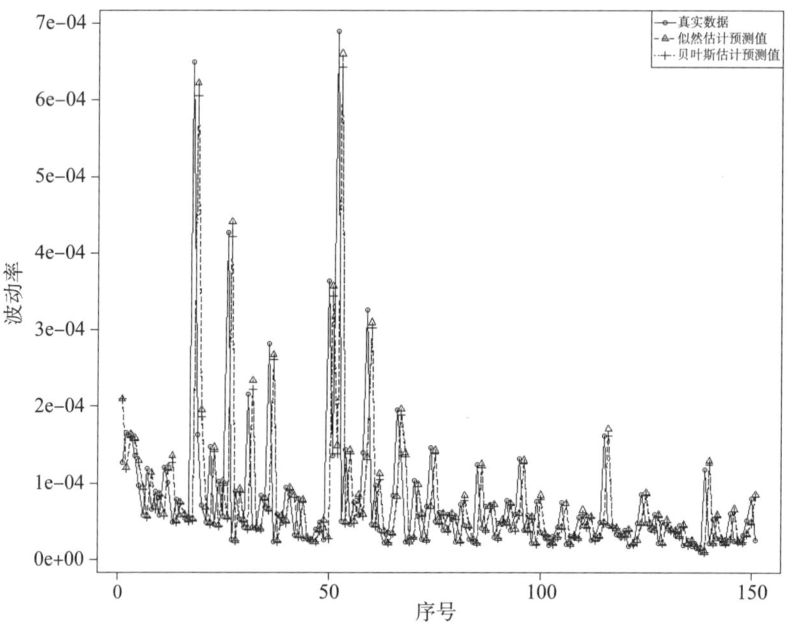

图 7-12　H=90，G=5，N=50 波动率预测时序图

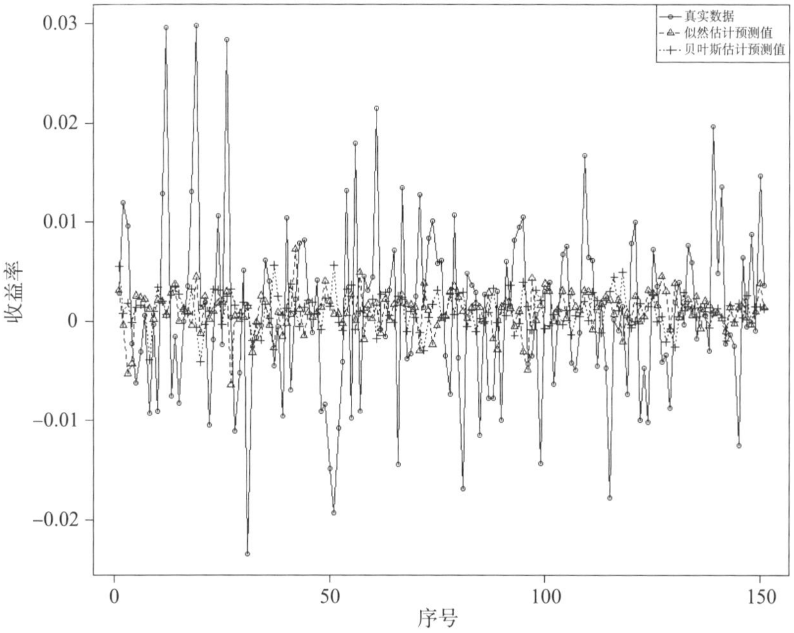

图 7－13　H＝90，G＝5，N＝100 收益率预测时序图

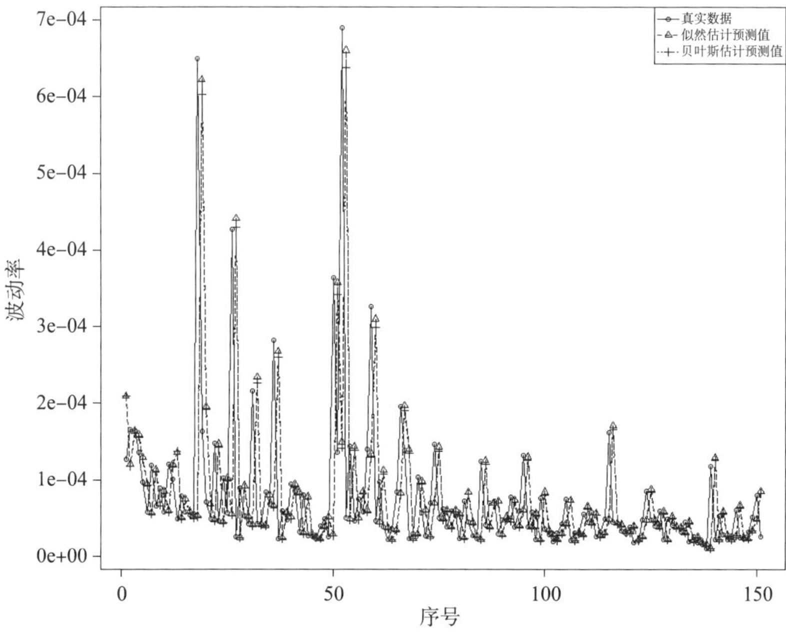

图 7－14　H＝90，G＝5，N＝100 波动率预测时序图

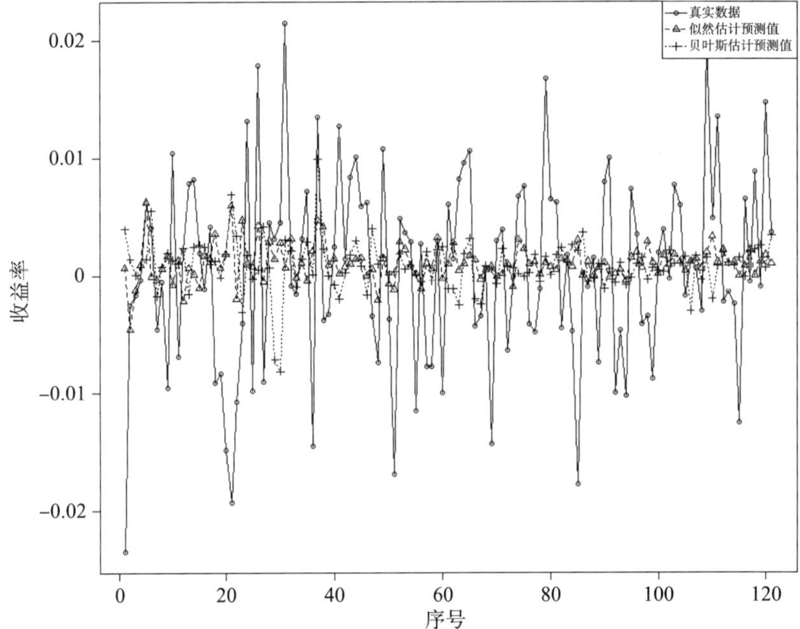

图 7-15　H=120，N=100，G=10 的收益率预测时序图

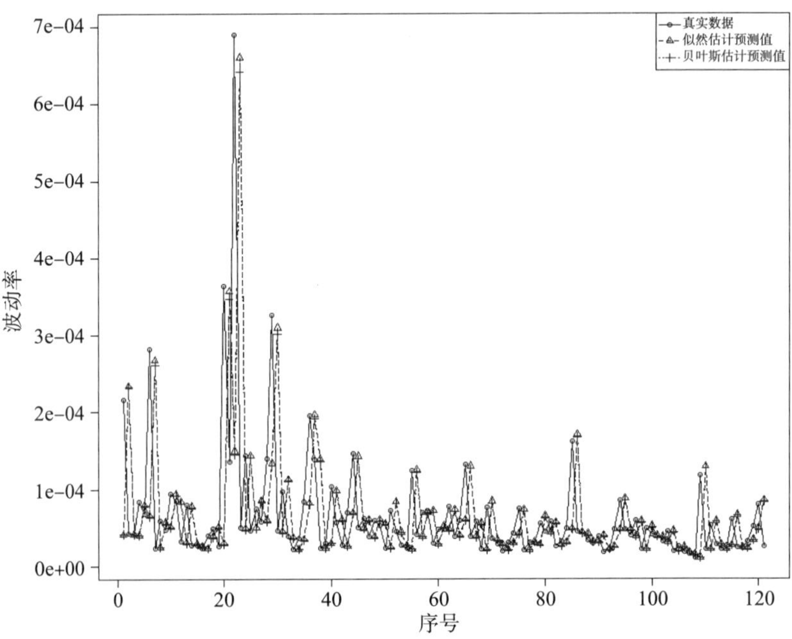

图 7-16　H=120，N=100，G=10 波动率预测时序图

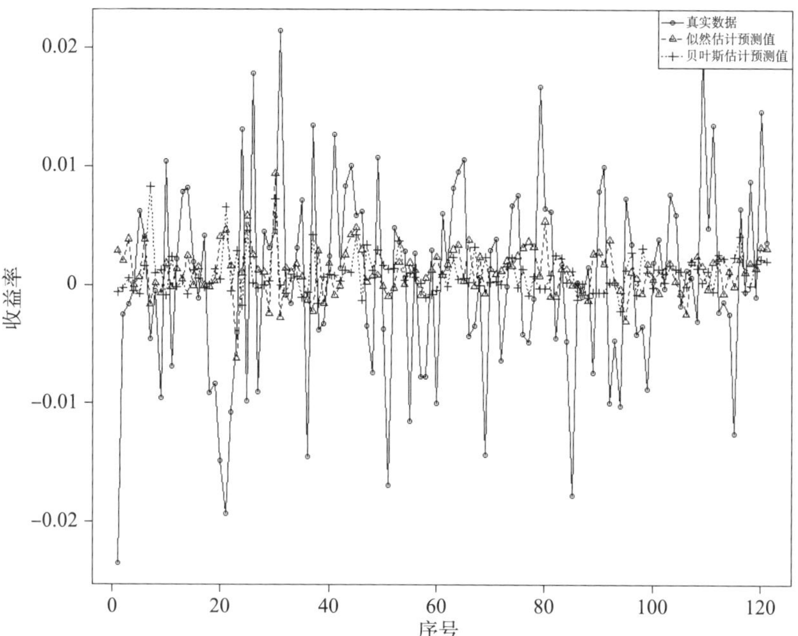

图 7-17　H=120，N=100，G=15 收益率预测时序图

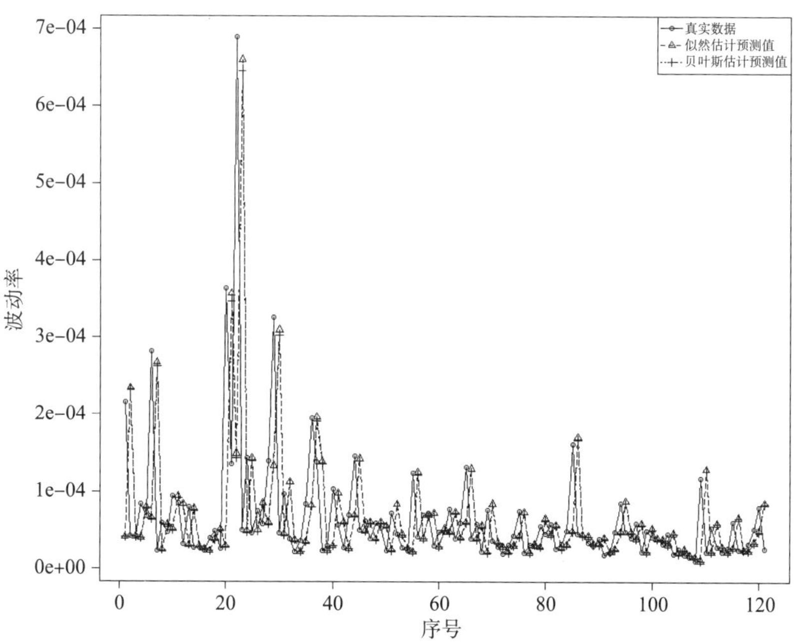

图 7-18　H=120，N=100，G=15 波动率预测时序图

为了保证预测的精准性，分别采用了三个指标，也就是样本长度，样本峰值以及抽样次数，为了进一步保证预测结果的准确性，分别采用了AIC、BIC以及损失函数进行了检验。损失函数（或代价函数）是将随机事件或者有关随机变量的取值映射为非负实数以表示该随机事件的“风险”或“损失”的函数。在样本空间（Ω，F，P_0）内，有可测状态 $\theta \in \Theta$ 和随机变量X根据法则 P_0 所做的决策 $d \in D$，此时若在乘积空间 $\Theta \times D$ 上有函数 $L(\theta, d)$ 满足：$\forall \theta \in \Theta$，$d \in D$，$L(\theta, d) \in [0, +\infty)$，即对任意的 $\theta \times d \in \Theta \times D$，$L(\theta, d)$ 是非负可测函数，则 $L(\theta, d)$ 被称为损失函数，表示状态 θ 下采取决策 d 所对应的损失或风险。损失函数有多种，本章选取了其中四种进行了简单的定义，其损失函数如下所示：

$$MSE1: E(y - \bar{y})^2 \tag{7.19}$$

$$MSE2: E\frac{(y - \bar{y})^2}{Var(y - \bar{y})} \tag{7.20}$$

$$MSE3: E\left[\frac{(y - \bar{y})}{y}\right]^2 \tag{7.21}$$

$$MSE4: E|y - \bar{y}| \tag{7.22}$$

其中，y代表计算的收益率的真实值，$\bar{y}$ 代表预测的收益率，E代表期望，Var代表方差。线性预测和非线性预测是预测 H_t 常见的两种方法，如GARCH模型，SV模型等，本章主要采取这四种损失函数预测效果进行检验，通过对比来阐述哪一种预测方法效果更好。为了评估两种方法哪一种更加适合GARCH模型，更加适合用于股市波动预测分析，分别采用了损失函数和信息准则来对预测的结果进行检验。基于前文的预测效果，采用前文所说的四种损失函数，可以得到如下结果（见表7－10）。

表7－10　　　损失函数检验结果（a）

N＝50，G＝5，H＝60				
Method	MSE1	MSE2	MSE3	MSE4
Likehood	0.0000082	1.024842	6.264056	0.007159
Bayes－Griddy－Gibbs	0.0000079	0.980335	5.362432	0.006960

续表

N = 50，G = 5，H = 90				
Method	MSE1	MSE2	MSE3	MSE4
Likehood	0.0000081	1.013819	4.523685	0.006873
Bayes - Griddy - Gibbs	0.0000062	0.863254	5.032125	0.005632

对于损失函数的四种评判标准，其值越小，说明本章所采用的方法预测出来的结果要更加接近于真实值，其误差也就越小。从表 7 - 10 可以看出，当 N 与 G 保持不变的时候，随着样本长度 H 的增加，损失函数的值也越来越小，并且在贝叶斯 Griddy - Gibbs 抽样方法下的损失函数值都是小于似然函数方法下的值，说明当其他变量保持不变时，样本长度增加，预测效果将会更加准确。

从表 7 - 11 可以看出，当样本长度 H 以及 G 值保持不变的时候，随着抽样次数 N 的增加，样本外的损失函数检测值也均在减小，并且贝叶斯 Griddy - Gibbs 抽样方法下的损失函数值均优于似然函数的结果，说明当其他变量保持不变的时候，随着抽样次数的增加，采用贝叶斯 Griddy - Gibbs 抽样方法得到的预测结果更加接近真实值。

表 7 - 11　　　　损失函数检验结果（b）

H = 90，G = 5，N = 50				
Method	MSE1	MSE2	MSE3	MSE4
Likehood	0.0000081	1.013819	4.523685	0.006873
Bayes - Griddy - Gibbs	0.0000062	0.863254	3.032125	0.005632
H = 90，G = 5，N = 100				
Method	MSE1	MSE2	MSE3	MSE4
Likehood	0.0000078	0.992365	4.225136	0.006632
Bayes - Griddy - Gibbs	0.0000060	0.786542	2.365246	0.005472

根据表 7 - 12 的结果可以发现，当样本长度 H，以及抽样次数 N 保

持不变的时候，随着峰值 G 的增加，损失函数的值也越来越小，并且在不同峰值的情况下，似然函数的结果比较差，这说明随着抽样峰值的增加，贝叶斯 Griddy－Gibbs 抽样方法的结果误差更小，更加符合预测结果。

表 7－12　　损失函数检验结果（c）

H＝120，N＝100，G＝10				
Method	MSE1	MSE2	MSE3	MSE4
Likehood	0.0000095	1.003793	2.097836	0.006793
Bayes－Griddy－Gibbs	0.0000083	1.002365	2.011459	0.005098
H＝120，N＝100，G＝15				
Method	MSE1	MSE2	MSE3	MSE4
Likehood	0.0000082	0.899956	2.065412	0.006032
Bayes－Griddy－Gibbs	0.0000079	0.764326	2.000236	0.004368

综上所述，损失函数检验结果表明，贝叶斯 Griddy－Gibbs 方法在 GARCH 模型所预测的损失函数小于似然函数在 GARCH 模型所预测出来的损失函数，结合前文所预测出来的收益率波动率，可以说明，相对于似然函数的预测方法，贝叶斯 Griddy－Gibbs 的过程更加简洁明了，效率更好，也更加接近于真实值，验证了前文的结论，说明贝叶斯 Griddy－Gibbs 方法更加适用。接下来对样本外的模型拟合度进行检验。

二、基于两种估计方法的 AIC、BIC 检验结果比较

本节采用 R 语言，分别对预测的结果进行了 AIC 和 BIC 检验，检验结果如表 7－13 至表 7－15 所示。对于 AIC 和 BIC 检验，其值越小，说明本章采用的方法所预测出来的结果都更加接近于真实值，其误差也就越小。根据表 7－13 的结果可以发现，当 N 与 G 保持不变的时候，随着样本长度 H 的增加，AIC 与 BIC 的值均在逐步减小，并且在贝叶斯

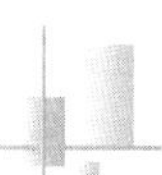

Griddy - Gibbs 抽样方法下的检验值均是小于似然函数方法下的值，说明当其他变量保持不变时，样本长度增加，表明模型拟合效果更加准确。

表 7 - 13　　　　AIC 和 BIC 检验结果（a）

G=5，N=50				
H	似然函数方法		贝叶斯 Griddy - Gibbs	
	AIC	BIC	AIC	BIC
60	-2191.9076	-2183.5451	-2230.395	-2186.0362
90	-2693.7972	-2684.7653	-2765.0456	-2702.0137
120	-3052.6081	-3043.0292	-3158.2384	-3098.2384

第二个检查结果如表 7 - 14 所示，可以看出，当样本长度 H 以及 G 值保持不变的时候，随着抽样次数 N 的增加，AIC 与 BIC 的值均在逐步减小，并且贝叶斯 Griddy - Gibbs 抽样方法下的检验值均优于似然函数的结果，说明当其他变量保持不变的时候，随着抽样次数的增加，采用贝叶斯 Griddy - Gibbs 抽样方法得到的模型拟合效果更好。

表 7 - 14　　　　AIC 和 BIC 检验结果（b）

H=90，G=5				
N	似然函数方法		贝叶斯 Griddy - Gibbs	
	AIC	BIC	AIC	BIC
50	-2292.2365	-2185.5451	-2396.5684	-2263.5621
100	-2632.6372	-2565.5684	-2752.9645	-2689.1450
150	-3163.5023	-3026.3568	-3362.5476	-3136.5136

从表 7 - 15 可以发现，当样本长度 H 以及抽样次数 N 保持不变的时候，随着峰值 G 的增加，检验结果的值也越来越小，并且在不同峰值的情况下，似然函数的结果比较差，这说明随着抽样峰值的增加，贝

叶斯 Griddy－Gibbs 抽样方法的误差更小，拟合效果也最好。

表 7－15　　AIC 和 BIC 检验结果（c）

H＝120，N＝100				
G	似然函数方法		贝叶斯 Griddy－Gibbs	
	AIC	BIC	AIC	BIC
5	－2136.2395	－2036.6210	－2194.7833	－2186.4206
10	－2562.3652	－2632.7412	－2652.5263	－2689.8459
15	－2752.3012	－2785.9647	－2798.7833	－2820.4321

通过分析表 7－13 至表 7－15，可以看出，在其他条件保持不变的情况下，随着样本长度、抽样次数以及峰值的增加，AIC 和 BIC 的值都在逐渐减小，并且采用贝叶斯 Griddy－Gibbs 方法下的值均小于似然函数方法所得到的结果。通过两种方法的检验，可以发现，在 GARCH（1，1）的模型下，采用贝叶斯 Griddy－Gibbs 方法得到的模型拟合效果会明显好于似然函数得到的结果，从而进一步说明，采用贝叶斯 Griddy－Gibbs 方法得到预测效果要好于似然函数预测效果。

三、基于长期样本以及两种方法的预测结果

本章分别选取了短期样本数据和长期样本数据进行了预测分析，前文已经对选取的短期样本数据，即 2019 年数据进行了预测比较分析。通过相关图表以及损失函数和最小信息准则，可以发现贝叶斯 Griddy－Gibbs 方法在预测方面的效果更好，为了保证预测的精度，本节对选取的十年数据进行预测分析，即从 2010 年 1 月 4 日至 2019 年 12 月 31 日的 5 分钟高频数据进行预测分析。

（一）基于两种估计方法的损失函数评估

在对短期样本数据进行了处理以及预测分析后，对于其预测结果分

别进行了损失函数检验和 AIC、BIC 检验，为了保证具有可比性，也分别选取了跟短期样本同样的变量，即抽样次数、样本长度以及样本峰值，主要检验结果如下。通过对长期样本数据的处理分析，可以发现以下结论，从表 7 - 16 可以看出，对于长期样本数据，当其他两个变量保持不变时，随着样本长度的增加，损失函数的值在逐渐减小，并且贝叶斯 Griddy - Gibbs 抽样方法下得到的结果要优于似然函数的结果，跟短期样本数据预测得到的检验结果相同。

表 7 - 16　　两种方法的损失函数评估结果（a）

N = 50，G = 5，H = 60				
Method	MSE1	MSE2	MSE3	MSE4
Likehood	0. 0002338	1. 0594904	15. 3012262	0. 0105016
Bayes - Griddy - Gibbs	0. 0002281	1. 0236958	13. 9155491	0. 0103296
N = 50，G = 5，H = 90				
Method	MSE1	MSE2	MSE3	MSE4
Likehood	0. 0002236	1. 0369543	14. 2398236	0. 01048653
Bayes - Griddy - Gibbs	0. 0002065	1. 0123953	11. 8594623	0. 01002103

从表 7 - 17 可以看出，当其他两个变量表示不变的时候，随着抽样次数的增加，损失函数的值也越来越小，并且贝叶斯 Griddy - Gibbs 方法下的损失和函数值低于似然函数方法下的数值，这表明随着抽样次数的增加，预测的精度也变得越来越准确。从表 7 - 18 可以发现，随着抽样峰值的不断增加，损失函数的值继续减小，并且在不同峰值的情况下，似然函数的检验结果较差，跟短期样本数据的检验结果相同，这说明无论是短期样本数据还是长期样本数据，通过预测得到的结果，经过检验，均表示贝叶斯 Griddy - Gibbs 方法更好。

表 7 - 17　　两种方法的损失函数评估结果（b）

H = 90，G = 5，N = 50				
Method	MSE1	MSE2	MSE3	MSE4
Likehood	0. 0002236	1. 0369543	14. 2398236	0. 01048653
Bayes - Griddy - Gibbs	0. 0002065	1. 0123953	11. 8594623	0. 01002103
H = 90，G = 5，N = 100				
Method	MSE1	MSE2	MSE3	MSE4
Likehood	0. 0002154	1. 0003254	13. 8695741	0. 00936126
Bayes - Griddy - gibbs	0. 0001987	0. 9675362	10. 3296548	0. 0063269

表 7 - 18　　两种方法的损失函数评估结果（c）

H = 120，N = 100，G = 10				
Method	MSE1	MSE2	MSE3	MSE4
Likehood	0. 0002246	1. 0176665	12. 6524315	0. 0103865
Bayes - Griddy - Gibbs	0. 0002145	1. 002845	11. 239856	0. 0100036
H = 120，N = 100，G = 15				
Method	MSE1	MSE2	MSE3	MSE4
Likehood	0. 0002031	1. 0003254	11. 3254152	0. 00963256
Bayes - Griddy - Gibbs	0. 0002003	0. 9932564	10. 2368457	0. 00853216

对比短期样本数据以及长期样本数据，可以发现，无论是短期样本数据进行预测的拟合效果还是长期样本数据进行预测以及它的拟合效果，贝叶斯 Griddy - Gibbs 方法的预测效果要好于似然函数方法的结果，为了保证长期样本数据预测的效果更有说服力，接下来进行 AIC 和 BIC 的检验。

（二）基于两种估计方法的 AIC、BIC 检验结果比较

损失函数检验结果表明，无论是短期样本还是长期样本，都是贝叶斯 Griddy - Gibbs 方法预测效果更好。接下来进行 AIC、BIC 检验，其结果如表 7 - 19 所示。从表 7 - 19 可以看出，当其他两个变量保持不变的

时候，随着样本长度的增加，AIC 与 BIC 的值均在逐步减小，说明模型拟合的效果更加准确，在此前期提下，可以发现贝叶斯 Griddy – Gibbs 抽样方法下的检验值均是小于似然函数方法下的值，因此贝叶斯 Griddy – Gibbs 抽样方法更加适合所选取的模型。从表 7 – 20 可以看出，当其他变量保持不变的时候，随着抽样次数的增加，AIC 和 BIC 的值越来越小。其中贝叶斯 Griddy – Gibbs 抽样方法下的检验值均优于似然函数的结果，说明当其他变量保持不变的时候，随着抽样次数的增加，采用贝叶斯 Griddy – Gibbs 抽样方法得到的模型拟合效果更好。通过分析表 7 – 21 可以发现，随着抽样峰值逐渐增加，检测效果值越来越小，并且在不同的峰值下，似然函数的结果比较差，这说明随着抽样峰值的增加，贝叶斯 Griddy – Gbbs 抽样方法的结果误差更小，更加符合预测结果，拟合效果也最好。

表 7 – 19　　两种估计方法的 AIC 和 BIC 检验结果（a）

G = 5，N = 50				
H	似然函数方法		贝叶斯 Griddy – Gibbs	
	AIC	BIC	AIC	BIC
60	–35340. 9194502	–35323. 6075146	–35465. 9432562	–35652. 2310578
90	–36259. 1057826	–35962. 1854026	–37996. 2358416	–36335. 2105869
120	–38632. 1452968	–36958. 1258630	–39936. 2385648	–37632. 9863581

表 7 – 20　　两种估计方法的 AIC 和 BIC 检验结果（b）

H = 90，G = 5				
N	似然函数方法		贝叶斯 Griddy – Gibbs	
	AIC	BIC	AIC	BIC
50	–36259. 1057826	–35962. 1854026	–37996. 2358416	–36335. 2105869
100	–36692. 21056932	–36003. 2396548	38023. 2016895	–37254. 9625364
150	–37963. 8512365	–37362. 3268541	–39652. 632975	–38563. 2639485

表 7－21　　两种估计方法的 AIC 和 BIC 检验结果（c）

H = 120，N = 100				
G	似然函数方法		贝叶斯 Griddy－Gibbs	
	AIC	BIC	AIC	BIC
5	－34396.1328725	－34962.2368506	－35632.3258462	－35023.6384952
10	－35602.9536821	－35962.8541726	－365420.365941	－35992.6329865
15	－36520.5429682	－36025.6325182	－379658.236851	－36925.8514233

综上所述，通过对比分析表 7－19 到表 7－21，可以发现，当三个变量中任意一个变量增加时，AIC 与 BIC 的值都在减小，说明模型的拟合效果也更好，并且对比短期样本数据和长期样本数据，可以发现当采用贝叶斯 Griddy－Gibbs 方法得到的结果都明显优于似然函数的结果。随着样本数量的增大，AIC 与 BIC 的值都明显低于短期样本的检测值，说明随着样本数量的增加，预测值更加接近真实值，也间接表明，在预测股市波动方面，这两种方法都是可行的，但是贝叶斯 Griddy－Gibbs 的方法更加准确。

现有研究采用了不同类型的 GARCH 模型来刻画沪深 300 指数的波动情况，研究了各种不同抽样长度下的日内波动率的特征。本章分别采用了似然函数和贝叶斯 Griddy－Gibbs 两种方法，以及 GARCH(1，1) 模型，分别对短期样本数据以及长期样本数据进行了预测，其中对于短期样本数据进行了数据的描述性统计分析以及样本内的检验，根据短期样本的数据检验可以推出长期样本数据同样也具有聚集波动性，符合 GARCH(1，1) 模型。通过对于短期样本以及长期样本的预测分析，根据损失函数以及 AIC、BIC 检验准则，可以得出结论，无论是短期样本数据还是长期样本数据，对于本章选取的三个变量，当两个变量保持不变的时候，随着另外一个变量的增加，相应的预测误差都会减小，并且贝叶斯 Griddy－Gibbs 方法得到的预测结果要明显好于似然函数方法得到的结果，本章之所以采用贝叶斯 Griddy－Gibbs 方法，是因为该方法适用于低维度的模型，对于 GARCH(1，1) 模型的拟合效果较好，预

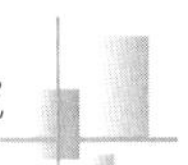

测结果更加贴近于真实值，相对于似然函数，其预测误差更小，效率更高。通过以上的实证分析，可以得出以下几个观点。

首先，可以发现，在研究股市波动性问题的时候，ARCH 模型与 GARCH 模型均有应用。随着我国股票市场的不断发展，我国股票市场的波动性研究也有逐渐的提升，其中 GARCH 族模型的研究实证也越来越多。结合我国股票市场的特征，通过文献分析，本章采用 GARCH(1，1）模型，经过实证研究，本章选取的数据波动性能够体现出明显的条件异方差特性，表明预测的结果误差也相对较小，整体的拟合效果较好。

其次，在数据处理过程中，本章对短期样本数据进行了描述性的统计分析，从相关图表可以得出，本章选取 2019 年的沪深 300 指数的价格和收益率均展现出较波动积聚性，从而对于十年的长期样本数据，同样也有相同的积聚性，并且都具有明显的“尖峰厚尾”特征。在此基础上，进行了预测分析。本章采用 5 分钟高频数据，基于已实现波动计算得到波动率，作为真实波动的参考和对比基础，分别选取了 2019 年 1 月 4 日至 2019 年 12 月 31 日作为短期样本数据进行预测分析，以及 2010 年 1 月 4 日至 2019 年 12 月 31 日作为长期样本数据进行预测，通过短期样本数据以及长期样本数据的预测结果比较，从而得出结论。本章是采用了 GARCH(1，1）模型以及似然函数和贝叶斯 Griddy - Gibbs 方法对两组样本数据分别作了预测。因为似然函数方法是 GARCH 模型的常用估计方法，而贝叶斯 Griddy - Gibbs 方法也同样适用于低维度的 GARCH 模型，故本章采用这两种方法进行预测。

通过相关的数据处理以及模型拟合，可以发现对于本章选取的三个变量，当样本长度以及抽样次数不变时，随着峰值的不断增加，预测结果越来越小，并且采用贝叶斯 Griddy - Gibbs 方法得到结果均好于似然函数方法得到的结果。同理，当抽样次数以及峰值保持不变的时候，随着样本长度的逐渐增加，也可以得到同样的结果。所以在样本长度、抽样次数以及峰值三个变量中，预测结果都会随着其值的增加而不断地

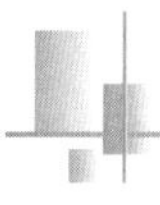

接近真实值，模型的拟合效果也很好，最后通过两种方法对预测结果检验，无论是损失函数还是 AIC、BIC，都表示贝叶斯 Grdy - Gibbs 方法得到的结果误差更小，更加地拟合模型，因此采用该方法更加适合预测我国的股市波动，从而也能够为广大投资者提供更多的建议和决策。

通过上述分析，可以发现我国股市有明显的波动效应。西方股市成立较早，并且在不断的发展过程中进行了改进，因此它整体的成熟度或者完善度要好于我国。虽然我国这几年股市发展比较迅速，但是还是存在一定的问题，比如我国股市的资源不能充分利用，市场监管不到位等。因此，我国股市的发展还有很长的一段路要走，市场监管和政策支持等多个方面仍有待加强和完善。本章通过对股市的价格波动预测研究分析，有助于我国学者或者投资者研究市场，从而提出更适合的投资策略，也有助于政府以及金融市场监管部门增强对于我国股市波动性的特征的了解，为决策的提出提供新的依据。

基于金融物理与贝叶斯方法的金融市场动态预测和流动性评估研究

在复杂的金融体系中，金融物理的宏观和微观演化模型对资产价格的预测表现如何？针对这一问题，本章从机器学习的角度出发，基于金融物理和贝叶斯方法，研究金融市场的动态预测和流动性评估。基于提出的金融物理宏观和微观演化模型的似然估计和贝叶斯估计方法，建立了 8 种动态预测方法。结合机器学习思维和真实数据，对所提出的 8 种方法的样本外动态预测分析进行了实证研究和模拟，并与基准 GARCH 模型进行了对比。引入了各种损失函数、优越预测能力检验（SPA）、赤池和贝叶斯信息准则（AIC 和 BIC）方法来进一步评价本章提出的方法的预测性能。对样本外预测的研究表明，首先仅对样本收益采用贝叶斯方法的简化随机模型预测效果最好。其次，仅对返回样本采用贝叶斯方法的随机模型预测效果最差。对于流动性评估问题，提出的 8 种方法评估的交易概率与实际换手率之间存在较强的相关性，流动性的增加对应于资产风险的增加。换句话说，这表明所有提出的方法都能很好地评估市场流动性。

近 20 年来，运用数学、物理和工程方法研究金融体系的动态行为，复杂非线性特征和计量经济模型已成为一种普遍现象，形成了金融物理

(Abergel et al., 2017; Mantegna & Stanley, 2000)。现有较多文献体现了跨学科研究对复杂金融体系微观研究的贡献，主要包括基本面投资者与噪声交易者博弈、渗透模型、伊辛模型、少数人博弈模型、复杂网络模型、代理模型和市场化资源配置模型，以及由此衍生的各种模型等。对于金融体系宏观表征的研究，更多关注的是对金融体系的资产定价及其物理表征的研究，以及股票资产价格的行为和时间序列模型，如几何布朗模型、ARCH 模型、GARCH 模型、Heston 模型及其扩展（Mccauley, 2004)。复杂智能体模型被广泛用于描述系统的微观行为。例如，基于智能体的模拟来理解底层微观相互作用（Feng et al., 2012)，基于智能体的生态复杂系统（Grimm et al., 2005)，基于智能体的建模作为大数据的基础（Chen & Venkatachalam, 2017)，基于智能体的社会生态系统建模（Schulze et al., 2017)，可持续农业系统的动态建模框架(Lan & Yao, 2019)，复杂金融系统基于智能体建模的新方法（Chen et al., 2017）等。随机模型（Cui et al., 2020)、ARCH（Bollerslev et al., 1992; Hacker & Hatemi, 2005)、GARCH（Lamoureux & Lastrapes, 1990)、Heston 模型（Zhou et al., 2019）等都对资产价格的宏观行为进行了丰富的研究，如共振（Zhong et al., 2019)、羊群效应(Zhong et al., 2018)、波动对金融市场模型逃逸现象的影响（Bonanno & Valenti, 2006; Bonanno et al., 2007; Valenti et al., 2007; Spagnolo & Valenti, 2008)、Heston 和 GARCH 模型（Bonanno & Spagnolo, 2005）对华尔街市场股票价格收益逃逸时间的统计性质、波动增强金融市场稳定性的现象（Valenti et al., 2018）等。在复杂的金融系统中，冯等(Feng et al., 2012）基于 agent 理论和随机模型构建了宏观和微观演化模型，并在两类模型之间建立了联系。Bertella et al.（2014）用基于 agent 的方法研究了行为偏差的影响。陈等（Chen et al., 2017）讨论了复杂金融系统基于 agent 建模的新方法。辛库斯（Schinckus, 2019）讨论了基于 agent 的建模和经济复杂性。此外，系统噪声在跨学科物理系统中表现出复杂的动态特征，如噪声增强亚稳态的稳定性（Mantegna & Sp-

agnolo，1998；Fiasconaro et al.，2003）、受热波动强烈影响的分子的移位（Pizzolato et al.，2010）、噪声对正弦—戈登（Guarcello et al.，2016）动力学的影响、耗散相变（Carollo et al.，2018），环境噪声对生态系统的积极作用（Giuffrida et al.，2009；Denaro et al.，2013）、忆阻纳米材料中的场和辐射诱导现象（Mikhaylov et al.，2016）、惯性布朗粒子的输运现象和负迁移率（Luo & Zeng，2020；Luo et al.，2020；Deng et al.，2021）、互相关噪声（Fang et al.，2021）对输运和扩散的影响等。因此，复杂的宏观和微观金融系统也像其他复杂系统一样表现出复杂的动态特征。这些复杂的金融物理模型也值得进一步分析和探讨。

然而，这些复杂的金融物理模型在预测和评估资产价格或风险方面做得好吗？这也是投资者、企业、政府部门和金融学术界比较关心的问题之一。股票价格、波动率、风险价值（VaR）、条件风险价值（CVaR）等指标的预测在金融领域受到广泛关注和研究，如分析了石油价格波动率预测（Zhang et al.，2019），样本外波动率预测（Zhang et al.，2019）的混合方法等，以及资产价格波动率预测分析。对于风险的预测研究，也可以在很多文献中找到，布雷奥内和朔尔特斯（Braione & Scholtes，2016）预测不同分布假设下的风险值，巴斯尔（Bayer，2018）预测风险值使用弹性网分位回归，最小绝对收缩和选择算法及岭惩罚，高田等（Takada et al.，2019）使用熵预测比特币的每日条件风险值，托森和塞克内娜（Torsen & Seknewna，2019）提出了异方差条件风险值的 boom-up 非参数预测等。对于资产价格和收益的预测研究，Ghosh et al.（2021）讨论了对数周期幂律模型在新兴股市中的市场泡沫和崩盘的预测表现。陈等（Chen et al.，2022）根据股票价格的交易量、过去收益和条件偏度预测崩盘。丹尼尔和马科维茨（Daniel & Moskowitz，2016）研究了动量崩溃，发现这些动量崩溃是部分可预测的。安德森等（Andersen et al.，2003）提供了一个框架，将高频日内数据整合到每日和低频收益波动率和收益分布的测量、建模和预测中。

基于前人的研究，可以发现，金融物理建立的复杂宏观和微观演化

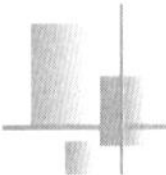

模型可以很好地描述金融市场的动态行为。理论和模型在金融市场分析和应用中的重要价值之一是它具有较好的预测性能。那么，金融物理宏观和微观演化模型对资产价格的预测表现如何？结合不同的抽样和统计推断方法，宏观和微观演化模型的预测表现如何？金融物理宏观—微观演化模型的优势是什么？本章试图通过实证方法对上述问题进行探讨。

与现有研究不同的是，首先，本章结合机器学习思维进行动态预测。为训练集和测试集（Sun et al.，2018）设置样本，然后通过滚动循环计算出样本的动态预测（Hansen，2005；Yu，2010；Wei et al.，2010；Leng et al.，2020）。其次，将宏观和微观模型的似然估计与贝叶斯估计方法相结合，对动态预测进行了实证研究。最大似然估计是一种较为传统的估计方法，广泛应用于经济学（Johansen & Juselius，1990）、生物学（Excoffier & Slatkin，1995）、生态学（Beerli & Felsenstein，2001）、工程（Peng et al.，2018）等领域。与似然估计相比，在推断总体的过程中，贝叶斯估计不仅利用了总体信息和样本信息，而且考虑了历史数据和经验总结的先验信息，可以使统计推断更加准确（Guess，2010）。随着20世纪计算机软硬件和马尔可夫链蒙特卡罗算法（MCMC）的飞速发展，贝叶斯统计推理方法的计算问题得到了解决。贝叶斯统计方法的参数估计、检验、变量选择和预测在统计物理（Ryosuke & Naoki，2013）、复杂系统（Goldstein，2017）、计算科学（Hooi et al.，2016）、金融（Gonzales et al.，2018）、生态学（Ying et al.，2017）和心理学（Etz & Vandekerckhove，2018）等领域得到了广泛的关注、成功的应用和快速的发展。此外，本章提出了8种方法来探索市场的流动性。与传统的经济模型相比，金融物理模型能够很好地描述复杂的动态行为特征，宏观和微观演化模型可以很好地描述市场的潜在交易概率，进而衡量市场的流动性。基于与金融物理有关的现有文献中建立的宏观和微观演化模型，本章进一步提出了一种新的简化模型。结合两种估计方法和两种抽样方法，得到8种预测方法。与传统金融模型相比，这8种方法可以很好地模拟市场流动性，其预测性能及评价对金融市场流动性进行

了进一步探讨。另外，基于高频数据，采用已实现波动率（Andersen et al.，2001；Andersen et al.，2003；Andersen & Teräsvirta，2009；Zhong et al.，2019）的方法计算波动率样本，然后通过波动率样本计算 agent 意见群。最后，采用多重损失函数和多重检验方法给出了 8 种方法的预测能力及其检验。使用多种损失函数、SPA 测试方法、AIC 和 BIC（Xing et al.，2020）来测试本章提出的八种方法的动态预测性能，并且还将提出的 8 种方法与基准 GARCH 模型进行了比较。

第一节　损失函数

现有的大量文献提出，使用不同形式的损失函数作为预测模型精度的判断标准是一种更为准确的方法。基于这一考虑，在本章所做的实证研究中，采用了三种不同的常用损失函数作为 8 种方法价格预测准确性的评价标准。这三种损失函数的定义如下：

$$
\begin{aligned}
L_1: \text{MAE} &= M^{-1}\sum_{H+1}^{H+M} |S_m - S'_m| \\
L_2: \text{MSE} &= M^{-1}\sum_{H+1}^{H+M} (|S_m - S'_m|)^2 \qquad (8.1) \\
L_3: \text{MAPE} &= M^{-1}\sum_{H+1}^{H+M} \left|\frac{S_m - S'_m}{S_m}\right|
\end{aligned}
$$

其中，M 为预测集的长度。然而，仅通过损失函数来比较 8 个模型的预测性能并不具有鲁棒性。在机器学习中，损失函数是用来估量模型的预测值与真实值的不一致程度，它是一个非负实值函数。通常使用 L(y，f(x)) 来表示损失函数，损失函数越小，模型的鲁棒性就越好。下面主要介绍在机器学习中常用的几种损失函数。

首先是均方差损失（mean square erro loss）。均方差（mean squared error，MSE）损失是机器学习、深度学习回归任务中最常用的一种损失函数。其基本形式如下：

$$MSE = \frac{1}{N}\sum_{i=1}^{N}(y_i - \hat{y}_i)^2 \tag{8.2}$$

从直觉上理解均方差损失，这个损失函数的最小值为0（当预测等于真实值时），最大值为无穷大。实际上在一定的假设下，可以使用最大化似然得到均方差损失的形式。假设模型预测与真实值之间的误差服从标准高斯分布（$\mu = 0$，$\delta = 1$），则给定一个 x_i 模型输出真实值 y_i 的概率为：

$$p(y_i \mid x_i) = \frac{1}{\sqrt{2\pi}}\exp\left(-\frac{(y_i - \hat{y}_i)^2}{2}\right) \tag{8.3}$$

进一步地，可以假设数据集中 N 个样本点之间相互独立，则给定所有 x 输出所有真实值 y 的概率，即似然 Likelihood，为所有 $p(y_i \mid x_i)$ 的累乘：

$$L(x, y) = \prod_{i=1}^{N}\frac{1}{\sqrt{2\pi}}\exp\left(-\frac{(y_i - \hat{y}_i)^2}{2}\right) \tag{8.4}$$

通常为了计算方便，可以最大化对数似然（Log - Likelihood）：

$$LL(x,y) = \log(L(x,y)) = -\frac{N}{2}\log 2\pi - \frac{1}{2}\sum_{i=1}^{N}(y_i - \hat{y}_i)^2 \tag{8.5}$$

去掉与 $\hat{y}_i$ 无关的第一项，然后转化为最小化负对数似然（Negative Log - Likelihood）：

$$NLL(x, y) = \frac{1}{2}\sum_{i=1}^{N}(y_i - \hat{y}_i)^2 \tag{8.6}$$

可以看到这个实际上就是均方差损失的形式。也就是说在模型输出与真实值的误差服从高斯分布的假设下，最小化均方差损失函数与极大似然估计本质上是一致的。因此在这个假设能被满足的场景中（比如回归），均方差损失是一个很好的损失函数选择。当在这个假设没能被满足的场景中（比如分类），均方差损失不是一个好的选择。

平均绝对误差损失（mean absolute erro loss，MAE）是另一种用于回归模型的损失函数。MAE 是目标变量和预测变量之间差异绝对值之和，因此，它在一组预测中衡量误差的平均大小，而不考虑误差的方向，其公式如下：

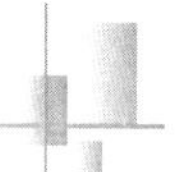

$$MAE = \frac{1}{N}\sum_{i=a}^{N}|y_i - \hat{y}_i| \tag{8.7}$$

然后是 Huber Loss，它是一个用于回归问题的带参损失函数，其优点是能增强均方差损失函数对离群点的鲁棒性。δ 值的大小决定了 Huber Loss 对 MSE 和 MAE 的侧重性，当 $|y-f(x)|\leqslant\delta$ 时，变为 MSE；当 $|y-f(x)|>\delta$ 时，变为类似于 MAE。因此，Huber Loss 具有了 MAE 和 MSE 的优点，减少了对离群点的敏感度问题，实现了处处可导的功能，其公式如下：

$$L\delta(y, f(x)) = \begin{cases} \frac{1}{2}(y-f(x))^2, & |y-f(x)|\leqslant\delta \\ \delta|y-f(x)| - \frac{1}{2}\delta^2, & |y-f(x)|>\delta \end{cases} \tag{8.8}$$

分位数回归（quantile regression）是一类在实际应用中非常有用的回归算法，通常的回归算法是拟合目标值的期望或者中位数，而分位数回归可以通过给定不同的分位点，拟合目标值的不同分位数。分位数的原理主要是通过使用一个给定的分位数，计算模型预测值与实际值之间的损失，以评估模型的准确性和精确性。分位数损失函数可以用于回归问题，也就是用它来衡量预测值与实际值之间的偏差。此外，它也可以用于分类问题，以确定模型是否能够准确地将样本分类到正确的类别。其公式如下：

$$J_{quant} = \frac{1}{N}\sum_{i=1}^{N}\prod_{\hat{y}_i\geqslant y_i}(1-r)|y_i - \hat{y}_i| + \prod_{\hat{y}_i<y_i} r|y_i - \hat{y}_i| \tag{8.9}$$

上式中 r 为分位数系数。这个损失函数是一个分段的函数，将 $\hat{y}_i\geqslant y_i$（高估）和 $\hat{y}_i<y_i$（低估）两种情况分开来，并分别给予不同的系数。当 $r>0.5$ 时，低估的损失要比高估的损失更大，反过来，当 $r<0.5$ 时，高估的损失比低估的损失大。分位数损失实现了分别用不同的系数控制高估和低估的损失，进而实现分位数回归。特别地，当 $r=0.5$ 时，分位数损失退化为 MAE 损失，从这里可以看出 MAE 损失实际上是分位数损失的一个特例，即中位数回归。这也可以解释为什么 MAE 损失更鲁棒，对中位数的影响比对期望值的影响小。

$$J_{quant}^{r=0.5} = \frac{1}{N}\sum_{i=1}^{N}|y_i - \hat{y}_i| \tag{8.10}$$

第二节　优越预测能力检验

优越预测能力检验（superior predictive ability test，SPA）最早起源于西方国家，是一种对预测模型性能进行对比分析的方法，主要用于金融经济学领域，帮助学者们确定研究中的最优预测模型。SPA 是一种强大的模型验证和选择工具，虽然最初是应用于金融预测，但它的概念和方法在许多其他与预测相关的研究领域也越来越受到关注。自从引入以来，SPA 一直在金融经济学领域获得广泛应用并被不断拓展和完善。汉森（Hansen，2005）对 SPA 检验进行了改进，提出了条件优越预测能力检验（CSPA），并将其应用于不同条件状态下的预测性能研究中。罗马诺和沃尔夫（Romano & Wolf，2005）提出了逐步多重检验（StepM）和模型置信集（MCS），用于确定哪些模型优于基准模型，或者哪些模型的性能无法区分。

该检验的核心是将多个竞争预测模型的预测表现进行比较，确定在特定的预测领域中，哪一个模型具有更加优越的性能。对于研究者来说，SPA 提供了一种让各种模型在相同条件下公平地竞争和对比的机制，通过自助法进行模拟，比怀特（White，2000）提出的相似现实性检验（RC）检验方法具有更好的模型判别能力，且 SPA 检验的结论具有更好的稳健性。换句话说，与其他基于单一样本的测试方法相比，SPA 得到的测试结论更加可靠，其结论可以推广到其他类似的数据样本中。

SPA 主要包含预测模型和预测准则两个要素。预测模型通常涉及多种统计模型和机器学习算法，包括线性模型、非线性模型、深度学习模型等。预测准则是关于如何衡量预测性能的标准，如 MSE 和 MAE 等。在 SPA 中，首先将观测时间序列分为估计期和评价期，利用估计期的数据估计模型参数，利用评价期的数据计算模型损失。其次，对模型损

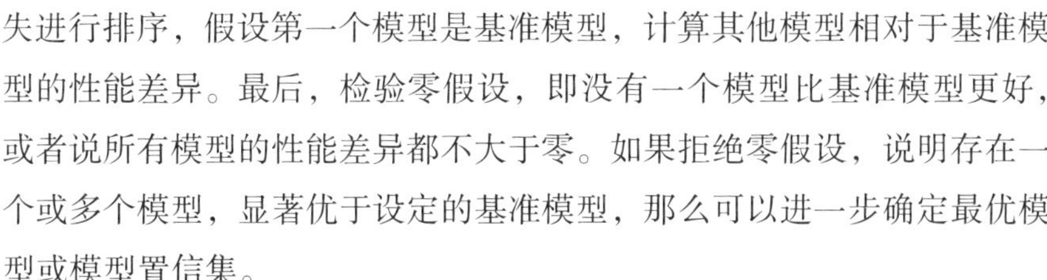

失进行排序，假设第一个模型是基准模型，计算其他模型相对于基准模型的性能差异。最后，检验零假设，即没有一个模型比基准模型更好，或者说所有模型的性能差异都不大于零。如果拒绝零假设，说明存在一个或多个模型，显著优于设定的基准模型，那么可以进一步确定最优模型或模型置信集。

第三节 赤池和贝叶斯信息准则方法

赤池信息准则（AIC）可表示为（Akaike，1974；Schwarz，1978；Miller et al.，2014）：

$$AIC = 2k - 2\ln(L)，或者\ AIC = 2k + n\ln(RSS/n) \tag{8.11}$$

k 为模型参数的个数，L 为似然函数，n 为样本量，RSS 为估计模型的残差平方和，ln(·) 为自然对数函数。当从一组备选模型中选择最佳模型时，通常选择 AIC 值最小的模型。施瓦茨提出的贝叶斯信息准则（BIC）可以表示为（Nylund et al.，2007）：

$$BIC = k\ln(n) - 2\ln(L)，或者\ BIC = k\ln(n) + n\ln(RSS/n) \tag{8.12}$$

其参数设置与 AIC 相同。此外，当从一组备选模型中选择最佳模型时，通常会选择 BIC 值最小的模型。BIC 也叫 Schwarz 信息标准，采用单点渐近估计，是一种渐近最优的方法，广泛应用于模型识别。BIC 是基于熵最大化原理，通过计算一系列模型参数化的 BIC 值，每计算一次增加模型参数的维数，最小的 BIC 值对应的维数即为最佳模型维数。BIC 是从贝叶斯的角度发展来的（陈健和张洋，2020），近似要求后验模型的概率最大，而先验模型在所有模型中有均匀的分布。令 $\hat{\beta}^M(s)$ 表示参数 $\beta(s)$ 的极大似然估计，模型 s 的 BIC 得分记为：

$$BIC(s) = -\ln(\hat{\beta}^M(s)) + \frac{1}{2}\nu(s)\log n \tag{8.13}$$

基于风险的调整，福斯特和乔治（Foster and George，1994）建议了 RIC 的方法进行模型选择，模型 s 的 RIC 得分记为：

$$RIC(s) = -\ln(\hat{\beta}^{M}(s)) + \nu(s)\log p \tag{8.14}$$

陈和陈（Chen & Chen，2008）注意到，当变量的个数比较大的时候，BIC 通常倾向于多选变量。通过重新检查贝叶斯模型选择的方法，他们建议了 EBIC 的方法来选择变量，模型 s 的 EBIC 得分记为：

$$EBIC_{\gamma E}(s) = -\ln(\hat{\beta}^{M}(s)) + \frac{1}{2}\nu(s)\log n + \nu(s)\gamma E\log p \tag{8.15}$$

其中，$0 \leqslant \gamma E \leqslant 1$。此外，可以发现，如果满足 $\gamma E = 0$，EBIC 就是通常的 BIC；如果满足 $\gamma E = 1 - \log n/(2\log p)$，EBIC 就是 RIC。在满足一定正则性的条件之下，陈和陈（2012）证明了如果 $\gamma E > 1 - \log n/(2\log p)$，EBIC 具有模型选择的相合性，也就是说可以选择正确的模型。在下面的定理中，可以证明在一定条件下，$\gamma E > 1 - \log n/(2\log p)$ 可以用 $\gamma E \geqslant 1 - \log n/(2\log p)$ 来代替。这也就是说，RIC 也具有模型选择的相合性。当 p 比较大的时候，陈和陈（2012）建议用 $\gamma E = \frac{1}{2}$，因为这个值平衡了平均正确选择率（positive selection rate）和平均错误发现率（false discovery rate）。当 $p > n$ 时，$\gamma E = \frac{1}{2}$ 处于 $\gamma E = 0$ 和 $\gamma E = 1 - \log n/(2\log p)$ 之间，但在有些模拟中，$\gamma E = 1$ 比 $\gamma E = \frac{1}{2}$ 好。

第四节　似然估计和贝叶斯估计的动态预测方法

一、微观模型：基于 agent 的模型（ABM）

对于投资者行为，冯等（Feng et al.，2012）提出了基于 agent 的模型，构建了基于 agent 理论和随机模型的宏观和微观进化模型。他们

提出的基于 agent 的三步模型被广泛用于分析金融市场，具体主要可以解释为以下内容。

首先，假设有 n_0 个代理人，每个代理的大小都是 1。每一天，每个代理 i 都要作出交易决策 $\psi_i(t)$。其中，$\psi_i(t)$ 满足下式：

$$\psi_i(t)=\begin{cases}\text{概率 } p \text{ 为 } -1\rightarrow\text{卖出}\\ \text{概率 } 1-2p \text{ 为 } 0\rightarrow\text{持有}\\ \text{概率 } p \text{ 为 } 1\rightarrow\text{买进}\end{cases} \tag{8.16}$$

其次，考虑价格变化 r_t 与总需求 d_t（愿意购买和出售的代理人数量之差）成比例，并且满足：

$$r_t = kd_t = k\sum_{i=0}^{n_0}\psi_i(t) \tag{8.17}$$

考虑到交易量等于每个交易规模为 1 的代理人的交易总数，将日交易量 N_t 定义为：

$$N_t = \sum_{i=0}^{n_0}|\psi_i(t)| \tag{8.18}$$

其中，k 是价格变化对 d_t 的敏感度。通常来说，会将 k 设为 1，因为 k 的选择不会影响到统计特性。

最后，在第 t 天，每个代理的意见被随机分配到每个 c_t 意见组中，且有：

$$E(c_t)=(n_0/|r_{t-1}|)^{\varpi} \tag{8.19}$$

其中，包含相同意见组的所有代理人以与步骤 1 相同的概率 p 执行相同的动作（买入，卖出或持有）（这里假设 p = 1，与参考文献［4，24］中相同）。当考虑市场噪声时，c_t 满足：

$$c_t \sim N(n_0/|r_{t-1}|^{\varpi},\ \sigma_c^2) \tag{8.20}$$

这里 N 是正态（高斯）分布，δ_c^2 量化了由外部新闻事件引起的市场噪声，并且有：

$$\sigma_c^2(t)=\beta\sigma_c^2(t-1)=\beta n_0/|r_{t-1}| \tag{8.21}$$

在上述假设的基础上，现在估计收益的条件概率密度分布，可以得到：

$$P(r_t, c_t|\theta) = P(r_t|c_t, \theta)P(c_t|\theta) \tag{8.22}$$

并且有：

$$c_t \sim N((n_0/|r_{t-1}|)^{\varpi}, \beta n_0/|r_{t-1}|) \tag{8.23}$$

进一步地，可以得到：

$$P(c_t|\theta) = \frac{1}{2\pi\sqrt{\beta n_0/|r_{t-\tau}|}}\exp\left\{-\frac{(c_t - n_0/|r_{t-\tau}|)^2}{2(\beta n_0/|r_{t-\tau}|)}\right\} \tag{8.24}$$

对于 $P(r_t|c_t, \theta)$，k_t 投资者买入股票，j_t 投资者卖出股票。那么 $n_0-(k_t+c_t)$ 投资者持有股票。基于上述假设，接下来估计条件概率：

$$\psi(t) \equiv \begin{cases} 概率\ p\ 为\ -j_t \to 卖出 \\ 概率\ 1-2p\ 为\ 0 \to 持有 \\ 概率\ p\ 为\ k_t \to 买进 \end{cases} \tag{8.25}$$

对上述分布函数积分后，可以得到：

$$r_t = k(k_t - j_t) \tag{8.26}$$

其中，r 的特征函数为：

$$\varphi_{rt} = pe^{k_t t} + pe^{-j_t t} + q \tag{8.27}$$

其中，$q=1-2p$，可以看到这是三项分布的特征函数，然后可以获得：

$$\begin{aligned} P(r_t|c_t, \theta) &= \frac{1}{2\pi}\int(pe^{k_t t} + pe^{-j_r t} + q)e^{-ir_t t}dt \\ &= C_{n_0}^{k_t}C_{n_0-k_t}^{j_t}p^{k_t+j_t}q^{n_0-k_t-j_t} \end{aligned} \tag{8.28}$$

最后，根据上面的推导，可以得到：

$$P(r_t, c_t|\theta) = \frac{1}{2\pi\sqrt{\beta n_0/|r_{t-1}|}}\exp\left\{-\frac{(c_t - n_0/|r_{t-1}|)^2}{2(\beta n_0/|r_{t-1}|)}\right\}C_{n_0}^{k_t}C_{n_0-k_t}^{j_t}p^{k_t+j_t}q^{n_0-k_t-j_t} \tag{8.29}$$

设 $k=1$（即设 $k_t - j_t = k_t$）且 $k_t + j_t = N_t$，则有：

$$\begin{aligned} k_t &= (r_t + N_t)/2 \\ j_t &= (N_t - r_t)/2 \end{aligned} \tag{8.30}$$

二、宏观模型

（一）宏观模型：随机模型（SM）

随机模型是描述金融市场价格动态行为的常用宏观模型，如 ARCH 模型、GARCH 模型和 Heston 模型。金融市场的基础价格波动是难以建模和计算的。一些金融物理模型（Mantegna & Stanley，2000；Mccauley，2004；Feng et al.，2012）考虑用收益绝对值代替价格波动，这也能很好地拟合实际数据。结合高频数据实现的波动性（Andersen et al.，2001；Andersen et al.，2003；Andersen & Teräsvirta，2009；Zhong et al.，2019），如果只获得样本价格序列数据，用价格收益绝对值来描述波动性是一种更好、更方便的方法。

冯等（2012）展示了基于 agent 理论和随机模型的微观和宏观演化模型之间的联系。基于前述研究，通过与微观 agent 模型的比较，可以得到如下宏观随机模型：

$$r_t = \sigma_r(t)\eta_t$$

$$\sigma_r^2(t) \equiv E(r_t^2 \mid r_{t-1}) = 2c_t p r_{t-1}^2 \tag{8.31}$$

以上两个方程只考虑了收益的随机扰动，没有考虑投资者意见聚类 c 的随机波动，所以 c 的随机特征从模型上看不出来。因此，根据上面微观模型中步骤三的表征，可以得到：

$$c_t = (n_0 / |r_{t-1}|)^{\varpi} + \sigma_c(t)\xi_t$$

$$\sigma_c^2(t) = \beta n_0 / |r_{t-1}| \tag{8.32}$$

最后可以得到宏观模型：

$$r_t = \sqrt{2c_t p}\,|r_{t-1}|\,\eta_t$$

$$c_t = (n_0 / |r_{t-1}|)^{\varpi} + \sqrt{\beta n_0 / |r_{t-1}|}\,\xi_t \tag{8.33}$$

其中，η 和 ξ 为均值为零，单位方差为零的随机变量，其相关系数为 ρ，其分布由上一节中的步骤三确定，并且 $1 \leqslant |r_t| \leqslant n_0$，$1 \leqslant c_t \leqslant n_0$。

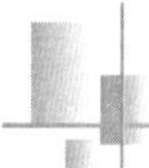

（二）概率密度分布函数

基于上述宏观模型的假设，r_t 和 c_t 满足以下分布：

$$r_t \sim N(0,\ 2c_t p\ |r_{t-1}|^2)$$
$$c_t \sim N(n_0/|r_{t-1}|^{\varpi},\ \beta n_0/|r_{t-1}|) \tag{8.34}$$

可以得到条件概率密度函数 $P(r_t|c_t,\ \theta)$ 和 $P(c_t|r_t,\ \theta)$，并且有：

$$P(r_t|c_t,\ \theta) \propto \frac{1}{\sqrt{2c_t p}\,|r_{t-1}|}\exp\left\{-\frac{r_t^2}{2c_t p\ |r_{t-1}|^2}\right\}$$
$$P(c_t|r_t,\ \theta) \propto \frac{1}{\sqrt{\beta n_0/|r_{t-\tau}|}}\exp\left\{-\frac{(c_t - n_0/|r_{t-\tau}|)^2}{2(\beta n_0/|r_{t-\tau}|)}\right\} \tag{8.35}$$

考虑噪声 η_t 和噪声 ξ_t 之间的相关强度 ρ，就可以得到联合条件概率分布函数 $P(r_t,\ c_t|\theta)$ 的二元正态分布：

$$P(r_t,\ c_t|\theta) = \frac{1}{2\pi|r_{t-1}|\sqrt{2(1-\rho^2)c_t p\beta n_0/|r_{t-1}|}}\exp\left\{-\frac{1}{2(1-\rho^2)}\left[\frac{r_t^2}{2c_t p\ |r_{t-1}|^2} - \frac{2\rho r_t(c_t - n_0/|r_{t-1}|)}{|r_{t-1}|\sqrt{2c_t p\beta n_0/|r_{t-1}|}} + \frac{(c_t - n_0/|r_{t-1}|^2)}{\beta n_0/|r_{t-1}|}\right]\right\} \tag{8.36}$$

（三）简化的宏观模型：简化的随机模型（SSM）

考虑到意见组 c_t 难以抽样，接下来进一步简化了之前的模型。考虑到 $E(c_t) = (n_0/|r_{t-1}|)^{\varpi}$，可以简化为宏观模型：

$$r_t = \sqrt{2n_0^{\varpi} p\ |r_{t-1}|^{2-\varpi}}\,\eta_t \tag{8.37}$$

根据现有文献的研究，当 $\varpi = 1$ 时，简化随机模型（SSM）可得为：

$$r_t = \sqrt{2n_0 p|r_{t-1}|}\,\eta_t \tag{8.38}$$

基于上述简化宏观模型的假设，再估计出收益与分组的联合条件概率密度分布函数，可得到 $P(r_t|\theta)$。

$$P(r_t|\theta) = \frac{1}{2\pi\sqrt{2n_0 p|r_{t-1}|}}\exp\left\{-\frac{r_t^2}{4n_0 p|r_{t-1}|}\right\} \tag{8.39}$$

三、似然函数法

为减少未知参数的数量，参考冯等（2012）、贝尔泰拉等（Bertella et al.，2014）、陈等（Chen et al.，2017）所做的研究，设 $n_0 = 2^{10}$，$\varpi = 1$。最后的未知参数可用 $\theta = (p, \beta)$ 代替，基于样本 $r = (r_0, r_1, \cdots, r_n)$，可得 $\hat{\theta}_{MLE} = \arg\max_{\theta}\{L(\theta)\}$。

$$L(\theta) = \sum_{s=1}^{n} \log P(r_s, c_s | \theta)$$

$$= \begin{cases} -\sum_{t=1}^{n}\left\{\frac{1}{2}\ln(\beta n_0/|r_{t-1}|) + \frac{(c_t - n_0/|r_{t-1}|)^2}{2\beta n_0/|r_{t-1}|}\right. \\ \left. - N_t \ln p - (n_0 - N_t)\ln(1-2p)\right\}, \text{ ABM} \\ -\sum_{t=1}^{n}\left\{\frac{1}{2}\ln(2n_0 p|r_{t-1}|) + \frac{r_t^2}{4n_0 p|r_{t-1}|}\right\}, \text{ SSM} \\ -\sum_{t=1}^{n}\left\{\ln|r_{t-1}| + \frac{1}{2}\ln[2c_t p\beta n_0/|r_{t-1}|]\right. \\ + \frac{1}{2(1-\rho^2)}\left[\frac{r_t^2}{2c_t p|r_{t-1}|^2} - \frac{2\rho r_t(c_t - n_0/|r_{t-1}|)}{|r_{t-1}|\sqrt{2c_t p\beta n_0/|r_{t-1}|}}\right. \\ \left. + \frac{(c_t - n_0/|r_{t-1}|)^2}{\beta n_0/|r_{t-1}|}\right\}, \text{ SM} \end{cases} \tag{8.40}$$

对于 SSM 模型，基于$\frac{\partial L(\theta)}{\partial p} = 0$ 和$\frac{\partial L(\theta)}{\partial \beta} = 0$，可以推导如下：

$$p = \begin{cases} \frac{\sum_{t=1}^{n} N_t}{2nn_0}, \text{ ABM} \\ \frac{1}{2nn_0}\sum_{t=1}^{n}\frac{r_t^2}{|r_{t-1}|}, \text{ SSM 和 SM} \end{cases} \tag{8.41}$$

对于 ABM 和 SM，当$\frac{\partial L(\theta)}{\partial \beta} = 0$ 时，可以得到：

$$\beta = \frac{1}{n-1}\sum_{t=1}^{n}\frac{(c_t - n_0/|r_{t-1}|)^2}{n_0/|r_{t-1}|} \tag{8.42}$$

对于 ABM 和 SM 模型的参数，可以通过基于式（8.40）的退火算法（Tsallis & Stariolo，1996；Gubian et al.，2012）来获得模型参数。对于简化后的 SSM，只需求解式（8.40）中第二个方程的解。模型参数也可以通过一维退火算法得到。对于 ABM 和 SM 模型的参数估计，需要（r_t，c_t）个样本，其中 c_t 的样本很难获得。而式（8.41）只需要 r_t，因此这种数据很容易获得和计算。

四、贝叶斯估计法

SSM 模型不需要意见群体 $\{c_t\}$ 的样本数据，而微观模型 ABM 和宏观模型 SM 的估计则需要意见群体 $\{c_t\}$ 的样本数据。但在真实的市场中，要得到 $\{r_t\}$ 的数据非常容易，但要得到 $\{c_t\}$ 的样本数据却非常困难。因此，当只有 $\{r_t\}$ 数据时，需要估计 ABM 和 SM 的未知参数，需要对意见群体的数据进行抽样。鉴于此，引入贝叶斯方法，通过 Gibbs 抽样得到 $\{c_t\}$，对上述两个模型进行估计。对于观测样本 r_{obs}[n 个观测值 $r_{obs}=(r_1, r_2, \cdots, r_n)$]，可以得到模型的后验分布：

$$\pi(\theta|r_{obs}) \propto \pi(\theta)\prod_{i=1}^{n}P(r_t|\theta,c_t) \tag{8.43}$$

（一）ABM 模型

基于 ABM 模型设置，可以得到所提出的模型 $P(\boldsymbol{\theta}) = P(p, \beta) = P(p)P(\beta)$ 的未知参数的先验分布：

$$2p \sim Be(a_0, b_0), \ \beta \sim IGa(\alpha_0, \lambda_0) \tag{8.44}$$

而未知参数的后验分布为：

$$\pi(\theta|r_{obs}) \propto \pi(\theta)\prod_{i=1}^{n}P(r_t|\theta, c_t)$$
$$\propto \pi(\theta)p_t^{\sum_{t=1}^{n}x_t}q_t^{\sum_{t=1}^{n}c_t - x_t}\beta^{-\frac{n}{2}}$$

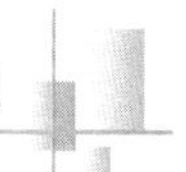

$$\exp\left\{-\frac{1}{\beta}\sum_{t=1}^{n}\frac{(c_t - n_0/|r_{t-1}|^2)}{2n_0/|r_{t-1}|}\right\}\prod_{i=1}^{n}c_{c_t}^{k_t}c_{c_t-k_t}^{j_t}\sqrt{\frac{|r_{t-1}|}{n_0}} \tag{8.45}$$

其中 $x_t = k_t + j_t$，即 $x_t = N_T$。当观察 $\{r_{obs}, c_{obs}\}$ 样本采集时，这两个序列 k_t 和 j_t 是未知的，由此可以得到：

$$\begin{aligned} &x_t \sim b(c_t, 2p) \\ &k_t = (r_t + x_t)/2 \\ &j_t = (x_t - r_t)/2 \end{aligned} \tag{8.46}$$

这里 $0 \leqslant x_t, j_t, k_t \leqslant c_t$。基于前一个似然和先验，可以得到 p，β 的后验抽样计算公式：

$$\begin{aligned} &2p | \beta, c_t, cx_t \sim Be(a_p, b_p) \\ &\beta | p, c_t, x_t \sim IGa(\alpha_\beta, \lambda_\beta) \end{aligned} \tag{8.47}$$

其中：

$$\begin{aligned} &a_p = 1 + a_0 + \sum_{t=1}^{n} x_t,\ b_p = 1 + b_0 + \sum_{t=1}^{n} c_t - \sum_{t=1}^{n} x_t \\ &\alpha_\beta = \alpha_0 - 1 + \frac{n}{2},\ \lambda_\beta = \lambda_0 + \sum_{t=1}^{n}\frac{(c_t - n_0/|r_{t-1}|)^2}{2n_0/|r_{t-1}|} \end{aligned} \tag{8.48}$$

a_0、b_0、α_0、λ_0 和 u_0 是超参数。对于超参数和未知参数的初始值，基于上述似然函数的样本估计结果给出初始设置区间，然后进行随机采样多径仿真计算。

（二）SM 模型

通过比较 ABM 和 SM，可以发现两种模型在形式上可能相差 ρ，因此设置 ρ = 0 来降低模型的估计参数。然后，根据前述的 SM 模型设置，给予模型 $P(\theta) = P(p, \beta) = P(p)P(\beta)$ 的未知参数的先验分布：

$$p \sim IGa(a_{D0}, b_{D0}),\ \beta \sim IGa(\alpha_{D0}, \lambda_{D0}) \tag{8.49}$$

未知参数的后验分布为：

$$\pi(\theta | r_{obs}) \propto \pi(\theta)\prod_{i=1}^{n}P(r_t | \theta, c_t)$$

$$\propto \pi(\theta)p^{-n/2}\beta^{-n/2}\exp\left\{\begin{aligned}&-\frac{1}{p}\sum_{t=1}^{n}\frac{r_t^2}{4n_0|r_{t-1}|}\\&-\frac{1}{\beta}\sum_{t=1}^{n}\frac{(c_t-n_0/|r_{t-1}|)^2}{n_0/|r_{t-1}|}\end{aligned}\right\}\prod_{i=1}^{n}\frac{1}{\sqrt{2c_t|r_{t-1}|n_0}} \tag{8.50}$$

这里 $x_t=k_t+j_t$。本质上 $x_t=N_t$。可以发现 c_t 序列是未知的。换句话说，如果只观察 r_{obs}，不知道市场内部的群体和具体行业的情况。此时，需要对意见组序列执行 Gibbs 抽样：

$$c_t \sim N(n_0/|r_{t-1}|,\ \beta n_0/|r_{t-1}|) \tag{8.51}$$

当观测到 $\{r_{obs},\ c_{obs}\}$ 样本时，不需要对 c_t 进行采样，可以直接作为样本带入后验分布。基于前一个似然和先验，可得到 p 和 β 后验抽样的计算公式：

$$\begin{aligned}&p|\beta,\ c_t,\ x_t \sim IGa(a_p,\ b_p)\\&\beta|p,\ c_t,\ x_t \sim IGa(\alpha_\beta,\ \lambda_\beta)\end{aligned} \tag{8.52}$$

$$a_p = a_{D0}-1+\frac{n}{2},\ b_p = b_{D0}+\sum_{t=1}^{n}\frac{r_t^2}{4n_0|r_{t-1}|}$$

$$\alpha_\beta = \alpha_{D0}-1+\frac{n}{2},\ \lambda_\beta = \lambda_{D0}+\sum_{t=1}^{n}\frac{(c_t-n_0/|r_{t-1}|)^2}{n_0/|r_{t-1}|} \tag{8.53}$$

a_{D0}、b_{D0}、α_{D0}、λ_{D0}和 u_{D0}是超参数，初始值和超参数的计算方式与上一节相同。

（三）收敛方法

在计算过程中，可以通过引入现有研究中的方法（Gelman & Rubin，1992；Fearn et al.，1996；Brooks & Gelman，1998）来判定参数估计链的收敛性。格尔曼和鲁宾（Gelman & Rubin，1992）基于方差分析的思想，链在达到平衡后的性能应该充分混合，路径的收敛性通过不同样本链的充分混合程度来检验。所以如果能达到均衡，路径内和路径间的方差应该近似相等。其中，长度为 n 的 k 的收敛指数为：

$$\hat{R} = \frac{\frac{n-1}{n}\hat{W} + \frac{1}{n}\hat{B}}{\hat{W}} \tag{8.54}$$

其中，$\hat{W}$ 是路径内的样本方差，$\hat{B}$ 是路径之间的方差。理论上来说将会有 $n\to\infty$，$\sqrt{\hat{R}}\to 1$。但在实际应用中，一般可采用小于 1.1 或 1.2 的$\sqrt{\hat{R}}$。

第五节　动态预测性能测试

一、模拟试验的估算方法

本节对前述提出的模型和估计方法的正确性进行检验。从微观 ABM 可以发现，收入与投资群体之间的相关性是通过群体变化传递的。通过比较 ABM 和 SM，可以发现两种模型在形式上可能相差 p，因此可以通过设置 $p=0$ 来降低模型的估计参数。设定真实的参数 $\theta=(p,\beta)=(0.1, 2)$，通过微观模型 ABM 生成样本集（$r_t$，$N_t$，$c_t$）。前文中已经对三个模型的似然函数方法进行了测试，似然函数估计偏倚的结果见表 8-1。表中的结果表明，在给定足够样本的条件下，似然函数法对这三种模型的估计都有较好的效果。

表 8-1　　（r_t，N_t，c_t）样本的似然函数估计偏差

	p	β
ABM	-0.00256	-0.14346
SM	0.01481	-0.14346
SSM	0.01481	/

在真实的市场中，价格或收益的样本数据最容易获得，而很多隐变量是很难采样的，如 N_t 和 c_t。在这种情况下，贝叶斯方法是一种更有效的方法。从先前模拟的样本数据中选择 r_t，通过使用贝叶斯方法，可以获得三个模型的估计偏倚，结果见表 8－2。可以发现，贝叶斯方法在较少观测变量的情况下也能很好地估计参数 p，但在估计 ABM 模型中的隐式 β 时效果更好。

表 8－2　　r_t 样本的贝叶斯方法估计偏差

	p	β
ABM	0.01079	－0.838
SM	0.01485	－1.274
SSM	0.01484	/

二、预测评价

（一）收敛模型和方法

本章中提出的模型共有 3 种，并且采用了两种估计方法和两种样本模型，因此总共会有 8 种组合方法，具体如表 8－3 所示。在实际抽样过程中，价格收益率 r_t 相对容易获得，而意见群体样本 c_t 相对较难获得。基于 Feng et al.（2012）的研究，可以找到：

$$c_t = \frac{\sigma_r^2(t)}{2pr_{t-1}^2} \tag{8.55}$$

表 8－3　　模型和方法集合

简称	方法集合
M1	ABM model + Likelihood method + samples（r_t，c_t）
M2	SM model + Likelihood method + samples（r_t，c_t）
M3	SSM model + Likelihood method + samples r_t

续表

简称	方法集合
M4	ABM model + Bayesian method + samples（r_t，c_t）
M5	SM model + Bayesian method + samples（r_t，c_t）
M6	ABM model + Bayesian method + samples r_t
M7	SM model + Bayesian method + samples r_t
M8	SSM model + Bayesian method + samples r_t

因此，可以通过似然函数简单地估计 p，然后通过价格的收益率和波动率得到 c_t 的样本。

价格波动率也是一个隐变量，在大多数研究中，使用了模型中波动率的近似替换，利用已实现波动率的非参数方法估计波动率 $\theta_r^2(t)$。交易日 t 的 $\theta_{i,k}^2$ 可以用下面的公式（Andersen et al.，2001；Andersen et al.，2003；Andersen & Teräsvirta，2009；Zhong et al.，2019）来描述：

$$\theta_{i,k}^2 = \sum_{j=(i-1)k}^{ik} (\ln S_j - \ln S_{j-1})^2 \tag{8.56}$$

S_j 是样本的价格，j = 1，2，…，k，i = 1，2，…，n，k 是 1 个交易日内的收益数。

（二）动态预测与评价

接下来，为了进一步分析提出的模型集的合理性和预测能力，从机器学习的角度出发，采用滚动时间窗方法，将得到的数据分为“估计样本”和“预测样本”两部分（Hansen，2005；Yu，2010；Wei et al.，2010；Sun et al.，2018；Leng et al.，2020）。“估计样本”固定为包含 H 个交易周期的数据，“预测样本”是“估计样本”之后的数据。主要思路是基于上面提到的 8 种方法，对所提出模型的参数进行估计。根据得到的参数对提出的模型进行随机模拟，得到预测价格的时间序列。例如，在第一步中，选择 t = 1，2，…，H 的数据作为第一个估计样本来估计所提出的模型集的参数。在估计参数的基础上，模拟第二天的价格和收益率。第二步，保持估计样本的时间间隔长度不变（H），将估计样本的时间间隔向后平行移动1天，即t=2，…，H+1，将H+1的数据样本作为新的估计样本，然后对所提出的模型集进行参数估计。在估计参数的基础上，可以对次日的价格、收益率或交易量进行模拟。通过反复重复步骤2的方法，可以从提出的方法中得到预测时间序列。在获得8种方法的预测时间序列数据后，基于损失函数和多种测试方法进一步评价所提模型的预测性能。此外，可以基于先验预测能力检验，赤池信息准则和贝叶斯信息准则，对样本外动态预测性能进行检验。

本章对沪深300（CSI300）自2018年5月8日（或发行日）至2020年11月17日的每日收盘价进行了分析。通过收集616个交易日5分钟股票收益样本，共计29568个，然后计算价格、收益和波动率的统计特征，并将其呈现在表8-4中。可以看出，它们都表现出明显的“尖峰厚尾”（所有的超额峰度系数都非常显著）。一方面，这表明沪深300指数具有更大的波动性，远远超出了正态分布所假设的范围（两个Jarque-Bera统计数据都是显著的）。波动率和对数价格都表现出非常显著的自相关特征（两个Q统计量都显著）。另一方面，这也表明沪深300指数的波动和价格具有显著的持续性或长期记忆特征。ADF单位根检验表明，波动性和收益率都显著拒绝了单位根存在的原假设。波动性和收益是稳定的，允许直接进一步分析和计量经济建模。

表8-4　　CSI300数据真实的样本统计特征

	x_t	return	σ^2
Mean	8.64222	0.0004	0.00016
Min	7.99536	-0.09925	1.00E-05
Max	8.51233	0.05547	0.00738
Ste. dev.	0.12167	0.01375	0.00036
Skewness	0.20022	-0.52467	14.89864
Kurtosis	-0.36576	5.28559	280.48443
Q（5）	2932.54995	4.52612	16.75267

续表

	x_t	return	σ^2
Q（10）	5589.8639	12.43061	20.63803
Q（20）	10230.77565	20.81722	22.73342
J-B	7.66972	732.21378	2012520
ADF	-2.92633	-8.26525	-6.99541

根据沪深300指数的回归数据，首先通过似然函数法对SSM模型进行参数估计，得到$\hat{\theta}=(\hat{p}\mid\hat{\beta})=(0.01823, 43.55)$。对于CSI300效益与模型的直接比值，设$K\approx1024=LNN$。其次，根据前文的方法，对微观模型ABM和宏观模型SM进行估算。该参数根据SSM的参数估计设置初始取值范围和（$\hat{p}$，$\hat{\beta}$）的先验值。对于$\hat{\beta}$，由于未知，因此将其设置为无信息先验。最后，可以得到微观模型ABM和宏观模型SM的估计参数。结合估计参数和CSI300数据，计算绝对收益的累积分布函数，如图8-1所示，实际数据结果与所提出的八种方法的模拟结果吻合较好。

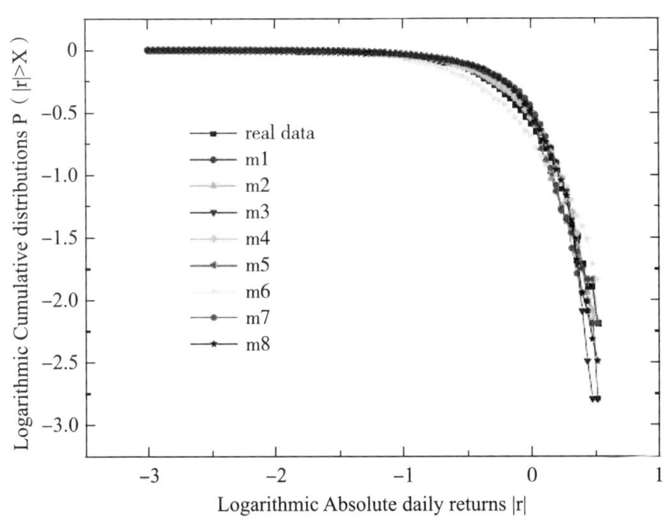

图8-1　参数集的模拟分布特性与CSI300的经验结果的比较

为了进一步检验样本内拟合优度，根据图 8 - 1 中估计的参数和前述中的方法计算了 CSI300 的 8 个模型的 AIC 和 BIC 值。测试结果如表 8 - 5 所示。基于最小信息原则，AIC 和 BIC 值依次为 M3、M8 和 M6。对于给定的 CSI300，M3 方法表现最好，其次是 M8，然后是 M6。预测性能最差的是 M2、M5 和 M7。出现这种情况的可能原因是使用了已实现的波动率来近似计算 c_t 样本，从而导致不准确的估计。M3 和 M8 的预测性能优于其他模型，这也表明引入实现波动而不是 c_t 样本会导致样本内拟合能力的下降。对于仅估计价格数据，当潜在情况未知时，样本方法 M3 和 M8 可能会更好。

表 8 - 5　　样本内 CSI300 的 8 个模型的 AIC 和 BIC 值

	M1	M2	M3	M4	M5	M6	M7	M8
AIC	-5261.5	-5152.7	-5286.5	-5262.3	-5153.8	-5282.4	-5152.7	-5284.5
BIC	-5252.7	-5143.9	-5282.0	-5253.5	-5144.9	-5273.6	-5143.8	-5280.1

（三）样本外性能预测比较

为了进一步探索所提方法的样本外预测性能，对实际 CSI300 的样本外预测性能进行了比较。当样本窗口为 50 时，表 8 - 6 为 10000 次 bootstrap 模拟后得到的 SPA 测试结果。在表 8 - 6 中，第一列表示三个损失函数，第二列为选择作为基本模型的模型名称。表中数字为 SPA 检验的 p 值。p 值越大（越接近 1），说明基础模型的预测精度越高。相反，如果 p 值较小，则有理由相信底层模型的表现比正在检查的比较模型更差。从表 8 - 6 的实证结果可以看出，首先，3 种损失函数的 SPA 均表明 M8 方法的预测性能优于其他 7 种方法。其次，与 M8 相比，M3 优于其他 6 种预测方法。最后，M7 的预测性能最差。这表明在样本较少的情况下，SSM 结合贝叶斯方法具有更好的预测性能。当不知道隐变量时，用备选 RV 代替该变量可能会更好。也就是说，复杂的模型和方法在预测上的表现不是很好。

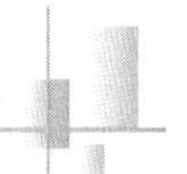

表 8-6　　　　8 种对数价格预测方法的 SPA 检验

Loss	Basic model	Comparative model							
		M1	M2	M3	M4	M5	M6	M7	M8
MAE	M1	0	0.9931	0.239	0.9876	0.9947	0.3389	0.9963	0.2232
	M2	0.0058	0	9.00E-04	0.3493	0.8848	0.0026	0.9275	0.0029
	M3	0.7577	0.9976	0	0.9969	0.9983	0.659	0.9985	0.4699
	M4	0.0118	0.6534	0.0033	0	0.6908	0.0075	0.7047	0.0031
	M5	0.0058	0.1103	0.0023	0.3102	0	0.0023	0.6358	0.0025
	M6	0.6636	0.9971	0.3477	0.9931	0.998	0	0.9985	0.3391
	M7	0.004	0.0764	8.00E-04	0.3063	0.355	0.0014	0	0.0022
	M8	0.7718	0.9974	0.5275	0.997	0.998	0.6609	0.9985	0
MSE	M1	0	0.9903	0.3817	0.9646	0.9912	0.5251	0.9907	0.3693
	M2	0.0112	0	0.0058	0.3349	0.9537	0.0064	0.9604	0.0058
	M3	0.6161	0.994	0	0.9807	0.9948	0.7337	0.9956	0.4127
	M4	0.0364	0.6648	0.0163	0	0.7108	0.0239	0.7075	0.0161
	M5	0.0116	0.046	0.0044	0.2936	0	0.0061	0.5094	0.0059
	M6	0.4705	0.9928	0.2667	0.9751	0.9939	0	0.9947	0.2472
	M7	0.0093	0.0371	0.0042	0.2916	0.4973	0.0059	0	0.0061
	M8	0.6328	0.9933	0.5786	0.9829	0.993	0.7515	0.9949	0
MAPE	M1	0	0.994	0.2293	0.9865	0.9959	0.3345	0.9956	0.2232
	M2	0.0061	0	0.002	0.3413	0.8919	0.002	0.9337	0.0023
	M3	0.7649	0.9976	0	0.9969	0.9986	0.6553	0.9994	0.4591
	M4	0.0153	0.6683	0.0042	0	0.6893	0.0072	0.7054	0.0029
	M5	0.0051	0.109	0.0015	0.3055	0	0.0018	0.6435	0.0022
	M6	0.6741	0.9981	0.3398	0.9943	0.9978	0	0.9987	0.3318
	M7	0.0046	0.0708	0.0019	0.283	0.3607	0.0011	0	0.0015
	M8	0.7836	0.9976	0.5365	0.9968	0.9976	0.6702	0.9984	0

注：表中为 10000 次 Bootstrap 模拟后的 SPA 检验 P 值，值越大，基础模型与比较模型相比，性能越好。

在之前的 SPA 测试中，固定的样本窗口是 50 天，比较小。为了进一步探索 8 种方法的预测性能，计算了 8 种方法在不同样本窗下的损失函数、AIC 和 BIC 检验，具体结果如图 8－2 和表 8－7 所示。在图 8－2 中，可以看到，不同样本窗下的三种损失函数变化。结果表明，第一，当样本窗口较小（L＝50）时，三种损失函数均显示 M8 最小，M7 最大。第二，当样本窗口较大（L＝300）时，三种损失函数均显示 M6 最小，其次是 M8 和 M5。第三，随着样本窗口变大，所有损失函数都变小。综上所述，可以看出模型是明显分层的，M8、M6 和 M3 的表现优于其他方法。这可能是因为 c_t 通过波动率估计获得的样本降低了模型的预测性能。为了进一步测试不同样本窗的预测性能，给出了 AIC 和 BIC 的检验结果。

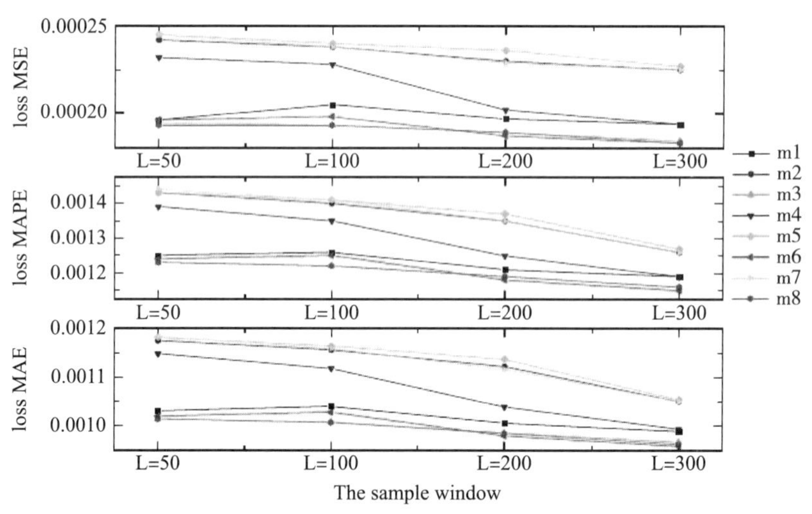

图 8－2　不同时期的损失函数

表 8－7　　8 种对数价格预测方法的 AIC 和 BIC

		M1	M2	M3	M4	M5	M6	M7	M8	GARCH
L＝50	AIC	－4828.7	－4708.6	－4836.8	－4732.1	－4701.3	－4827.5	－4701.0	－4838.1	－4821.7
	BIC	－4820.0	－4699.9	－4832.4	－4723.4	－4692.6	－4692.6	－4692.3	－4833.7	－4804.4

续表

		M1	M2	M3	M4	M5	M6	M7	M8	GARCH
L = 100	AIC	-4379.2	-4301.8	-4301.8	-4323.5	-4297.3	-4300.4	-4300.4	-4411.3	-4403.1
	BIC	-4370.7	-4293.3	-4293.3	-4315.0	-4288.8	-4291.9	-4291.9	-4407.0	-4386.1
L = 200	AIC	-3545.2	-3481.1	-3481.1	-3534.4	-3470.6	-3482.5	-3482.5	-3565.8	-3559.0
	BIC	-3537.1	-3473.1	-3473.1	-3526.4	-3462.5	-3474.5	-3474.5	-3561.7	-3542.9
L = 300	AIC	-2697.1	-2650.0	-2650.0	-2696.3	-2648.0	-2649.6	-2649.6	-2717.7	-2710.8
	BIC	-2689.6	-2642.5	2642.5	-2688.8	-2640.5	-2642.1	-2642.1	-2713.9	-2695.8

表8-7显示，对于所有窗口期，AIC和BIC显示M8最小，M7最大。这些都表明贝叶斯方法可能比似然函数方法更好。在没有底层变量的情况下，样本模型可能会更好。此外，进一步与其他基准模型进行比较，以探索本章提出的方法的性能。GARCH模型（Lamoureux & Lastrapes，1990）是一种应用广泛的波动率模型，GARCH(1，1）常用于分析股票市场价格和波动率，并作为模型比较的基准（Lamoureux & Lastrapes，1990；Hung et al.，2008；Wei et al.，2010；Xing et al.，2020）。因此，以GARCH(1，1）作为比较基准，与提出的8种方法进行比较研究。GARCH(1，1）的样本外预测结果如表8-7所示，同样，M8、M6和M3的性能也优于GARCH(1，1)。

（四）流动性评估

上面提到的许多金融模型，如随机模型（Cui et al.，2020）、ARCH（Bollerslev et al.，1992；Hacker & Hatemi，2005）、GARCH（Lamoureux & Lastrapes，1990）、Hseton模型（Zhou et al.，2019）等，都对资产价格的宏观行为进行了丰富的研究。它还可以更好地衡量价格和波动性。但是，本章提出的8种方法与上述模型的不同之处在于，它们可以计算潜在的市场交易概率p，通过对交易概率p的估计可以很好地衡量市场流动性。

为了验证模型的流动性评估性能，进一步进行了实证相关分析。首

先，衡量股市流动性的方法有很多，其中换手率是比较常见的指标之一。根据上述沪深300指数的数据，通过市场成交量和当前市值，得出2018年5月8日（或发售日）至2020年11月17日沪深300指数的整体换手率。然后得到动态给定时间窗的平均换手率。其次，通过模型计算出8种方法的交易概率p，真实换手率数据与交易概率p的相关矩阵如表8-8和表8-9所示。

表8-8　L=50时，8种方法估计的实际换手率与交易概率p的相关矩阵

L=50	Turnover rate	M1	M2	M3	M4	M5	M6	M7	M8
Turnver rate	1.00	0.42	0.42	0.42	0.13	0.42	0.41	0.42	0.42
M1	0.42	1.00	1.00	1.00	0.20	1.00	0.90	1.00	1.00
M2	0.42	1.00	1.00	1.00	0.20	1.00	0.90	1.00	1.00
M3	0.42	1.00	1.00	1.00	0.20	1.00	0.90	1.00	1.00
M4	0.13	0.20	0.20	0.20	1.00	0.20	-0.05	0.20	0.20
M5	0.42	1.00	1.00	1.00	0.20	1.00	0.90	1.00	1.00
M6	0.41	0.90	0.90	0.90	-0.05	0.90	1.00	0.90	0.90
M7	0.42	1.00	1.00	1.00	0.20	1.00	0.90	1.00	1.00
M8	0.42	1.00	1.00	1.00	0.20	1.00	0.90	1.00	1.00

表8-9　L=300时，8种方法估计的实际换手率与交易概率p的相关矩阵

L=50	Turnover rate	M1	M2	M3	M4	M5	M6	M7	M8
Turnver rate	1.00	-0.87	-0.87	-0.87	0.14	-0.87	-0.86	-0.87	-0.87
M1	-0.87	1.00	1.00	1.00	0.01	1.00	0.93	1.00	1.00
M2	-0.87	1.00	1.00	1.00	0.01	1.00	0.93	1.00	1.00
M3	-0.87	1.00	1.00	1.00	0.01	1.00	0.93	1.00	1.00
M4	0.14	0.01	0.01	0.01	1.00	0.01	-0.27	0.01	0.01
M5	-0.87	1.00	1.00	1.00	0.01	1.00	0.93	1.00	1.00

续表

L = 50	Turnover rate	M1	M2	M3	M4	M5	M6	M7	M8
M6	-0.86	0.93	0.93	0.93	-0.27	0.93	1.00	0.93	0.93
M7	-0.87	1.00	1.00	1.00	0.01	1.00	0.93	1.00	1.00
M8	-0.87	1.00	1.00	1.00	0.01	1.00	0.93	1.00	1.00

可以发现，真实换手率与8种方法之间存在较强的相关性。小时间窗L=50表现出较强的正相关，大时间窗L=300表现出较强的负相关，随着时间窗L的增大，相关性变得更强。M4和其他方法表现出不同的相关性，可能是因为获得了c_t，通过波动率估计得到的样本降低了模型的估计性能。综上所述，可以发现，提出的八种方法都很好地描述了市场流动性，因此，交易概率p可以作为衡量市场流动性的流动性度量指标。

接下来，为了进一步对流动性对资产价格的影响进行随机理论模拟和实证分析，采用SSM模型和M3方法进行讨论。首先，利用SSM模型对股票价格时间序列进行模拟，得到一个超过10^6的迭代序列。计算模拟收益标准差与可变流动性指标交易概率p的关系，结果如图8-3所示。可以观察到，随着交易概率p的增大，收益的标准差也随之增大。也就是说，流动性增加，资产风险也随之增加。其次，为了对模拟结果进行实证分析，选择了中国A股2010年1月1日至2019年1月1日的数据。删除时间不足的个股后，数据中还剩下1648只股票。选取流通股换手率作为流动性指标，从小到大分为10组，计算每组股票的统计特征。通过10组真实数据的周转率，收益率与组别的标准差（SD）箱线图结果如图8-4（a）所示，然后，使用M3方法估计每只股票的交易概率p，从小到大分为10组。通过交易概率p对收益率与群体的标准差（SD）箱线图结果如图8-4（b）所示。从图8-4（a）和图8-4（b）中可以发现，随着流动性的增加，资产的整体风险呈上升趋势，这也与本章提出的模型和方法的模拟结果相一致。

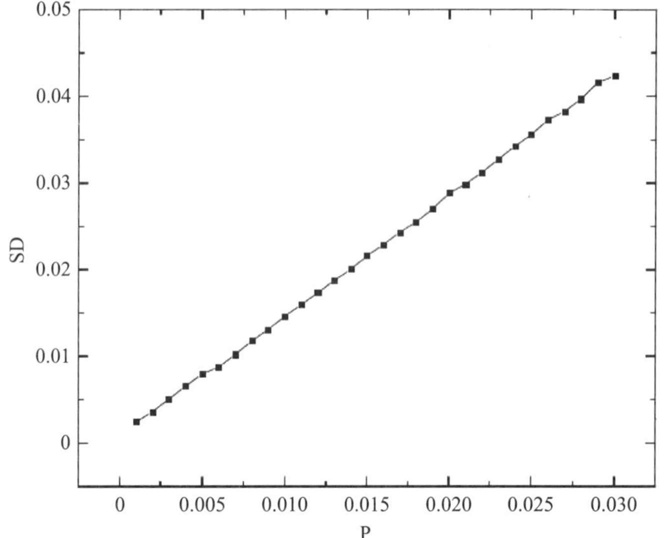

图 8-3　收益率的标准差（SD）作为流动性指标交易概率 p 的函数

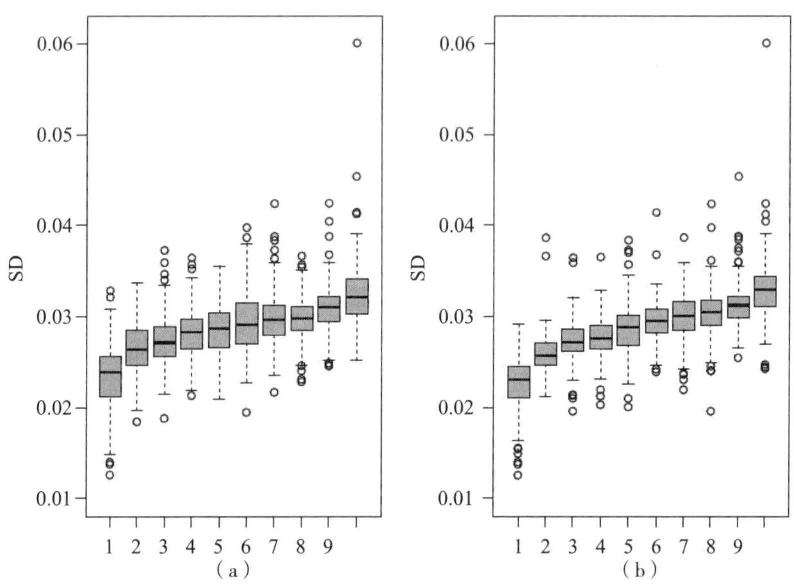

图 8-4　通过换手率（a）和交易概率（b）计算的收益率与群体的标准差箱线图

资本市场是人类复杂行为长期演化而来的复杂系统，是经济社会的重要核心之一。因此，复杂金融市场宏观和微观演化的研究和建模备受

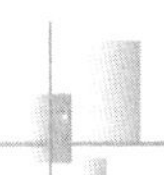

关注。在金融物理的研究中，已经提出了许多宏观和微观演化模型，这些模型很好地描述了复杂生物的宏观和微观动态行为特征。然而，理论和模型在金融市场分析和应用中的重要价值之一是它具有较好的预测性能，因此，宏观和微观模型的预测性能评价值得进一步研究。本章的研究拟回答以下两个问题：金融物理宏观和微观演化模型对资产价格的预测效果如何？结合不同的抽样和统计推断方法，宏观和微观演化模型的预测表现如何？基于现有文献的研究，本章提出了 3 类模型的 8 种方法。当样本包含价格回报和意见组 c_t，这三种模型都能很好地估计参数，当只观察价格收益时，似然函数可以很好地估计简化的宏观模型，并且结合 Gibbs 抽样贝叶斯方法可以很好地估计三种模型。

在大量现有研究的基础上，本章介绍了宏观和微观演化模型和简化模型 3 类模型，并提出了似然估计和贝叶斯估计方法。结合这两种样本模式，提出了 8 种方法，并给出了 8 种方法的似然估计和贝叶斯估计方法。本章尝试通过经验方法来探讨上述两个问题，结合机器学习思维，引入多种损失函数、SPA 测试方法、AIC 和 BIC 方法，进一步讨论 8 种方法的动态预测性能，并将提出的 8 种方法与基准 GARCH 模型进行对比。样本内外的预测结果表明，仅对返回样本采用贝叶斯方法简化的随机模型效果最好。采用贝叶斯方法的随机模型在只有返回样本的情况下是最差的。在只有价格或回报数据的情况下，样本外的预测效果可能使用样本 SSM 模型更好。此外，利用本章提出的方法对金融市场的流动性评价进行了随机模拟和实证分析。可以发现，流动性的增加与资产风险的增加相对应，并且 8 种方法评估的交易概率 p 与实际换手率之间存在较强的相关性，可以很好地用于评估市场流动性。理论方法和结果可为资产价格预测和市场流动性风险评估提供建议，为投资管理和风险监管提供理论支持。

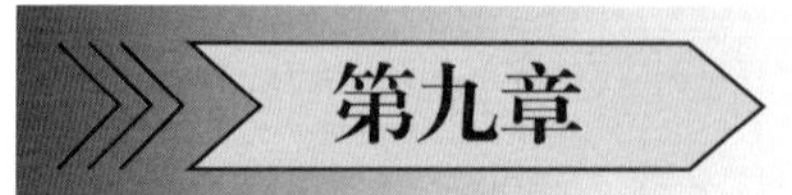

结论、建议与展望

第一节 研究结论

金融是现代经济的核心，是推动经济社会发展的重要力量。作为一个复杂的动态系统，金融系统具有非线性和不确定性的特征，频繁的价格波动将影响系统的稳定性，从而影响经济平稳运行。对复杂金融系统价格走势进行合理预测是各领域研究的重要内容，而金融市场风险的定价、预测和管理也一直是多个领域的研究热点，股市崩溃的表象、动态波动、原油价格波动和预测则是其中的重点内容。有效市场假说认为，市场的价格是有效的，能够反映所有可获得的信息，因此价格预测的关键在于对信息的捕获和分析。因此，先验信息在参数估计中具有的重要作用，引入金融物理和贝叶斯方法来预测复杂金融系统的价格具有极其重要的学术价值和研究意义。

随机动力学最初被提出用于描述布朗运动，随着学术研究对“噪声”的关注越来越多，随机动力学也被运用到越来越多的研究领域，用于解决与噪声诱发有关的问题研究中。统计物理中的 Fokker - Planck 方

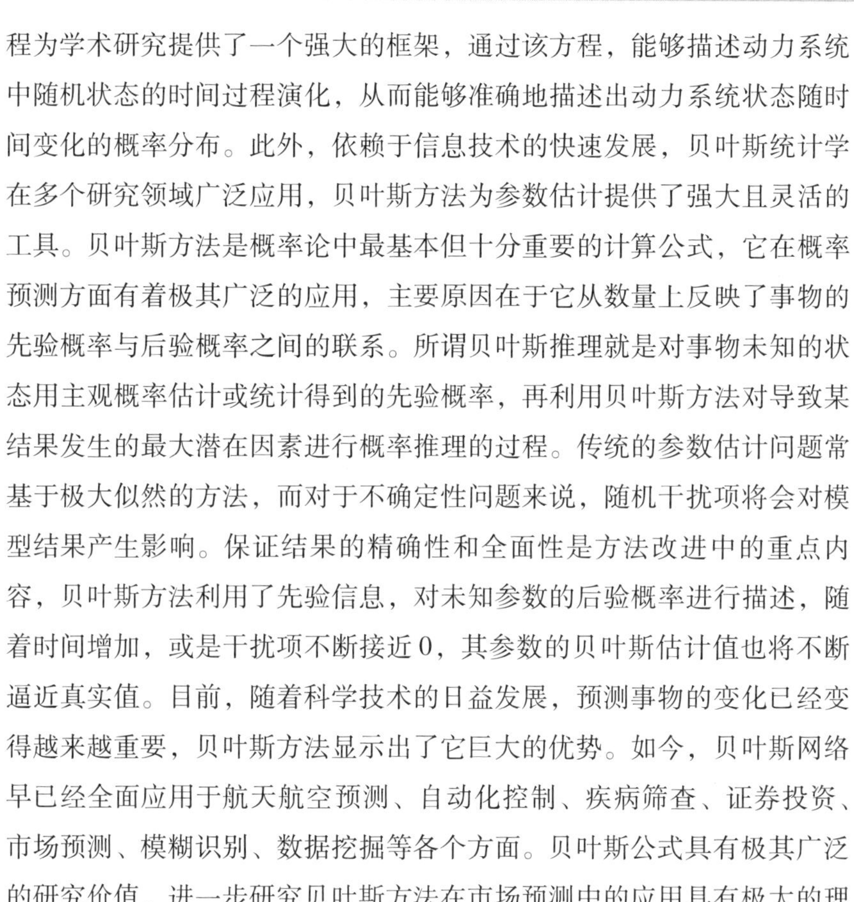

程为学术研究提供了一个强大的框架，通过该方程，能够描述动力系统中随机状态的时间过程演化，从而能够准确地描述出动力系统状态随时间变化的概率分布。此外，依赖于信息技术的快速发展，贝叶斯统计学在多个研究领域广泛应用，贝叶斯方法为参数估计提供了强大且灵活的工具。贝叶斯方法是概率论中最基本但十分重要的计算公式，它在概率预测方面有着极其广泛的应用，主要原因在于它从数量上反映了事物的先验概率与后验概率之间的联系。所谓贝叶斯推理就是对事物未知的状态用主观概率估计或统计得到的先验概率，再利用贝叶斯方法对导致某结果发生的最大潜在因素进行概率推理的过程。传统的参数估计问题常基于极大似然的方法，而对于不确定性问题来说，随机干扰项将会对模型结果产生影响。保证结果的精确性和全面性是方法改进中的重点内容，贝叶斯方法利用了先验信息，对未知参数的后验概率进行描述，随着时间增加，或是干扰项不断接近 0，其参数的贝叶斯估计值也将不断逼近真实值。目前，随着科学技术的日益发展，预测事物的变化已经变得越来越重要，贝叶斯方法显示出了它巨大的优势。如今，贝叶斯网络早已经全面应用于航天航空预测、自动化控制、疾病筛查、证券投资、市场预测、模糊识别、数据挖掘等各个方面。贝叶斯公式具有极其广泛的研究价值，进一步研究贝叶斯方法在市场预测中的应用具有极大的理论价值和现实意义。

平均限时崩盘率是金融物理学发展过程中的一个重要概念，被用于描述复杂金融系统中个体资产或者整个市场平均而言发生崩盘的概率。资产价格可以体现在隐含波动率上，而隐含波动率一般是变化的，通常随着资产的不同，隐含波动率也会不同。随机波动率模型认为，波动率本身随着价格变化而变化，并且这一变化过程符合随机过程，其主要思路是将标的资产价格的波动率描述为一个由价格水平、波动率均值回归趋势和波动率方差控制的随机过程，因此，可以对波动率的变化进行动态刻画，从而提供对期权进行更加准确定价的可能。随机波动率模型中比较经典的就是 Heston 模型，该模型假设资产价格服从一个扩散过程，并考虑资产价格和资产波动率的相关性，考虑波动率与标的资产价格回报之间的相关性，既反映了价格变动的偏度，也在很大程度上显示了价格回报“尖峰厚尾”的特点。因此，本书中采用随机动力学、贝叶斯方法、平均限时崩盘率和 Heston 模型进行金融系统价格预测研究。

本书对构建的随机动力学方程的贝叶斯和随机波动模型的贝叶斯进行了实证研究，使用了贝叶斯方法、Heston 模型和统计物理的方法来研究经济周期中股票市场崩盘的发生情况，用平均限时股价崩盘率来描述一个经济周期中股票跌暴的发生情况，对经济周期中股市崩盘的发生展开了深入讨论。研究结果表明，可以找到与经济周期中股市崩盘最少发生率相关的最佳波动率，在研究中，贝叶斯估计方法对先验输入不敏感，具有较强的性能，但该方法的精度很大程度上依赖于归一化参数的计算精度。

对于原油价格的动态预测研究主要想解决三个问题：Heston 模型是否能够对原油价格进行有效预测？两种估计方法下 Heston 模型的预测效果会有什么不同？不同的估计区间下两种方法的预测精度是什么样的？针对上述问题，首先，本书的研究讨论了当前国际原油价格预测的理论成果；接着，讨论了 Heston 模型和贝叶斯方法在实际研究中的一些应用，同时，简单介绍了 Heston 模型以及贝叶斯方法和极大似然估计方法的数学理论。实证部分首先利用贝叶斯方法和极大似然估计方法分别得到了五个参数的估计解析表达式，接着利用滚动周期的样本外预测方法在不同长度的估计区间对原油市场未来 100 天的价格进行预测。在比较了两种方法的预测结果之后发现，两种估计方法都可以有效地估计 Heston 模型的参数，而在特定损失函数下，当估计样本量较小时，贝叶斯方法比经典估计法更具有优势，而估计样本量增加时，经典方法略优于贝叶斯方法。

对于我国股市价格预测研究，本书介绍了不同类型的 GARCH 模型来刻画沪深 300 指数的波动情况，这些模型研究了各种不同抽样长度下的日内波动率特征。同时，分别采用了似然函数、贝叶斯 Griddy -

Gibbs 方法、GARCH(1，1）模型，分别对短期样本数据以及长期样本数据进行了预测。对于短期样本数据进行了统计分析以及样本内的检验，可以推出长期样本数据同样也具有聚集波动性，符合 GARCH(1，1）模型。无论是短期样本数据还是长期样本数据，对于本书研究中选取的三个变量，当两个变量保持不变的时候，随着另外一个变量的增加，相应的预测误差都会减小，并且贝叶斯 Griddy – Gibbs 方法得到的预测结果要明显优于似然函数方法得到的结果。采用贝叶斯 Griddy – Gibbs 方法，是因为该方法适用于低维度的模型，对于 GARCH(1，1）模型的拟合效果较好，预测结果更加贴近于真实值，相较于似然函数方法，其预测误差更小，效率更高。

对于金融市场动态预测和流动性评估研究，本书介绍了宏观和微观演化模型以及简化模型三种类型，探讨了似然估计和贝叶斯估计方法。同时，结合机器学习方法，引入多种损失函数、SPA 测试方法、AIC 和 BIC 方法，进一步讨论本书提出方法的动态预测性能，并将其与基准 GARCH 模型进行对比。研究结果表明，流动性的增加与资产风险的增加相关，而本书提出的方法评估的交易概率与实际换手率之间存在较强的相关性，可用于评估市场流动性。

第二节　启示与建议

本书基于现有研究，通过采用金融物理和贝叶斯方法，对复杂金融系统价格预测进行了深入研究和探讨。研究结果表明：第一，贝叶斯和极大似然估计方法都具有较好的预测性能，且贝叶斯方法在小样本下优于极大似然估计法。第二，股市价格预测研究结果表明，股市价格在短期和长期都具有聚集波动性，而本书提出的方法进行价格预测结果较好，预测误差更小。实证研究中，预测结果都会随着抽样增加而不断地接近真实值，模型的拟合效果也很好，贝叶斯 Griddy – Gibbs 方法得到

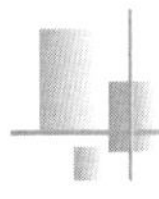

的结果误差更小，更加拟合，因此采用该方法更加适合预测我国的股市波动。基于以上研究结果，首先，要密切关注石油价格，合理预测石油价格走势。石油是保障国民经济各部门顺利运行的重要战略物资，国际原油价格的频繁波动越来越成为制约各国经济平稳运行的不稳定因素。中国是全球最大的原油进口国，原油价格的波动对中国经济的稳定运行造成了干扰。在变化莫测的世界原油市场中，正确预测油价的走势，在面对油价的大幅波动时，可以将其造成的不利经济影响降到最低，使自身利益得到最大限度的维护。因此，密切关注国际原油市场，探索国际原油价格变动的潜在原因，对原油价格的走向进行合理的预测，对国家、企业和个人都具有重要的意义。

其次，股市价格波动是金融系统价格波动研究的重要内容，股票价格预测也是金融稳定研究中的焦点。我国的股票市场仍存在市场秩序混乱、金融监管不足等问题，在制度建设方面，我国股票市场仍然有很长的路要走，需要跟进时代步伐，加强制度建设和监管。在社会进步和发展的过程中，一些公司为了发展和获取更多利益，可能采用扰乱市场、制造虚假信息等手段误导投资者的行为。这最终会进一步影响市场发展，影响股市波动。因此，加强公司信息披露制度至关重要。在数据社会，提高公司相关数据透明度是必要的，以避免数据失衡发展，减少股市波动。股市发展需要多方配合和调和，除了公司制度外，还需要各部门监管，如股市监管，对采取非法手段牟取暴利、扰乱市场行为的公司或个人采取严厉惩罚，以进一步保障市场稳定。

此外，为了促进股市的发展，政府也应加强管理，提前调研市场情况，了解投资者的行为，以制定合适的政策。政府发布的政策对股市有利有弊，也会影响股市的波动，投资者通常会根据政府发布的政策来调整其投资行为。毫无疑问的是，政府还应该最大程度地发挥市场调节作用，减少不必要的干预。股市投资者作为股市的主体对象，提供一定的建议有助于其理性消费、理性投资，从而进一步稳定股市的发展。风险与收益成正比，这是亘古不变的道理，随着股市的逐步发展，其中的风险也在增加，投资者往往由于信息不对称而作出非理性的消费。因此，投资者的素质急需提高，让他们了解更多专业知识，增加对股市波动的理解，以作出合理的投资和消费决策。

最后，为了提高投资者的理性，需要对他们进行相关的专业知识培训，增强对股市的了解，加强风险预估能力。在我国的股票市场发展中，主要有两类投资者：个人投资者和机构投资者。个人投资者占股票市场的比例高于机构投资者，机构投资者通常拥有系统的投资理财知识和成熟的风险预估能力。但个人投资者则缺乏这种全面的信息，他们接触的信息往往比较混乱，包括一些公司发布的虚假消息和数据。当出现误导性消息，他们的投资行为将会导致股市波动，并带来连锁反应，进一步影响股市的稳定性。因此，需要协调相关监管部门，加强上市公司数据的透明度，提高及时披露相关信息的能力，帮助投资者更加理性地看待股市，作出适合自己的投资决策。对于机构投资者来说，因为本身具有比较全面的信息分类以及分析能力，有着明确的目标，并且在风险预估以及承受能力方面要明显强于个人投资者。因此，对于机构投资者，有必要在一定的程度上增强金融投资机构的能力，给予投资者一定的支持和引导，增加机构投资者在股市中的比例，从而进一步减少股市的波动性，稳定股市，进而稳定金融系统。

第三节 未来展望

本书的研究建立了随机动力学方程和随机波动模型的贝叶斯，实现了对原油价格、我国股市价格的有效预测，对金融市场进行动态预测与流动性评估，但未来研究的空间依旧很大。例如，本书的研究单纯以随机波动的角度来预测油价，并没有深入地分析原油价格波动的原因，未来的研究中也可以考虑数据量更长的估计区间进行预测。更重要的是，随着随机动力学、机器学习、金融物理等领域的不断发展，更具有创新

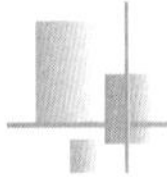

性的模型和方法将被提出用于复杂金融系统的价格预测，如系统动力学、支持向量机、神经网络模型和人工智能技术。

系统动力学是分析研究复杂反馈系统动态行为的系统科学方法，它是系统科学的一个分支，也是一门沟通自然科学和社会科学领域的横向学科，实质上就是分析研究复杂反馈大系统的计算仿真方法。系统动力学属于涉及范围广、运用能力强的学科，模型建立的基本原理主要包括因果关系图、模型流图及模型的组成等，目前成为社会科学重要实验手段，被广泛应用于社会中经济、管理、科技和生态等各个领域，主要包括水资源优化策略设计（Wang，2014），石脑油价格预测的系统动力学模型（Kwon et al.，2016；Lyu et al.，2018），电力系统供应链的可持续性预测（He & Zhang，2015）和电价优化体系的机制分析（Yu et al.，2022），住宅用地价格与经济的影响研究（Li et al.，2017）等方面。在价格预测的应用研究中，林敏等（2008）首次把石油价格及其影响因素作为一个随机系统来展开研究，设计了一个随机模拟器，对未来油价的概率分布函数及统计特征进行随机模拟。唐旭等（2010）根据系统动力学基本原理构建了石油产量预测的系统动力学模型，确定了我国石油的剩余可采储量、采油速度等模型变量参数，对中国石油未来最终的可采储量、平均值、产值的峰值等指标进行了预测。格尔斯等（Grothe et al.，2023）基于系统动力学模型，考虑经济、技术、地缘政治和环境（碳的社会成本）问题，对美国常规和非常规石油产量进行了建模和预测。

支持向量机（support vector machine，SVM）又名支持向量网络，是传统机器学习的一个非常重要的分类算法，是指一种有监督式学习模型及其相关的学习算法，广泛用于分类及回归分析。当给定一组训练实例，并标记这些训练实例属于两个类别的其中之一，SVM 训练算法基于这些实例创建一个模型将新的实例归类为两个类别中的一个，使其成为非概率二元线性分类器。SVM 模型将实例表示为空间中的点，使得不同类别的实例被尽可能明显的间隔所分开。然后，新的实例将被映射

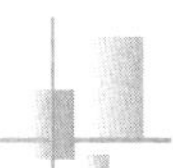

到同一空间中，并基于它们落在间隔的哪一侧来预测其所属类别。除了进行线性分类之外，SVM 还可以使用所谓的核技巧实现有效的非线性分类，将其输入实例映射到高维特征空间中。对于未标记数据，无法进行有监督式学习，但是可以使用非监督式学习进行训练，非监督式学习会尝试找出数据到簇的自然聚类，并将新数据映射到这些已形成的簇中。

价格预测具有很强的周期性和不可预测性的特点，但却是金融经济领域普遍关注的重点内容。作为一个重要的分类算法，SVM 在大量研究中被广泛采用，在股票价格预测（Chang et al.，2021；Thomas，2023）、电价预测（Duan & Liu，2022）、天然气和原油价格预测（Mouchtaris et al.，2021；Cheng et al.，2022；Tissaoui et al.，2023）、碳汇交易价格预测（Yang et al.，2022）等领域发挥着不可或缺的作用，甚至有研究提出了结合 SVM 的更可行、鲁棒且精度更高的混合模型，用于空气质量指数（AQI）预测（Pradhan et al.，2023）。随着研究的不断深入，该模型也在不断改进和完善，王君等（2009）针对石油价格预测中数据选择不当、没有预处理、预测方法单一等问题，提出了层级 SVM 模型，比 SVR 模型的性能指标更优。吴虹等（2010）针对复杂时间序列预测困难的问题提出了一种基于 ARIMA 和 SVM 相结合的时间序列预测模型。仿真结果表明，组合模型相对于单模型的预测具有更高的精度。王欣冉等（2011）提出的最小二乘 SVM 石油价格预测方案很好地改善了石油价格预测模型的运行速度与预测精度。Zhang et al.（2015）采用了最小二乘 SVM、粒子群优化（LSSVM－PSO）方法和广义自回归条件异方差（GARCH）模型。新提出的混合方法对原油价格具有很强的预测能力，这种方法在预测准确性方面优于公认的原油价格预测方法。为降低数据的计算成本和复杂性，伊凡等（Irfan et al.，2022）提出了一种新的结合 SVM 的 DensetNet－121 网络方法用于电力价格预测，以消费者消费模式变化和非线性复杂数据为输入，减少模型中的训练损失、计算时间和最小化过拟合问题，提升模型的测试精度。

神经网络模型是由大量的简单处理单元经过广泛并行互联形成的一种网络系统，是对人脑系统的简化抽象和模拟，具有人脑功能的许多基本特征。目前神经网络已经成为许多高科技领域的一个热门话题，可以实际应用在预测支持、模式识别、专家系统、机器学习等方面。神经网络应用的第一步是对它做训练，利用输入值和输出值找到两者之间的关系，第二步是对模型输入新的值，依据上一步得到的变量之间的关系获取新的输出值（朱大奇等，2006）。作为一种常见的数据驱动方法，神经网络在价格预测中得到了广泛的应用，例如能源商品价格（Bouteska et al.，2023）、电价（Bao et al.，2022）、原油价格（Zhang et al.，2022）、房地产交易价格（Lee，2022）、加密货币的价格（Yin et al.，2024）等，更有研究将其用于政策不确定下的金融稳定性预测与研究中（Dai & Zhou，2022）。穆斯塔法和艾尔－马斯里（Mostafa & El－Masry，2011）将人工神经网络（ANN）模型作为对比模型应用到了预测石油价格中，体现了神经网络方法应用于原油价格预测的可行性。贾振华等（2011）提出一种主成分分析的 BP 神经网络石油价格预测模型，可通过定性分析获得石油价格变化影响因子，采用主成分分析消除数据中的噪声并选择重要影响因子，重要影响因子作为 BP 神经网络的输入，采用非线性预测能力强的神经网络对石油价格进行预测。实验结果表明，模型提高了石油价格预测精度，为石油价格预测提供了一种有效方法。朱小梅等（2011）提出一种小波神经网络的石油价格预测模型，根据小波分析优异的多尺度分析功能和神经网络非线性预测能力对石油价格变化趋势进行仿真预测，实验结果表明，相对于传统石油价格预测模型，小波神经网络提高了预测精度，降低了预测误差，更好地反映了石油价格的变化规律。陈等（Cheng et al.，2023）首次提出了一种由端到端的图神经网络，用于学习不同电价区域的空间信息和历史数据的时间信息，为电价预测提供了更精确的预测方案。

人工智能技术已经渗透到了经济社会的不同领域，为解决现实世界的问题提供了较多的方案。复杂系统价格预测具有非线性等特征，需要更加科学和智能化的方法和模型，来捕捉其动态和多变的复杂特征。已有较多研究采用人工智能技术来进行价格的预测，在房价预测研究中，耶斯尔（Yesil et al.，2020）提供了一种支持决策/自适应建议机制，提供了关于最优销售房价的方案。康等（Kang et al.，2020）创新性地基于人工智能和统计方法来预测房地产的拍卖价格，研究发现遗传算法模型的性能最好，对拍卖股价的区域进行划分，能有效提高人工智能对价格预测的精度。除了房价预测外，油价预测（Sehgal & Pandey，2015）、天然气需求预测（Palinsk，2019）、金融资产价格预测（Petrelli & Cesarini，2021）、电价预测（Heidarpanah et al.，2023）等研究中也常采用人工智能模型，提升价格预测精度和模型性能。另外，比特币价格预测是人工智能模型运行中的热点，预测加密货币对投资者来说越发重要，但现有研究的方法通常缺乏准确性和解释力，人工智能通过适应动态数据（Atlan et al.，2020），提供新的特征选择方法（Goodell et al.，2023），对加密货币价格走势进行预测。未来研究中，将可能更多结合人工智能技术，处理更加复杂、高维和动态的数据，捕捉复杂系统的非线性特征，对价格作出合理、科学的走势预测。

复杂金融系统稳定性将影响到系统内投资者的决策判断，也会对风险监管部门的策略制定产生影响。面对充满不确定性和随机性的外部市场，面对非线性和波动性的金融系统价格，合理、正确地预测是极其重要的，也一直都是各领域研究的重要内容。随着计算机技术和信息技术的快速发展，越来越多的模型将被提出用于价格预测研究中，模型的性能和预测的精度也将得到大幅度的提升，基于先进理论的模型能够更好地反映市场的真实情况，提高投资决策的精准度。基于金融系统价格预测研究，将有效分析价格的异常波动和风险因素，系统内的投资者和金融风险监管部门能以此为依据，提前采取相应的风险管理措施，保障金融体系的稳健运行，维持金融市场的稳定和可持续发展。

参考文献

［1］埃德加：《金融学译丛：复杂性，风险与金融市场》，载于《经济理论与经济管理》2004 年第 12 期。

［2］陈健、张洋：《基于贝叶斯信息准则的瞬变电磁反演模型选择》，引自《2020 年中国地球科学联合学术年会论文集（十五）》—专题四十三：海洋地球物理，专题四十四：海啸及海啸预警研究，专题四十五：电磁地球物理学研究应用及其新进展，2020 年。

［3］费绍金：《对极大似然估计中几个问题的探讨》，载于《四川文理学院学报》2008 年第 5 期。

［4］顾标、谢锋、唐蜜：《我国价格指数变化的动态特征研究——基于“不可观测成份—随机波动率”模型的实证分析》，载于《价格理论与实践》2021 年第 1 期。

［5］黄吉平：《经济物理学》，高等教育出版社 2013 年版。

［6］黄金波、王天娇：《无模型隐含波动率的信息含量与定价能力——基于上证 50ETF 期权的实证研究》，载于《统计研究》2024 年第 3 期第 41 卷。

［7］贾振华、斯庆巴拉、陈英杰：《神经网络在石油价格预测中的仿真研究》，载于《计算机仿真》2011 年第 11 期。

［8］冷娜：《基于贝叶斯和极大似然法的原油价格动态预测研究》，引自云南财经大学，2020 年。

［9］李心愉：《我国发展风险投资的难点和对策》，载于《经济科

学》1999 年第 5 期。

[10] 林静、韩玉启、朱慧明：《基于 MCMC 稳态模拟的指数回归模型及其应用》，载于《运筹与管理》2005 年第 4 期。

[11] 林娟、陈海强、林青：《基于模型平均的中国产出增长和通货膨胀密度预测》，载于《管理科学学报》2024 年第 2 期第 27 卷。

[12] 林敏、刘志斌：《油价系统的随机模拟》，载于《系统工程》2008 年第 2 期。

[13] 卢一强、茆诗松：《EV 回归的半参数部分线性模型的 Bayes 估计》，载于《华东师范大学学报》（自然科学版）2005 年第 3 期。

[14] J. Berger、贾乃光、吴喜之、茆诗松：《统计决策论及贝叶斯分析》，载于《数理统计与管理》2000 年第 2 期。

[15] 孟利锋、张世英、何信：《具有杠杆效应 SV 模型的贝叶斯分析及其应用》，载于《系统工程》2004 年第 3 期。

[16] 潘娜、李子洋、周勇：《已实现波动、偏度和峰度与股票未来收益——来自中国 A 股市场的证据》，载于《数理统计与管理》2023 年第 6 期。

[17] 钱龙、彭方平、沈鑫圆、孙晓霞：《基于已实现半协方差的投资组合优化》，载于《系统工程理论与实践》2021 年第 1 期第 41 卷。

[18] 宋勇林：《拓展的贝叶斯信息准则的一些性质》，引自华中师范大学，2014 年。

[19] 唐旭、张宝生、邓红梅、冯连勇：《基于系统动力学的中国石油产量预测分析》，载于《系统工程理论与实践》2010 年第 2 期。

[20] 唐勇、张世英：《已实现波动和已实现极差波动的比较研究》，载于《系统工程学报》2007 年第 4 期。

[21] 王君、刘志斌、时琼、杜江民：《基于层级支持向量机的石油价格预测》，载于《石油工业计算机应用》2009 年第 3 期。

[22] 王欣冉、邢永丽、巨程晖：《小波包与贝叶斯 LS - SVM 在石油价格预测中的应用》，载于《统计与决策》2011 年第 6 期。

[23] 王政：《基于贝叶斯和似然函数方法对我国股市价格波动预测研究》，引自云南财经大学，2021 年。

[24] 魏宇、黄登仕、王建琼、朱宏泉、余江、赖晓东：《我国黄金现货市场的动态 VaR 预测模型研究》，载于《管理评论》2010 年第 8 期第 22 卷。

[25] 吴虹、尹华：《ARIMA 与 SVM 组合模型的石油价格预测》，载于《计算机仿真》2010 年第 5 期。

[26] 项后军、张清俊、刘文革、黄一鸣：《金融系统向实体经济让利政策：效果评价及宏观效应研究》，载于《管理世界》2023 年第 12 期第 39 卷。

[27] 徐正国、张世英：《调整已实现波动率与 GARCH 及 SV 模型对波动的预测能力的比较研究》，载于《系统工程》2004 年第 8 期。

[28] 张磊：《随机波动率模型的参数估计：贝叶斯与最大似然法》，引自清华大学，2013 年。

[29] 周炜星：《金融物理学导论》，上海财经大学出版社 2007 年版。

[30] 朱大奇、史慧：《人工神经网络原理及应用》，科学出版社 2006 年版。

[31] 朱慧明、郝立亚：《非寿险精算中的贝叶斯信用模型分析》，载于《数量经济技术经济研究》2007 年第 1 期。

[32] 朱慧明、王春晗、任英华、彭成：《基于贝叶斯极端分位数回归的金融风险相依性研究》，载于《中国管理科学》2016 年 24 卷第 S1 期。

[33] 朱位秋、蔡国强：《随机动力学引论》，科学出版社 2017 年版。

[34] 朱小梅、郭志钢：《石油价格预测算法的仿真研究》，载于《计算机仿真》2011 年第 6 期。

[35] 朱映秋、张波：《基于已实现波动率的上证综指异常时序检

测》，载于《系统工程理论与实践》2021 年第 3 期第 41 卷。

[36] A. A. Drgulescu, V. M. Yakovenko. Probability Distribution of Returns in the Heston Model with Stochastic Volatility. *Quantitative Finance*, Vol. 2, No. 6, 2002, pp. 443 – 453.

[37] A. Berg, R. Meyer, J. Yu. Deviance Information Criterion for Comparing Stochastic Volatility Models. *Journal of Business & Economic Statistics*, Vol. 22, No. 1, 2004, pp. 107 – 120.

[38] A. Bouteska, P. Hajek, B. Fisher, M. Z. Abedin. Nonlinearity in Forecasting Energy Commodity Prices: Evidence from A Focused Time-delayed Neural Network. *Research in International Business and Finance*, Vol. 64, 2023, pp. 101863.

[39] A. Canale, D. B. Dunson. Bayesian Kernel Mixtures for Counts. J*ournal of the American Statistical Association*, Vol. 106, No. 496, January 2012, P. 1528.

[40] A. Canale, D. B. Dunson. Bayesian Multivariate Mixed-scale Density Estimation, *Statistics & Its Interface*, Vol. 8, No. 2, March 2015, P. 19.

[41] A. Carollo, B. Spagnolo, D. Valenti. Uhlmann Curvature in Dissipative Phase Transitions. *Scientifics Reports*, Vol. 8, No. 1, 2018, pp. 9852.

[42] A. Etz, J. Vandekerckhove. Introduction to Bayesian Inference for Psychology, *Psychonomic Bulletin Review*, Vol. 25, No. 1, 2018, pp. 5 – 34.

[43] A. Fiasconaro, B. Spagnolo, S. Boccaletti. Signatures of Noise-enhanced Stability in Metastable States. *Physical Review E*, Vol. 72, No. 6, December 2005, P. 061110.

[44] A. Fiasconaro, D. Valenti, B. Spagnolo. Role of the Initial Conditions on the Enhancement of the Escape Time in Static and Fluctuating Potentials. *Physica A: Statistical Mechanis and its Applications*, Vol. 325, No. 1 – 2, 2003, pp. 136 – 143.

[45] A. Gelman, D. B. Rubin. Inference from Iterative Simulation Using Multiple Sequences. *Statistical Science*, Vol. 7, No. 4, 1992, pp. 457 – 472.

[46] A. Giuffrida, D. Valenti, G. Ziino, B. Spagnolo. A. Panebianco. A Stochastic Interspecific Competition Model to Predict the Behaviour of Listeria Monocytogenes in the Fermentation Process of a Traditional Sicilian Salami. *European Food Research and Technology*, Vol. 228, No. 5, 2009, pp. 767 – 775.

[47] A. M. Herrera, M. B. Karaki, S. K. Rangaraju. Where Do Jobs Go When Oil Prices Drop? *Energy Economics*, Vol. 64, 2017, pp. 469 – 482.

[48] A. Melino, S. M. Turnbull. Pricing Foreign Currency Options with Stochastic Volatility. *Journal of Econometrics*, Vol. 45, No. 1 – 2, July – August 1990, pp. 239 – 265.

[49] A. N. Mikhaylov, E. G. Gryaznov, A. I. Belov, D. Korolev, A. Sharapov, D. Guseinov, D. Tetelbaum, S. Tikhov, N. Malekhonova, A. Bobrov, D. Pavlov, S. Gerasimova, V. Kazantsev, N. Agudov, A. Dubkov, C. Rosario, N. Sobolev, B. Spagnolo. Field and Irradiation-induced Phenomena in Memristive Nanomaterials. *Physica Status Solidi C*, Vol. 13, No. 10 – 12, 2016, pp. 870 – 881.

[50] A. Ortiz – Cruz, E. Rodriguez, C. Ibarra – Valdez, J. Alvarez – Ramirez. Efficiency of Crude OilMarkets: Evidences from Informational Entropy Analysis, *Energy Policy*, Vol. 41, 2012, pp. 365 – 373.

[51] A. Paliński. Forecasting Gas Demand Using Artificial Intelligence Methods. *Naft. Gaz*, 2019, 2: 111 – 117.

[52] A. Silva, V. M. Yakovenko. Comparison between the Probability Distribution of Returns in the Heston Modeland Empirical Data for Stock Indexes. *Physica A: Statistical Mechanics and its Applications*, Vol. 324, No. 1,

2003, pp. 303 – 310.

[53] A. White, J. Hull. The Pricing of Options on Assets with Stochastic Volatilities. *Journal of Finance*, Vol. 42, 1987, pp. 281 – 300.

[54] B. B. Mandelbrot. A Multifractal Walk down Wall Street. *Scientific American*, Vol. 280, No. 2, 1999, pp. 70 – 73.

[55] B. B. Mandelbrot. *Fractals and Chaos: The Mandelbrot Set and Beyond*. New York: Springer, 2004, pp. 178 – 192.

[56] B. Ghosh, D. Kenourgios, A. Francis, S. Bhattacharyya. How Well the Log Periodic Power Law Works in an Emerging Stock Market? *Appled Econnmics Letters*, Vol. 28, No. 14, 2021, pp. 1174 – 1180.

[57] B. Hooi, N. Shah, A. Beutel, S. Gunnemann, L. Akoglu, M. Kumar, D. Makhija, C. Faloutsos. BIRDNEST: Bayesian Inference for Ratings-fraud Detection. *Proceedings of the* 2016 *SIAM International Conference on Data Mining. Society for Industrial and Applied Mathematics*, 2016: 495 – 503.

[58] B. Lyu, H. Kwon, I. Moon. A Novel System Dynamics Model for Forecasting Naphtha Price. *Korean Journal of Chemical Engineering*, Vol. 35, 2018, pp. 1033 – 1044.

[59] B. Spagnolo, A. A. Dubkov, N. V. Agudov. Enhancement of Stability in Randomly Switching Potential with Metastable State. *The European Physical Journal B – Condensed Matter and Complex System*, Vol. 40, No. 3, 2004, pp. 273 – 281.

[60] B. Spagnolo, D. Valenti. Volatility Effects on the Escape Time in Financial Market Models. *International Journal of Bifurcation and Chaos*, Vol. 18, No. 09, 2008, pp. 2775 – 2786.

[61] C. Albert, S. Ulzega, R. Stoop. Boosting Bayesian Parameter Inference of Stochastic Differential Equation Models with Methods from Statistical Physics. *EGU General Assembly Conference*, 2016.

[62] C. E. Shannon. A Mathematical Theory of Communication. *Bell System Technical Journal*, Vol. 27, No. 3, 1948, pp. 379 – 423.

[63] C. Guarcello, D. Valenti, A. Carollo, B. Spagnolo. Effects of Lévy Noise on the Dynamics of Sine – Gordon Solitons in Long Josephson Junctions. *Journal of Statistical Mechanics: Theory and Experiment*, Vol. 2016, No. 5, 2016, pp. 054012.

[64] C. J. Wang, K. L. Yang, C. Y. Du. Multiple Cross-correlation Noise Induced Transition in A Stochastic Bistable System. *Physica A: Statistical Mechanics and Its Application*, Vol. 470, No. Supplement C, March 2017, P. 261.

[65] C. J. Wang, Q. F. Lin, Y. G. Yao, K. L. Yang, M. Y. Tian and Y. Wang. Dynamics of A Stochastic System Driven by Cross-correlated Sine – Wiener Bounded Noises. *Nonlinear Dynamics*, Vol. 95, No. 3, November 2019, P. 1941.

[66] C. Lamoureux, W. Lastrapes. Persistence in Variance, Structural change, and the Garchmodel. *Journal Business and Economic Statistics*, Vol. 8, No. 2, pp. 225 – 234.

[67] C. Lee. Forecasting Spatially Correlated Targets: Simultaneous Prediction of Housing Market Activity Across Multiple Areas. *International Journal of Strategic Property Management*, Vol. 26, NO. 2, 2022, pp. 119 – 126.

[68] C. R. Wymer. Econometric Estimation of Stochastic Differential Equation Systems. *Econometrica*, Vol. 40, No. 3, May 1972, P. 565.

[69] C. Schinckus. Agent-based Modelling and Economic Complexity: A Diversified Perspective. *Journal of Asian Business and Economic Studies*, 2019.

[70] C. Tsallis, D. A. Stariolo. Generalized Simulated Annealing. *Physica A: Statistical Mechanis and its Applications*, Vol. 233, No. 1, 1996, pp. 395 –

406.

[71] C. W. Gardiner. *Handbook of Stochastic Methods*. Berlin: Springer, 1985.

[72] C. Zeng, H. Wang. Noise and Large Time Delay: Accelerated Catastrophic Regime Shifts in Ecosystems. *Ecological Modelling*, Vol. 233, May 2012, P. 52.

[73] C. Zeng, C. Zhang, J. Zeng, H. Luo, D. Tian, H. Zhang, F. Long and Y. Xu. Noises-induced Regime Shifts and Enhanced Stability under A Model of Lake Approaching Eutrophication. *Ecological Complexity*, Vol. 22, June 2015, P. 102.

[74] C. Zeng, Q. Xie, T. Wang, C. Zhang, X. Dong, L. Guan, K. Li and W. Duan. Stochastic Ecological Kinetics of Regime Shifts in A Time-delayed Lake Eutrophication Ecosystem. *Ecosphere*, Vol. 8, No. 6, June 2017, P. e01805.

[75] D. A. Burbano – L, M. Porfiri. Data-driven Modeling of Zebrafish Behavioral Response to Acute Caffeine Administration. *Journal of Theoretical Biology*, Vol. 485, January 2020, P. 110054.

[76] D. B. Aires, A. F. Crepaldi. A Random-matrix-theory-based Analysis of the Brazilian Stock Market during the 2008 Financial Crisis and Asian Crisis and Temporal Neighborhoods. *Fluctuation and Noise Letters*, Vol. 21, No. 6, 2022, pp. 2250055.

[77] D. H. B. Phan, V. T. Tran, D. T. Nguyen. Crude Oil Price Uncertainty and Corporate Investment: New global evidence. *Energy Economics*, 2018.

[78] D. J. Higham. An Algorithmic Introduction to Numerical Simulation of Stochastic Differential Equations. *SIAM Review*, Vol. 43, No. 3, 2001, P. 525.

[79] D. J. Wu, C. Li, S. Z. Ke. Bistable Kinetic Model Driven by Cor-

related Noises: Steady-state Analysis. *Physical Review E*, Vol. 50, No. 4, October 1994, P. 2496.

[80] D. Mouchtaris, E. Sofianos, P. Gogas, T. Papadimitriou. Forecasting Natural Gas Spot Prices with Machine Learning. *Energies*, Vol. 14, No. 18, 2021, pp. 5782.

[81] D. Petrelli, F. Cesarini. Artificial Intelligence Methods Applied to Financial Assets Price Forecasting in Trading Contexts with Low (Intraday) and Very Low (High – Frequency) Time Frames. *Strategic Change*, Vol. 30, No. 3, 2021, pp. 247 – 256.

[82] D. Spiegelhalter, A. Thomas, N. Best and W. Gilks. *BUGS* 0.5: *Bayesian Inference Using Gibbs Sampling Manual* (*Version ii*). UK Cambridge: MRC Biostatistics Unit, Institute of Public Health, 1996, pp. 1 – 59.

[83] D. Spiegelhalter. *WinBUGS User Manual Version* 1.4, University of Cambridge, 2003.

[84] D. T. Pele. Estimating the Probability of Stock Market Crashes for Bucharest Stock Exchange Using Stable Distributions. *Theoretical and Applied Economics*, Vol. 7, No. 7, 2012, pp. 5 – 12.

[85] D. Valenti, B. Spagnolo, G. Bonanno. Hitting Time Distributions in Financial Markets. *Physica A*, Vol. 382, No. 1, 2007, pp. 311 – 320.

[86] D. Valenti, G. Fazio, B. Spagnolo. Stabilizing Effect of Volatility in Financial Markets. *Physical Review E*, Vol. 97, No. 6, 2018, pp. 062307.

[87] D. Z. Xing, H. F. Li, J. C. Li, C. Long. Forecasting Price of Financial Market Crash via a New Nonlinear Potential GARCH model. *Physica A: Statistical Mechanis and its Applications*, Vol. 56, 2020, pp. 125649.

[88] E. E. Peters. *Chaos and Order in the Capital Markets: A New View of Cycles, Prices, and Market Volatility*, Hoboken: John Wiley & Sons, 1996.

[89] E. F. Fama. Efficient Capital Markets: A Review of Theory and Empirical Work. *The Journal of Finance*, Vol. 25, No. 2, May 1970, pp. 383 - 417.

[90] E. Jacquier, N. G. Polson, P. E. Rossi. Bayesian Analysis of Stochastic Volatility Models. *Journal of Business & Economic Statistics*, Vol. 20, No. 1, 2002, pp. 69 - 87.

[91] E. Martina, E. Rodriguez, R. Escarela - Perez, J. Alvarez - Ramirez. Multiscale Entropy Analysis of Crude Oil Price Dynamics. *Energy Economics*, Vol. 33, No. 5, 2011, pp. 936 - 947.

[92] E. Pardoux, S. G. Peng. Adapted Solution of a Backward Stochastic Differential Equation. *Systems & Control Letters*, Vol. 14, No. 1, January 1990, P. 55.

[93] E. Renault, N. Touzi. Option Hedging and Implied Volatilities in a Stochastic Volatility Model. *Mathematical Finance*, Vol. 6, No. 3, July 1996, pp. 279 - 302.

[94] E. Robert. Risk and Volatility: Econometric Models and Financial Practice. *American Economic Review*, Vol. 94, No. 3, June 2004, pp. 405 - 420.

[95] E. T. Jaynes. Gibbs vs Boltzmann Entropies, *American Journal of Physics*, Vol. 33, No. 5, 1965, pp. 391 - 398.

[96] E. Torsen, L. L. Seknewna. Bootstrapping nonparametric prediction intervals for conditional value-at-risk with heteroscedasticity. *Journalof Probailityb. and Statistics*, Vol. 2019, 2019.

[97] F. Abergel, H. Aoyama, B. K. Chakrabarti, A. Chakraborti, N. Deo, D. Raina and I. Vodenska. Econophysics and Sociophysics: Recent Progress and Future Directions, Switzerland, Cham: Springer International Publishing, 2017.

[98] F. Abergel, H. Aoyama, B. K. Chakrabarti, A. Chakraborti, N.

Deo, D. Raina, I. Vodenska. *Econophysics and Sociophysics: Recent Progress and Future Directions*. Springer International Publishing, 2017.

[99] F. Atlan, I. Pençe, M. Ş. Çeşmelı. Online Price Forecasting Model Using Artificial Intelligence for Cryptocurrencies as Bitcoin, Ethereum and Ripple. 2020 28th Signal Processing and Communications Applications Conference, IEEE, 2020, pp. 1 – 4.

[100] F. Benedetto, G. Giunta, L. Mastroeni. On the Predictability of Energy Commodity Markets by an Entropy – Based Computational Method. *Energy Economics*, Vol. 54, 2016, pp. 302 – 312.

[101] F. Deng, Y. Luo. Y. Fang, F. Yang, C. Zeng. Temperature and friction-induced tunable current reversal, anomalous mobility and diffusions. *Chaos, Solitons & Fractals*, Vol. 147, 2021, pp. 110959.

[102] F. Lillo, R. N. Mantegna. Variety and volatility in financial markets. Physical Review E, Vol. 62, No. 5, 2000, pp. 6126 – 6134.

[103] F. Selçuk. Free Float and Stochastic Volatility: The Experience of a Small Open Economy, *Physica A*, Vol. 342, No. 3 – 4, 2004, pp. 693 – 700.

[104] F. M. Guess. Bayesian Statistics: Principles. Models, and Applications. 2010, pp. 453 – 454.

[105] F. P. Miller, A. F. Vandome, J. Mcbrewster, Hirotsugu. *Akaike Information Criterion*. John Wiley & Sons, Ltd, 2014.

[106] G. A. Darbellay, D. Wuertz. The Entropy as a Tool for Analysing Statistical Dependences in Financial Time Series. *Physica A*, Vol. 287, No. 3, 2000, pp. 429 – 439.

[107] G. Bakshi, C. Cao, Z. Chen. Empirical Performance of Alternative Option Pricing Models. *The Journal of Finance*, Vol. 52, No. 5, December 1997, pp. 2003 – 2049.

[108] G. Bao, Y. Liu, R. Xu. Short-term Electricity Price Forecasting

Based on Empirical Mode Decomposition and Deep Neural Network. *International Journal on Artificial Intelligence Tools*, Vol. 31, No. 6, 2022, pp. 2240019.

[109] G. Bonanno, B. Spagnolo. Escape Times in Stock Markets. *Fluctuation and Noise Letters*, Vol. 5, No. 2, 2005, pp. L325 – L330.

[110] G. Bonanno, D. Valenti, B. Spagnolo. Role of Noise in A Market Model with Stochastic Volatility. *European Physical Journal B*, Vol. 53, No. 3, 2006, pp. 405 –409.

[111] G. Bonanno, D. Valenti, B. Spagnolo. Mean escape time in a system with stochastic volatility. *Physical Review E*, Vol. 75, No. 1, 2007, pp. 16 – 106.

[112] G. C. Tiao, A. Zellner. On the Bayesian Estimation of Multivariate Regression. *Journal of the Royal Statistical Society: Series B (Methodological)*, Vol. 26, No. 2, July 1964, pp. 277 –285.

[113] G. Denaro, D. Valenti, A. La Cognata, B. Spagnolo, A. Bonanno, G. Basilone, S. Mazzola, S. Zgozi, S. Aronica, C. Brunet. Spatio-temporal Behaviour of the Deep Chlorophyll Maximum in Mediterranean Sea: Development of a Stochastic Model for Picophytoplankton Dynamics. *Ecology Complexity*, Vol. 13, 2013, pp. 21 –34.

[114] G. Hu. *Stochastic Force and Nonlinear System*. Shanghai: Shanghai Scientific and Technological Education Publishing House, 1994.

[115] G. Jumarie. On the Solution of the Stochastic Differential Equation of Exponential Growth Driven by Fractional Brownian Motion. *Applied Mathematics Letters*, Vol. 18, No. 7, July 2005, P. 817.

[116] G. Oh, S. Kim, C. Eom. Market Efficiency in Foreign Exchange Markets. *Physica A*, Vol. 382, No. 1, 2007, pp. 209 –212.

[117] G. Schwarz. Estimating the Dimension of a Model. *The Annals of Statistics*, Vol. 6 No. 2, 1978, pp. 461 –464.

[118] G. Y. Zhong, F. He, J. C. Li, D. C. Mei, N. S. Tang. Coherence

Resonance - Like and Efficiency of Financial Market, *Physica A: Statistical Mechanics and its Applications*, Volume 534, November 2019, P. 122327.

[119] G. Y. Zhong, H. F. Li, J. C. Li, D. C. Mei, N. S. Tang and L. Chao. Coherence and Anti-coherence Resonance of Corporation Finance. *Chaos, Solitons & Fractals*, Vol. 118, January 2019, P. 376.

[120] G. Y. Zhong, J. C. Li, D. C. Mei and N. S. Tang. An Approach for Measuring Corporation Financial Stability by Econophysics and Bayesian Method. *Physica A: Statistical Mechanics and Its Application*, Vol. 527, August 2019, P. 12119.

[121] G. Y. Zhong, J. C. Li, G. J. Jiang, H. F. Li, H. M. Tao. The Time Delay Restraining the Herd Behavior with Bayesian Approach. *Physica A: Statistical Mechanis and its Applications*, Vol. 507, 2018, pp. 335 - 346.

[122] H. A. Latané, R. J. Rendleman Jr. Standard Deviations of Stock Price Ratios Implied in Option Prices. *The Journal of Finance*, Vol. 31, No. 2, May 1976, pp. 369 - 381.

[123] H. Akaike. A New Look at the Statistical Model Identification. *IEEE Transactions on Automatic Control*, Vol. 19, No. 6, 1974, pp. 716 - 723.

[124] H. H. Takada, S. X. Azevedo, J. M. Stern, C. O. Ribeiro. Using Entropy to Forecast Bitcoins Daily Conditional Value at Risk. *Multidisciplinary Digital Publishing Institute Proceedings*, Vol. 33, No. 1, 2019, P. 7.

[125] H. Kwon, B. Lyu, K. Tak, J. Lee, J. H. Cho, I. Moon. Optimization of Naphtha Purchase Price Using a Price Prediction Model. *Computers & Chemical Engineering*, Vol. 84, 2016, pp. 226 - 236.

[126] H. Li, M. Polukarov, C. Ventre. Detecting Financial Market Manipulation with Statistical Physics Tools. Proceedings of the Fourth ACM International Conference on AI in Finance. 2023, pp. 1.

[127] H. Risken. *The Fokker – Planck Equation: Methods of Solution and Applications*. Berlin and New York: Springer – Verlag, 1984.

[128] H. Sakaki. Oil Price Shocks and the Equity Market: Evidence for the SP 500 Sectoral Indices. *International Business Finance*, Vol. 49, 2019, pp. 137 – 155.

[129] H. White. A Reality Check for Data Snooping. *Econometrica*, Vol. 68, No. 5, 2000, pp. 1097 – 1126.

[130] H. V. Roberts. Stock – Market "Patterns" and Financial Analysis: Methodological Suggestions. *The Journal of Finance*, Vol. 14, No. 1, March 1959, pp. 1 – 10.

[131] I. Bajeux – Besnainou, J. C. Rochet. Dynamic Spanning: Are Options an Appropriate Instrument? *Mathematical Finance*, Vol. 6, No. 1, 1996, pp. 1 – 16.

[132] J. C. Cox, J. E. Ingersoll Jr. , S. A. Ross. A Theory of the Term Structure of Interest Rates. *Econometrica*, Vol. 53, 1985, P. 385.

[133] J. C. Li, C. Long, X. D. Chen. The Returns and Risks of Investment Portfolio in Stock Market Crashes. *Physica A*, Vol. 427, June 2015, pp. 282 – 288.

[134] J. C. Li, D. C. Mei. The Risks and Returns of Stock Investment in a Financial Market. *Physics Letters A*, Vol. 377, No. 9, 2013, pp. 663 – 670.

[135] J. C. Li, N. Leng, G. Y. Zhong and J. S. Peng. Safe Marginal Time of Crude Oil Price Via Escape Problem of Econophysics. *Chaos, Solitons & Fractals*, Vol. 133, April 2020, P. 109660.

[136] J. Chen, H. Hong, J. Stein. Forecasting Crashes: Trading Volume, Past Returns, and Conditional Skewness in Stock Prices. *Journal of Financial Economics*, Vol. 61, No. 3, 2001, pp. 345 – 381.

[137] J. F. Monahan. Fully Bayesian Analysis of ARMA Time Series

Models. *Journal of Econometrics*, Vol. 21, No. 3, April 1983, pp. 307 – 331.

[138] J. Geweke. Using Simulation Methods for Bayesian Econometric Models: Inference, Development, and Communication. *Econometric Reviews*, Vol. 18, No. 1, 1999, pp. 1 – 73.

[139] J. Hung, M. Lee, H. Liu. Estimation of Value-at-risk for Energy Commodities via Fat-tailed GARCH odels. *Energy Economics*, Vol. 30, No. 3, 2008, pp. 1173 – 1191.

[140] J. K. Moller, H. Madsen, J. Carstensen. Parameter Estimation in a Simple Stochastic Differential Equation for Phytoplankton Modelling. *Ecological Modelling*, Vol. 222, No. 11, June 2011, P. 1793.

[141] J. Kang, H. J. Lee, S. H. Jeong, H. S. Lee, K. J. Oh. Developing a Forecasting Model for Real Estate Auction Prices Using Artificial Intelligence. *Sustainability*, Vol. 12, No. 7, 2020, pp. 2899.

[142] J. L. Mccauley. *Dynamics of Markets: Econophysics and Finance*. Cambridge: Cambridge University Press, 2004, pp. 105 – 114.

[143] J. L. Zhang, Y. J. Zhang, L. Zhang. A Novel Hybrid Method for Crude Oil Price Forecasting. *Energy Economics*, Vol. 49, 2015, pp. 649 – 659.

[144] J. Leander, T. Lundh, M. Jirstrand. Stochastic Differential Equations as a Tool to Regularize the Parameter Estimation Problem for Continuous Time Dynamical Systems Given Discrete Time Measurements. *Mathematical Bioscience*, Vol. 251, May 2014, P. 54.

[145] J. Li, C. M. Stewart. R2 Around the World: New Theory and New Tests. *Journal of financial Economics*, Vol. 79, No. 2, 2006, pp. 257 – 292.

[146] J. Masoliver, J. Perelló. Escape Problem under Stochastic Volatility: The Heston Model. *Physical Review E*, Vol. 78, No. 5, 2008, pp. 56 –

104.

[147] J. Masoliver, J. Perelló. First-passage and Risk Evaluation under Stochastic Volatility. *Physical Review E*, Vol. 80, No. 1, 2009, pp. 16 - 108.

[148] J. Masoliver. Book Review: An Introduction to Econophysics, Correlations, and Complexity in Finance, N. Rosario, H. Mantegna, and H. E. Stanley, Cambridge University Press, Cambridge 2000. *Journal of Statistical Physics*, Vol. 100, No. 3 - 4, 2000, pp. 801 - 802.

[149] J. P. Bouchaud, M. Potters. *Theory of financial risks*. Cambridge: Cambridge University Press, 2000.

[150] J. P. Bouchaud, M. Potters, M. Meyer. Apparent Multifractality in Financial Time Series. *The European Physical Journal B - Condensed Matter and Complex Systems*, Vol. 13, No. 3, 2000, pp. 595 - 599.

[151] J. P. Bouchaud, M. Potters. *Theory of Financial Risk*, Cambridge University Pre, 2000.

[152] J. P. Huang. Experimental Econophysics: Complexity, Self-organization, and Emergent Properties. *Physics Reports*, Vol. 564, 2015, pp. 1 - 55.

[153] J. Peng, L. Li, Y. Tang. Maximum Likelihood Estimation-based Joint Sparse Representation for the Classification of Hyperspectral Remote Sensing Images. *IEEE Transactions on Neural Networks Learning Systems*, Vol. 30, No. 6, 2018, pp. 1790 - 1802.

[154] J. Schulze, B. Muller, J. Groeneveld, V. Grimm. Agent-based Modelling of Social-ecological Systems: Achievements, Challenges, and A Way Forward. *Journal of Artificial Societies and Social Simulation*, Vol. 20, No. 2, 2017, pp. 8.

[155] J. Voit. The Statistical Mechanics of Financial Markets. *Physics Today*, Vol. 55, No. 8, 2002, pp. 51 - 52.

［156］ J. W. Goodell, S. B. Jabeur, F. S. Saâdaoui, M. A. Nasir. Explainable Artificial Intelligence Modeling to Forecast Bitcoin Prices. *International Review of Financial Analysis*, Vol. 88, 2023, pp. 102702.

［157］ J. Yu, R. Meyer. Multivariate Stochastic Volatility Models: Bayesian Estimation and Model Comparison. *Econometric Reviews*, Vol. 25, No. 2 – 3, 2006, pp. 361 – 384.

［158］ J. – P. Bouchaud, R. Cont. A LangevinApproach to Stock Market Fluctuations and Crashes. *The European Physical Journal B – Condensed Matter and Complex Systems*, Vol. 6, 1998, pp. 543 – 550.

［159］ K. Chen, T. Wang, C. Tseng, C. Huang and C. Kao. A Stochastic Differential Equation Model for Quantifying Transcriptional Regulatory Network in Saccharomyces Cerevisiae. *Bioinformatics*, Vol. 21, No. 12, June 2005, P. 2883.

［160］ K. Daniel, T. J. Moskowitz. Momentum Crashes. *Journal of Financial Economics*, Vol. 122, No. 2, 2016, pp. 221 – 247.

［161］ K. Kamatani, M. Uchida. Hybrid Multi-step Estimators for Stochastic Differential Equations Based on Sampled Data. *Statistical Inference for Stochastic Processes*, Vol. 18, No. 2, Ocotber 2014, P. 1.

［162］ K. L. Nylund, T. Asparouhov, B. Muthen. Deciding on the Number of Classes in Latentclass Analysis and Growth Mixture Modeling: A Monte Carlo Simulation Study. *Structural Equation Modeling: A Multidisciplinary Journal*, Vol. 14, No. 4, 2007, pp. 535 – 569.

［163］ K. Lan, Y. Yao. Integrating Life Cycle Assessment and Agent-based Modeling: A Dynamic Modeling Framework for Sustainable Agricultural Systems. *Journal of Cleaner Production*, Vol. 238, 2019, pp. 117853.

［164］ K. R. Haas, H. Yang, J. W. Chu. Analysis of Trajectory Entropy for Continuous Stochastic Processes at Equilibrium. *The Journal of Physical Chemistry B*, Vol. 118, No. 28, April 2014, P. 8099.

[165] K. Tissaoui, T. Zaghdoudi, A. Hakimi, M. Nsaibi. Do Gas Price and Uncertainty Indices Forecast Crude Oil Prices? Fresh Evidence Through Xgboost Modeling. *Computational Economics*, Vol. 62, No. 2, 2023, pp. 663 – 687.

[166] K. Zhang, M. Hong, K. Zhang, M. Hong. Forecasting Crude Oil Price Using LSTM Neural Networks. *Data Science in Finance and Economics*, Vol. 2, 2022, pp. 163 – 180.

[167] L. Bauwens, M. Lubrano, J. F. Richard. *Bayesian Inference in Dynamic Econometric Models*. Oxford: Oxford University Press, 2000, pp. 65 – 93.

[168] L. D. Broemeling. *Bayesian Analysis of Linear Models*. Boca Raton: CRC Press, 2017, pp. 63 – 139.

[169] L. Du, H. Yanan, C. Wei. The Relationship between Oil Price Shocksand Chinas Macroeconomy: An Empirical Analysis. *Energy Policy*, Vol. 38, No. 8, 2010, pp. 4142 – 4151.

[170] L. Excoffier, M. Slatkin. Maximum-likelihood-estimation of Molecular Haplotype Frequencies in A Diploid Population. *Molecular Biology and Evolution*, Vol. 12, No. 5, pp. 921 – 927.

[171] L. Feng, B. Li, B. Podobnik, T. Preis. H. E. Stanley. Linking Agent-based Models and Stochastic Models of Financial Markets. *Proceedings of the National Academy of Sciences of the United States of America*, Vol. 109, No. 22, 2012, pp. 8388 – 8393.

[172] L. Giet, M. Lubrano. A Minimum Hellinger Distance Estimator for Stochastic Differential Equations: An Application to Statistical Inference for Continuous Time Interest Rate Models. *Computational Statistics & Data Analysis*, Vol. 52, No. 6, February 2008, P. 2945.

[173] L. Guan, Q. Xie, C. Zeng, X. Dong, F. Yang and J. Zeng. Different Delays-induced Regime Shifts in A Stochastic Insect Outbreak Dy-

namics. *Physica A: Statistical Mechanics and its Application*, Vol. 462, November 2016, P. 1273.

[174] L. Jia, J. Ke, J. Wang. Nonlinear Fluctuation Analysis of Statistical Physics Financial Dynamics. *International Journal of Modern Physics C*, Vol. 33, No. 9, 2022, pp. 2250117.

[175] L. Li, Y. Chen, C. Yu. Study on the Price and Economic Impact of Residential Land Based on System Dynamics. Guangzhou: ICCREM 2017, 2017, pp. 187 – 196.

[176] L. M. Surhone, M. T. Tennoe, S. F. Henssonow. *OpenBUGS*, Betascript Publishing, 2010.

[177] L. Shen, Q. Xu. Relative Orbit Stabilization Control for the Agile Satellite under Stochastic Disturbance. *Abstract and Applied Analysis*, Vol. 2014, No. 2, March 2014, P. 1.

[178] L. Wang. System Dynamics Model for Designing Optimal Water Strategy for Shandong Province of China. *Advanced Materials Research*, Vol. 864, 2014, pp. 2232 – 2235.

[179] L. Zunino, M. Zanin, B. M. Tabak, D. G. Prez, O. A. Rosso, Forbidden Patterns. Permutation Entropy and Stock Market Inefficiency. *Physica A*, Vol. 388, No. 14, 2009, pp. 2854 – 2864.

[180] M. A. Bertella, F. R. Pires, L. Feng, H. E. Stanley. Confidence and the Stock Market: An Agent-based Approach. *PLoS One*, Vol. 9, No. 1, 2014, pp. e83488.

[181] M. Billio, R. Casarin, A. Osuntuyi. Markov Switching GARCH Models for Bayesian Hedging on Energy Futures Markets. *Energy Economics*, Vol. 70, 2018, pp. 545 – 562.

[182] M. Braione, N. K. Scholtes. Forecasting Value-at-risk under Different Distributional Assumptions. *Econometrics*, Vol. 4, No. 1, 2016, pp. 3.

[183] M. Cai, M. Dai, J. Ming, H. Peng, J. Liu and C. Yang.

BIVAS: A Scalable Bayesian Method for Bi - Level Variable Selection with Applications. *Journal of Computational and Graphical Statistics*, Vol. 29, No. 1, July 2019, P. 40.

[184] M. D. Vrettas, M. Opper, D. Cornford. Variational Mean-field Algorithm for Efficient Inference in Large Systems of Stochastic Differential Equations. *Physical Review E*, Vol. 91, No. 1, January 2015, P. 012148.

[185] M. F. M. Osborne. Brownian Motion in the Stock Market. *Operations Research*, Vol. 7, No. 2, April 1959, pp. 145 - 173.

[186] M. Fujiwara, B. E. Kendall, R. M. Nisbet and W. A. Bennett. Analysis of Size Trajectory Data Using an Energetic-base Growth Model. *Ecology*, Vol. 86, No. 6, June 2005, P. 1441.

[187] M. G. Kendall, A. Bradford Hill. The Analysis of Economic Time - Series - Part I: Prices. *Journal of the Royal Statistical Society. Series A (General)*, Vol. 116, No. 1, 1953, pp. 11 - 34.

[188] M. Gallmeyer, B. Hollifield. An Examination of Heterogeneous Beliefs with a Short - Sale Constraint in a Dynamic Economy. *Review of Finance*, Vol. 12, No. 2, 2008, P. 323.

[189] M. Goldstein. *Bayes Linear Analysis for Complex Physical Systems Modeled by Computer Simulators.* Berlin: Springer Berlin Heidelberg, 2017, 78 - 94.

[190] M. Heidarpanah, F. Hooshyaripor, M. Fazeli. Daily Electricity Price Forecasting Using Artificial Intelligence Models in the Iranian Electricity Market. *Energy*, Vol. 263, 2023, pp. 126011.

[191] M. Irfan, A. Raza, F. Althobiani, N. Ayub, M. Idrees, Z. Ali, K. Rizwan, A. S. Alwadie, S. M. Ghonaim, H. Abdushkour, S. Rahman, O. Alshorman, S. Alqhtani. Week Ahead Electricity Power and Price Forecasting Using Improved DenseNet - 121 Method. *Computers, Materials & Continua*, Vol. 72, No. 3, 2022, pp. 4249 - 4265.

[192] M. Lysy, N. S. Pillai. Statistical Inference for Stochastic Differential Equations with Memory. *Statistical Methodology*, July 2013.

[193] M. M. Mostafa, A. A. El – Masry. Oil Price Forecasting Using Gene Expression Programming and Artificial Neural Networks. *Economic Modelling*, Vol. 54, 2016, pp. 40 – 53.

[194] M. Ninomiya, S. Ninomiya. A New Higher-order Weak Approximation Scheme for Stochastic Differential Equations and the Runge – Kutta Method. *Finance and Stochastics*, Vol. 13, No. 3, May 2009, P. 415.

[195] M. Rieth, J. Y. Chen, S. Menon and A. Kempf. A Hybrid Flamelet Finite-rate Chemistry Approach for Efficient LES with a Transported FDF. *Combustion and Flame*, Vol. 199, 2019, P. 183.

[196] N. Champagnat, P. E. Jabin, S. Méléard. Adaptation in A Stochastic Multi-resources Chemostat Model. *Journal de Mathématiques Pures et Appliquées*, Vol. 101, No. 6, June 2014, P. 755.

[197] N. K. R. Kevlahan. Stochastic Differential Equation Models of Vortex Merging and Reconnection. *Physics of Fluids*, Vol. 17, No. 6, June 2005, P. 065107.

[198] N. Leng, J. – C. Li. Forecasting the crude oil prices based on Econophysics and Bayesian approach. *Physica A: Statistical Mechanis and its Applications*, 2020, pp. 124663.

[199] N. Pizzolato, A. Fiasconaro, D. P. Adorno, B. Spagnolo. Resonant Activation in Polymer Translocation: New Insights into the Escape Dynamics of Molecules Driven by An Oscillating Field. *Physical Biology*, Vol. 7, No. 3, 2010, pp. 034001.

[200] N. Ryosuke, M. Naoki. Collective Opinion Formation Model under Bayesian Updating and Confirmation Bias. *Physical Review E*, Vol. 87, No. 6, 2013, pp. 062123.

[201] N. Sehgal, K. K. Pandey. Artificial Intelligence Methods for Oil

Price Forecasting: A Review and Evaluation. *Energy Systems*, Vol. 6, 2015, pp. 479 – 506.

[202] N. V. Agudov, B. Spagnolo. Noise-enhanced Stability of Periodically Driven Metastable States. *Physical Review E*, Vol. 64, No. 3, 2001, pp. 14 – 19.

[203] O. Grothe, F. Kächele, F. Krüger. From Point Forecasts to Multivariate Probabilistic Forecasts: The Schaake Shuffle for Day-ahead Electricity Price Forecasting. *Energy Economics*, Vol. 120, 2023, pp. 106602.

[204] O. Ovaskainen, B. Meerson. Stochastic Models of Population Extinction. *Trends in Ecology & Evolution*, Vol. 25, No. 11, November 2010, P. 643.

[205] P. Beerli, J. Felsenstein. *Maximum Likelihood Estimation of a Migration Matrix and Effective Population Sizes in an Subpopulations by Using a Coalescent Approach*. The National Academy of Sciences of the United States of America, 2001, pp. 4563 – 4568.

[206] P. E. Kloeden, E. Platen. Higher-order Implicit Strong Numerical Schemes for Stochastic Differential Equations. *Journal of Statistical Physical*, Vol. 66, No. 1 – 2, January 1992, P. 283.

[207] P. Gopikrishnan, V. Plerou, L. A. N. Amaral, M. Meyer, H. E. Stanley. Scaling of the Distribution of Fluctuations of Financial Market Indices. *Physical Review E*, Vol. 60, No. 5, 1999, pp. 5305 – 5316.

[208] P. Hansen. A Test for Superior Predictive Ability. *Journal of Business and Economic Statistics*, Vol. 23, No. 4, 2005, pp. 365 – 380.

[209] P. M. Gopikrishnan, M. Amaral, L. Nunes, H. E. Stanley. Inverse Cubic Law for the Distribution of Stock Price Variations. *The European Physical Journal B – Condensed Matter and Complex Systems*, Vol. 3, No. 2, 1998, pp. 139 – 140.

[210] P. R. Hansen. A Test for Superior Predictive Ability. *Journal of*

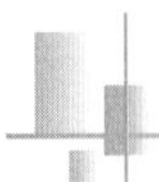

Business & Economic Statistics, Vol. 23, No. 4, 2005, pp. 365 – 380.

[211] Q. Clairon and A. Samson. Optimal Control for Estimation in Partially Observed Elliptic and Hypoelliptic Linear Stochastic Differential Equations. *Statistical Inference for Stochastic Processes*, Vol. 23, June 2019, pp. 105 – 127.

[212] Q. F. Lin, C. J. Wang, K. L. Yang, M. Y. Tian, Y. Wang and J. L. Dai. Cross-correlated Bounded Noises Induced the Population Extinction and Enhancement of Stability in A Population Growth Model. *Physica A: Statistical Mechanics and its Application*, Vol. 525, July 2019, P. 1046.

[213] Q. Han, T. Yang, C. Zeng, H. Wang, Z. Liu, Y. Fu, C. Zhang and D. Tian. Impact of Time Delays on Stochastic Resonance in An Ecological System Describing Vegetation. *Physica A: Statistical Mechanics and its Application*, Vol. 408, August 2014, P. 96.

[214] R. B. Barsky, L. Kilian. Oil and the Macroeconomy Since the 1970s. *Journal of Economic Perspectives*, Vol. 18, No. 4, 2004, pp. 115 – 134.

[215] R. C. Merton. On Estimating the Expected Return on the Market: An Exploratory Investigation. *Journal of Financial Economics*, Vol. 8, No. 4, December 1980, pp. 323 – 361.

[216] R. Gencay, M. Dacorogna, U. A. Muller, O. Pictet and R. Olsen. *An Introduction to High – Frequency Finance*, USA: Academic Press, 2001.

[217] R. Gonzales, P. Aranda, J. Mendizabal, J. Konieczny. A Bayesian Spatial Propensity Score Matching Evaluation of the Regional Impact of Micro-finance. *Review of Econnmic Analysis*, No. 9, 2018, pp. 127 – 153.

[218] R. Kutner, M. Ausloos, D. Grech, T. D. Matteo, C. Schinckus, H. E. Stanley. Econophysics and Sociophysics: Their Milestones & Challenges. *Physica A: Statistical Mechanics and its Applications*, Vol. 516, February 2019, pp. 240 – 253.

[219] R. Meyer, D. A. Fournier, A. Berg. Stochastic volatility: Bayesian Computation Using Automatic Differentiation and the Extended Kalman Filter. *The Econometrics Journal*, Vol. 6, No. 2, 2003, pp. 408 –420.

[220] R. N. Mantegna, B. Spagnolo. Probability Distribution of the Residence Times in Periodically Fluctuating Metastable Systems. *Internatinal Journal Bifurcation and Chaos*, Vol. 8, No. 4, 1998, pp. 783 –790.

[221] R. N. Mantegna, H. E. Stanley. *An Introduction to Econophysics: Correlations and Complexity in Finance*, Cambridge: Cambridge University Press, 2000.

[222] R. N. Mantegna, H. E. Stanley. Turbulence and Financial Markets. *Nature*, Vol. 383, No. 6610, 1996, pp. 587 –588.

[223] R. N. Mantegna, H. E. Stanley. *An Introduction to Econophysics: Correlations and Complexity in Finance.* Cambridge: Cambridge University Press, 2000.

[224] R. Scott Hacker. A. Hatemi – J. A Test for Multivariate ARCH Effects. *Applied Econmicas Letters*, Vol. 12, No. 7, 2005, pp. 411 –417.

[225] R. Tacke, C. Burschka, M. Willeke, R. Willeke. Neutral Mononuclear and Binuclear Hexacoordinate Silicon Complexes with SiO_5C Skeletons. *European Journal of Inorganic Chemistry*, Vol. 2001, No. 7, 2001, pp. 1671 –1674.

[226] R. Thomas. Can Machine Learning Outperform the Market? Testing the Weak-form Efficiency Hypothesis of the Indian Stock Market Using Support Vector Machines. *Global Business Review*, 2023, No. 09721509231204137.

[227] R. W. Zhou, G. Y. Zhong, J. C. Li, Y. X. Li, F. He. Stochastic Resonance of Periodic Volatility in Financial Markets with Stock Crashes. *Modern Physics Letters B*, Vol. 32, No. 24, 2018.

[228] S. Bayer. Combining Value-at-risk Forecasts Using Penalized Quantile Regressions. *Econometrics and Statistics*, Vol. 8, 2018, pp. 56 –77.

[229] S. Brooks, A. Gelman, G. Jones, X. – L. Meng. *Handbook of Markov Chain Monte Carlo*. CRC Press, 2011.

[230] S. Brooks, A. Gelman. General Methods for Monitoring Convergence of Iterative Simulations. *Journal of Computational and Grapical. Statistics*, Vol. 7, No. 4, 1998, pp. 434 –455.

[231] S. Chen, R. Venkatachalam. Agent-based Modelling as a Foundation for Big Aata. *Journal of Econnmic Methodology*, Vol. 24, No. 4, 2017, pp. 362 –383.

[232] S. Clik, H. Ergin. Volatility Forecasting Using High Frequency Data: Evidence from Stock Markets. *Economic Modelling*, Vol. 36, January 2014, pp. 176 – 190.

[233] S. Degiannakis, G. Filis. Forecasting Oil Prices: High – Frequency Financial Dataare Indeed Useful. *Energy Economics*, Vol. 76, 2018, pp. 388 –402.

[234] S. Donnet, J. Foulley and A. Samson. Bayesian Analysis of Growth Curves Using Mixed Models Defined by Stochastic Differential Equations. *Biometrics*, Vol. 66, No. 3, September 2010, P. 733.

[235] S. Favaro, A. Lijoi and I. Pruenster. On the Stick-breaking Representation of Normalized Inverse Gaussian Piors. *Biometrika*, Vol. 99, No. 3, September 2012, P. 663.

[236] S. Garg, Vipul. Volatility Risk Premium in Indian Options Prices. *The Journal of Futures Markets*, Vol. 35, No. 9, September 2015, pp. 795 –812.

[237] S. Gubian, Y. Xiang, B. Suomela, J. Hoeng. Generalized Simulated Annealing for Efficient Global Optimization: The GenSA Package for R. *The R Journal*, Vol. 5, No. 1, 2013.

[238] S. Jaschke. A Note on the Inhomogeneous Linear Stochastic Differential Equation. *Insurance: Mathematics and Economic*, Vol. 32, No. 3,

July 2003, P. 461.

[239] S. Johansen, K. Juselius. Maximum Likelihood Eestimation and Inference on Cointegration-with Applications to the Demand for Money. *Oxford Bulletin Economics and Statistics*, Vol. 52, No. 2, 1990, pp. 169 – 210.

[240] S. L. Heston. A Closed – Form Solution for Options with Stochastic Volatility with Applications to Bond and Currency Options. *Review Financial Stud*ies, Vol. 6, No. 2, 1993, pp. 327 – 343.

[241] S. M. Shaarawy, Ahmed L. Daif, Alyaa R. Zahran. Bayesian Classification of Arma Sources with Unknown Order. *Communications in Statistics – Theory and Methods*, Vol. 30, No. 6, 2001, pp. 1143 – 1154.

[242] S. Pincus, R. E. Kalman. Irregularity, Volatility, Risk, and Financial Market Time Series. *Proceedings of the National Academy of Sciences of the United States of America*, Vol. 101, No. 38, 2004, pp. 13709 – 13714.

[243] S. Särkkä, A. Solin. *Applied Stochastic Differential Equations.* Cambridge: Cambridge University Press, 2019.

[244] S. Sun, Y. Wei, K. Tsui, S. Wang. Forecasting Tourist Arrivals with Machine Learning and Internet Search Index. *Tourism Management*, Vol. 70, 2019, pp. 1 – 10.

[245] S. V. Lototsky. Statistical Inference for Stochastic Parabolic Equations: A Spectral Approach. *Publicacions Matemàtiques*, Vol. 53, No. 53, 2009, P. 3.

[246] S. Van Norden, H. Schaller. *Speculative Behavior, Regime – Switching, and Stock Market Crashes*, Boston, MA: Springer US, 1999, pp. 321 – 356.

[247] S. Ying, J. Zhang, L. Zeng, J. Shi, L. Wu. BayesIan Inference for Kinetic Models of Biotransformation Using a Generalized Rate Equation. *Science of Total Environment*, Vol. 590 – 591, 2017, pp. 287 – 296.

[248] T. Andersen, T. Bollerslev, F. Diebold, P. Labys. Modeling and Forecasting Realized Volatility. *Econometrica*, Vol. 71, No. 2, 2003, pp. 579 – 625.

[249] T. Andersen, T. Bollerslev, F. Diebold, P. Labys. The Distribution of Realized Exchange Rate Volatility. *Journal of American Statistical Association*, Vol. 96, No. 453, 2001, pp. 42 – 55.

[250] T. Bollerslev, R. Chou, K. Kroner. Arch Modeling in Finance—A Review of the Theory and Empirical-evidence. *Journal of Econometrics*, Vol. 52, No. 1 – 2, 1992, pp. 5 – 59.

[251] T. Bollerslev. Generalized Autoregressive Conditional Heteroskedasticity. *Journal of Econometrics*, Vol. 31, No. 3, April 1986, pp. 307 – 327.

[252] T. Cui, R. Bai, S. Ding, A. Parkes, R. Qu, F. He, J. Li. A Hybrid Combinatorial Approach to a Two-stage Stochastic Portfolio Optimization Model with Uncertain Asset Prices. *Soft Computing*, Vol. 24, No. 4, 2020, pp. 2831.

[253] T. Fearn, A. Gelman, J. B. Carlin, H. S. Stern, D. B. Rubin. BayesIan Data Analysis. *Biometrics*, Vol. 52, No. 3, 1996, pp. 1160.

[254] T. G. Andersen, T. Bollerslev. Answering the Skeptics: Yes, Standard Volatility Models Do Provide Accurate Forecasts. *International Economic Review*, Vol. 39, No. 4, 1998, pp. 885 – 905.

[255] T. G. Andersen, T. Teräsvirta. *Realized Volatility*. Berlin: Handbook of Financial Time Series, 2009, pp. 555 – 575.

[256] T. H. Chang, N. Wang, W. B. Chuang. Stock Price Prediction Based on Data Mining Combination Model. *Journal of Global Information Management*, Vol. 30, No. 7, 2021, pp. 1 – 19.

[257] T. Kariya, R. Liu. Options, Futuresand Other Derivatives. *Asset Pricing*, 2003, pp. 9 – 26.

[258] T. Lancaster. *An Introduction to Modern Bayesian Econometrics*, Oxford: Blackwell, 2004.

[259] T. Ogihara and N. Yoshida. Quasi-likelihood Analysis for the Stochastic Differential Equation with Jumps. *Statistical Inference for Stochastic Processes*, Vol. 14, No. 3, August 2011, P. 189.

[260] T. T. Chen, B. Zheng, Y. Li, X. F. Jiang. New Approaches in Agent-based Modeling of Complex Financial Systems. *Frontiers in Physics*, Vol. 12, No. 6, 2017, pp. 1 – 12.

[261] T. Yesil, F. Akyuz, U. Kose. Forecasting Housing Prices by Using Artificial Neural Networks. The International Conference on Artificial Intelligence and Applied Mathematics in Engineering. Cham: Springer International Publishing, 2019, pp. 621 – 632.

[262] U. Küchler and M. Sørensen. Statistical Inference for Discrete-time Samples from Affine Stochastic Delay Differential Equations. *Statistics*, Vol. 19, No. 2, May 2013, P. 409.

[263] V. Grimm, E. Revilla, U. Berger, F. Jeltsch, W. M. Mooij, S. Railsback, H. Thulke, J. Weiner, T. Wiegand, D. DeAngelis. Pattern-oriented Modeling of Agent-based Complex Systems: Lessons from Ecology. *Science*, Vol. 310, No. 5750, 2005, pp. 987 – 991,

[264] V. Misra, W. B. Gong and D. Towsley. *Stochastic Differential Equation Modeling and Analysis of TCP-windowsize Behavior*. Proceeding of PERFORMANCE, Vol. 99, 1999.

[265] W. A. Risso. The Informational Efficiency and the Financial Crashes. *Research in International Business and Finance*, Vol. 22, No. 3, 2008, pp. 396 – 408.

[266] W. B. Arthur, S. N. Durlauf, D. A. Lane. *The Economy as an Evolving Complex System II*, Reading, MA: Addison – Wesley, 1997.

[267] W. Ding, B. Wang, Y. Xingand J. C. Li. Correlation Noise and

Delay Time Enhanced Stability of Electricity Futures Market. *Modern Physics Letters B*, Vol. 33, No. 30, October 2019, P. 1950375.

[268] W. R. Gilks. *Markov Chain Monte Carlo*, *Numerical Analysis for Statisticians*. New York: Springer, 1999.

[269] W. Yin, Z. Chen, X. Luo, B. K. Uludag. Forecasting Cryptocurrencies' Price with The Financial Stress Index: A Graph Neural Network Prediction Strategy. *Applied Economics Letters*, Vol. 31, No. 7, 2024, pp. 630 – 639.

[270] W. Yu. Volatility Forecasting Models for CSI300 Index Futures. *Journal of Management Sciences in China*, No. 2, 2010, pp. 66 – 76.

[271] W. Zhou, G. Y. Zhong, N. Leng, J. C. Li, D. P. Xiong. Dynamic Behaviors and Measurements of Financial Market Crash Rate. *Physica A: Statistical Mechanis and its Applications*, Vol. 527, 2019, pp. 121427.

[272] X. Cheng, I. Ilieva, B. Bremdal, S. Redhu, S. Ø. Ottesen. A Novel Spatial – Temporal Deep Neural Network for Electricity Price Forecasting. 2023 3rd International Conference on Applied Artificial Intelligence (ICAPAI). IEEE, 2023.

[273] X. Yang, J. Mi, J. Jiang, J. Li, Q. Zhang, M. Geng. Carbon Sink Price Prediction Based on Radial Basis Kernel Function Support Vector Machine Regression Model. *International Journal of Low – Carbon Technologies*, Vol. 17, 2022, pp. 1075 – 1084.

[274] Y. Cheng, J. Yi, X. Yang, K. K. Lai, L. Seco. A CEEMD – ARIMA – SVM Model with Structural Breaks to Forecast the Crude Oil Prices Linked with Extreme Events. *Soft Computing*, Vol. 26, No. 17, 2022, pp. 8537 – 8551.

[275] Y. Fang, Y. Luo, Z. Ma, C. Zeng. Transport and Diffusion in the Schweitzer – Ebeling – Tilch Model Driven by Cross-correlated Noises. *Physica A: Statistical Mechanis and its Applications*, Vol. 564, 2021,

pp. 125503.

[276] Y. H. Luo and C. H. Zeng. Negative Friction and Mobilities Induced by Friction Fluctuation. *Chaos*, Vol. 30, No. 5, May 2020, P. 13.

[277] Y. He, J. Zhang. Real-time Electricity Pricing Mechanism in China Based on System Dynamics. *Energy Conversion and Management*, Vol. 94, 2015, pp. 394 – 405.

[278] Y. J. Zhang, J. L. Wang, Do High – Frequency Stock Market Data Help Forecast Crude Oil Prices? Evidence From the MIDAS Models, *Energy Economics*, Vol. 78, 2019, pp. 192 – 201.

[279] Y. K. Lin and G. Q. Cai. *Probabilistic Structural Dynamics: Advanced Theory and Applications*, New York: McGraw – Hill, 2004.

[280] Y. Lin and J. Gao. Diffusion Effect of Ecological Population Model Based on Delay Differential Equation. *Ekoloji Dergisi*, Vol. 28, No. 108, 2019, P. 2435.

[281] Y. Luo, C. Zeng, B. – Q. Ai. Strong-chaos-caused Negative Mobility in a Periodic Substrate Potential. *Physical Review E*, Vol. 102, No. 4, 2020, pp. 042114.

[282] Y. Luo, C. Zeng. Negative Friction and Mobilities Induced by Friction Fluctuation. *Chaos: An Interdisciplinary Journal of Nonlinear Science*, Vol. 30, No. 5, 2020, pp. 053115.

[283] Y. Malevergne, V. Pisarenko, D. Sornette. Empirical Distributions of Stock Returns: Between the Stretched Exponential and the Power Law? *Quantitative Finance*, Vol. 5, No. 4, 2005, pp. 379 – 401.

[284] Y. Wei, Y. Wang, D. Huang. Forecasting Crude Oil Market Volatility: Further Evidence Using GARCH-class Models. *Energy Economics*, Vol. 32, No. 6, 2010, pp. 1477 – 1484.

[285] Y. X. Li, J. C. Li, A. J. Yang, N. S. Tang. The Mean Time – Limited Crash Rate of Stock Price. *Physics Letters A*, Vol. 381, No. 17,

2017, pp. 1477 – 1483.

[286] Y. Yuan, X. T. Zhuang. Multifractal Description of Stock Price Index Fluctuation Using a Quadratic Function Fitting. *Physica A*, Vol. 387, No. 2 – 3, 2008, pp. 511 – 518.

[287] Y. Zhang, F. Ma, T. Wang, L. Liu. Out-of-sample Volatility Prediction: A New Mixed-frequency Approach. *Journal of Forecasting*, Vol. 38, No. 7, 2019, pp. 669 – 680.

[288] Y. Zhang, Y. Wei, Y. Zhang, D. Jin. Forecasting Oil Price Volatility: Forecast Combination Versus Shrinkage Method. *Energy Economics*, Vol. 80, 2019, pp. 423 – 433.

[289] Z. Dai, Z. Zhou. Research and Forecast Analysis of Financial Stability for Policy Uncertainty. *Computational Intelligence and Neuroscience*, 2022, No. 8799247.

[290] Z. Duan, T. Liu. Short – Term Electricity Price Forecast Based on SSA – SVM Model. Advanced Intelligent Technologies for Industry: Proceedings of 2nd International Conference on Advanced Intelligent Technologies, 2022, pp. 79 – 88.

[291] Z. Q. Jiang, W. X. Zhou. Multifractal Analysis of Chinese Stock Volatilities Based on the Partition Function Approach. *Physica A*, Vol. 387, No. 19 – 20, 2008, pp. 4881 – 4888.

[292] Z. Wang. Trading Stochastic Equation. *The Principle of Trading Economics*. Germany: Springer, 2019, pp. 271 – 286.

[293] Z. Yu, S. Y. Chou, P. N. K. Phuc, T. H. K Yu. System Dynamics Forecasting on Taiwan Power Supply Chain. *Computer Systems Science & Engineering*, Vol. 41, No. 3, 2022, pp. 1191 – 1205.